DIE
ACHSE
DES
BLÖDEN

Jahrbuch 2014

GAX AXEL GUNDLACH

Danksagung

Einen besonders herzlichen Dank schulde ich meinem Freund Hans Gerzlich, dem es in vielen gemeinsamen Gesprächen so ganz nebenbei gelungen ist, in mir die Begeisterung für die Kleine Bühne und das Kabarett wieder zu wecken.

Mein kollegialer Dank gilt den grandiosen Schreibern und Rampenkönigen Severin Groebner, Jess Jochimsen und Matthias Deutschmann für ihre freundliche Ermunterung. Und irgendwie auch dem unvergessenen Original Alfred Edel, der mich schon in jungen Jahren ermutigt hat, mir nicht in meinen seltsamen Humor reinquatschen zu lassen.

Ebenso danke ich den Mastern meines Frankfurter Homeslams, Jürgen Klumpe und Dirk Huelstrunk, zum einen dafür mich überhaupt zum Poetry Slam gebracht zu haben, zum anderen dafür, dass sie mich nach rekordverdächtig wenigen Slams für die Hessenmeisterschaft nominiert haben.

Last but not James! Ich danke mit leichtem Widerwillen allen kranken Spinnern, peinlichen Politikern, großkotzigen Gierschlünden, fanatischen Aberglaubenskaspern und sonstigen Irrgängern, ohne die „Die Achse des Blöden" nicht zustande kommen könnte.
Aber jetzt verpisst Euch endlich von diesem schönen Planeten!

Widmung

Für Sabina, cfi

Für Eva, Werner, Günter, Ronni, Jul, Alvaro

Für meine Freunde aus dem
KaHouse für KunstKulturKommunikation

Bibliografische Information der Deutschen Nationalbibliothek:
Die Deutsche Nationalbibliothek verzeichnet diese Publikation
In der Deutschen Nationalbibliografie; detaillierte bibliografische
Daten sind im Internet über hppt://dnb.dnb.de abrufbar.

Herstellung und Verlag:
BoD – Books on Demand, Norderstedt

ISBN 9783734749766

DIE ACHSE DES BLÖDEN

Jahrbuch 2014

INHALTSVERZEICHNIS

VORWORT

„Als ich angefangen Comedy zu machen – oder was auch immer das ist, was ich hier mache -, gab es jede Woche ein großes Thema, irgendein Ereignis, das die Titelblätter aller Zeitungen beherrscht hat. Da hatte ich Zeit mich hinzusetzen und zu überlegen, wie ich da eine gute Story draus machen kann. Heute, im Informationszeitalter, mit all diesen 24-Stunden-Nachrichten-Kanälen und Tausenden von Internetdiensten – wenn mir da mal was auffällt, und ich denke, da kann ich was draus machen, mit ein paar Stunden Arbeit – und Bamm! – schon sind 20 andere Sachen passiert!"

Louis Black, Comedian, Jahrgang 1948

So hat halt alles zwei Seiten. Sagte die Münze zum Würfel. Wenn man sich auf der Suche nach Inspiration diesem allgegenwärtigen Informationstsunami aussetzt, findet man natürlich viel Material für satirische oder komödiantische Texte, aber durch die Vielzahl der Nachrichten und Hintergründe, der verzwickten und oft ambivalenten Situationen, die für viele Menschen auch oft so unterschiedliche Bedeutungen haben, ist es sicher nicht leichter geworden, den wahnwitzigen Kern ans Licht zu zerren. Zum Glück gibt es aber eine verlässliche Größe hinter vielen Ereignissen: Die menschliche Dummheit!

Seine oft peinlich zur Schau gestellte Gier nach Macht oder Geld, seine durch blinden Fanatismus befeuerte Rechthaberei und sein böser Wille im Detail, die waghalsigen Versuche die eigenen Taten mit herbei halluzinierten Argumenten zu rechtfertigen – eben alles, was dazu geeignet ist, unsere trotzdem unbestreitbare Begabung zur Vernuft in Grund und Boden zu torpedieren, versorgt diese Jahresübersicht zuverlässig mit Material.

Die Achse des Blöden ist aber nicht nur eine tapfere Odyssee durch den alltäglichen Wahnsinn der Menschheit und ihres oft erschreckend erbärmlichen Führungspersonals, sie ist auch ein immer wieder ein Blick in den Irrgarten der unfreiwilligen Komik, der menschlichen Schwächen und kleinen Fehler ganz normaler Leute; Leute, wie Du und ich, die voller Entschlossen-heit ihre Chance ergreifen, mit ihrer ganz eigenen Blödheit mal für fünf Minuten berühmt zu sein. Alles Taten und Typen, denen man am liebsten diesen einen beruhigenden Satz vorausschicken möchte:
Die folgenden Ereignisse und Personen sind frei erfunden!

Sind sie aber nicht! So ein Pech! Vorhang auf!

JANUAR

01.01.2014

Komparsennachschub

Prost Neujahr! Mit dem ersten Tag des Jahres treten wie gewohnt tolle neue Gesetze in Kraft. Unter anderem die Novelle des Filmförderungsgesetzes, die mit einem neuen Paragrafen zur *"Barrierefreiheit geförderter Filme"* glänzt. Ziel: *"Sehbehinderte und hörgeschädigte Menschen sollen an den Filmen besser teilhaben können."*

Jetzt freue ich mich schon auf die neue Staffel von CSI Wuppertal.

Chef am Mikroskop. "Ich kann nichts erkennen!"

Mitarbeiter direkt daneben: "Hast Du was gesagt?"

02.01.2014

Aufgetaucht

Nachdem er seine Kunden in klassischer Investmentbänkermanier um 21 Millionen Doller behumpst hatte, war *Aubrey Lee Price* eines sofort klar: er musste untertauchen!

Also hinterließ er einen Abschiedsbrief mit der Ankündigung, sich aus Scham und zum Zwecke der Selbstertränkung ins Meer zu stürzen, betrat dann mit Tauchergewichten und einem schweren Rucksack behängt eine Fähre und rollte sich vor Zeugen über die Reling in nasse Kühl, um wie geplant unter zu tauchen. Eine offensichtlich wohl vorbereitete Verzweiflungstat mit großem Showeffekt und gut verstecktem Sauerstoffvorrat, denn kaum ein Jahr später ging der wiederauferstandene Raubbänker der örtlichen Polizei ins Netz - und zwar an Land!

Und wie immer stellt sich dieselbe Frage: wie blöd kann denn eigentlich jemand sein, der einerseits mit hoch komplizierten, finanzmathematischen Ausnahmerechenarten 21 Millionen veruntreut, dann aber mit dem Führerschein seiner eigenen Leiche in eine Verkehrskontrolle rasselt?

03.01.2014

Ausgleichende Gerechtigkeit

Kim Jong Un, seines Zeichens Erstes Maskottchen des Zinnsoldatenstaats Mordkorea und international anerkannter Spezialist für innerfamiliäre Diplomatie, hat seinen zur Entsorgung freigegebenen Onkel nicht nur schlicht erschießen lassen, sondern durch *"Quan Jue"* ins Jenseits befördert, also durch die ausschließlich für wirklich widerliche Erzfeinde bestimmten *"Hinrichtung durch Hunde"*.

Aber wenn man mal bedenkt, was man sonst so über Hunde und die koreanische Küche zu berichten weiß, dann hört sich das zumindest für die Hunde wahrscheinlich doch irgendwie nach ausgleichender Un-Gerechtigkeit an.

04.01.2014

Dlogenfablik, dezentlal

Im Reich der Mittel ist halt alles noch ein Stück korrupter. Erst kappt die Spezialeinheit der Drogenpolizei die Stromversorgung für das ganze Dorf Boshe, dann rollt sie mit 3000 Mann durch das typisch chinesische Küstendorf mit seinen verwinkelten Häuschen und hundert kleinen Garküchen – in denen rund ein Fünftel der Dorfbewohner seit Jahren fleißig Chrystal Meth zusammenpanschen. Das natürlich unter fachmännischer Anleitung durch den örtlichen Parteisekretär, der mit dem Dorfpolizisten nebenbei auch den Handel kontrolliert und an der Nahtstelle zwischen Kaderkommunismus und gelebter Schwarzwirtschaft das Bakschisch an die Provinzbeamten abführt. Leider wohl nicht genug, sonst hätten die heute nicht drei Tonnen fertige Tabletten, 23 Tonnen Rohmaterial und 200 Köche beschlagnahmt. Merke: Teile, sonst wirst Du beherrscht!

05.01.2014

Nachtoderlebnis

Kleine Diskussion in einem dieser pseudoszenischen Kaffeekettenläden, in dem eine Latte Macchiato kein Kaffee mehr ist, sondern eher eine Art warmer Milchshake. Meine Bestellung beantwortet die offenbar wenig um physikalisch sprachliche Präzision bemühte Tresenusche: *medium oder large?*

Eine Frage, die mich erwartungsgemäß in einen schulmeisterhaften Klugscheißer verwandelt: *Sie meinen - klein oder groß? Bei nur zwei Größen kann die kleinere nicht die mittlere sein. Die einzige Möglichkeit, dass die kleinere Latte ein Medium ist: sie kann mit Toten reden!*

06.01.2014
Weil nicht sein kann, das nicht sein darf
Hohn und Spott prasseln auf unser aller Mutti ein, seit heute bekannt wurde, dass Frau Kandisbunzlerin sich beim Skilanglauf unter Auslassung ihrer ausgeprägten Knautschzonen so geschickt hingeworfen hat, dass ihr Beckenring angebrochen ist. Da wird vom Po-Falla bis zur Beschlagnahmung der Helmkamera (Frisur) bis zur missverständlichen Schlagzeile *"Merkel gestürzt!"* jeder nur verfügbare Kalauer durchs Netz gezwitschert.
Nun ist der Unfall schon vor Sylvester passiert, und es ist ihr hoch anzurechnen, dass sie sich unter Schmerzen durch Neujahrsansprache und Tagesgeschäft durchquält, getrieben von der Angst vor noch größeren Schmerzen: wenn sie nicht durchhält, kommt Vizekanzler Gabriel zum Zug. Und das gilt es auf jeden Fall zu verhindern.

07.01.2014
Aldi Süd-Amerika
Der deutsche Lebensmittel- und Krimskramdiscounter Aldi, wie immer bemüht seinen Kunden guten Waren zu einem fairen Preis zu bieten, wollte eigentlich seinen Absatz kolumbianischer Bananen mit einer klug eingefädelten on-pack-Promotion-Aktion pushen: insgesamt 140 Kilo Kokain, in praktischen Päckchen von 250g für den gemeinen Hausgebrauch portioniert, lagen den frisch ausgelieferten Bananenkisten bei. Die wohl als Testballon gedachte Verkaufsförderung scheiterte aber vorerst daran, dass die eigenen Mitarbeiter die Kisten vorher ausnahmsweise ausgepackten, statt sie wie sonst einfach nur unbesehen ins Regal zu stellen.
Toll: Laut einem Sprecher des Landeskriminalamtes ist es *„der zweitgrößte Kokainfund seit Gründung der speziellen Ermittlungsgruppe Rauschgift im Jahr 1978!"*; aber das hätte ich jetzt so nicht rausposaunt, nachdem die gemischte Spezialeinheit von Zoll und Polizei mal wieder von nix wusste.

08.01.2014

Machtniesbrauch

Freund Erdogan, großer Führer der Partei für Gerechtigkeit und Entwicklung, hat wohl den Tag genutzt, um eine neues Modell von Gerechtigkeit zu entwickeln. Nachdem mehrere Mitglieder der Regierung und derer Familien wegen Korruption und Geldwäscherei verhaftet und verhört wurden, ließ Prinz Sonnenschein jetzt knapp tausend Polizisten und Justizbeamte, die sich mit den fraglichen Finanzdelikten beschäftigt hatten, über Nacht versetzen, wahlweise in den Ruhestand oder zur Verkehrsregelung auf abgelegenen Landstraßen.

Höhepunkt der Lächerlichkeiten ist dabei Meister Erdogans schlaue Begründung für die Versetzungen: *„Polizei und Staatsanwalt hätten die Regierung zuvor nicht über die Korruptionsermittlungen gegen die Regierung informiert!"* Nee, nee, so geht das aber auch wirklich nicht!

09.01.2014

UFO über Bremen

Das Objekt leuchtet, schwebt geräuschlos über Stadion und Neustadt hinweg, hat angeblich Positionsleuchten, aber antwortet nicht auf Ansprache vom Flughafentower. Jetzt wird wegen gefährlichen Eingriffs in den Flugverkehr ermittelt. Dafür gibt's bis zu 5 Jahren Haft. Aber nur wenn die Bremer Polizei die Außerirdischen auch kriegt!

10.01.2014

Erhöhter Drohnenbedarf

Unsere Ex Familienministerin ist jetzt unsere Verteidigungsministerin und das erinnert mich doch stark an die gute alte Nazi-Ideologie, Abteilung Frauenaufgaben: erst viele Kinder machen und sie dann gut an der Front unterbringen.

Tatsächlich will sie Spitzenjob und Zitzenjob besser unter einen Stahlhut bringen und deshalb als oberste Dienstherrin mehr von zuhause aus arbeiten. Ja, und das ist vielleicht genau das, was ihre Untergebenen am liebsten auch wollen: von zuhause aus arbeiten!

11.01.2014

Wundervoller Tippfehlerteufel

Trotz so eingängiger Buchtitel wie *"Zur Sünde verführt"*, *"Schlampen-Internat"* oder *"Das neue Kamasutra"* und anderer verlagsrelevanter Angebote wie Fitnesstrainer und Brotbackautomaten (für Hostien?) musste der Weltbildverlag der katholischen Kirche Insolvenz anmelden und laut der Meldung eines Internetnachrichtendiensts mit Rechtschreibschwierigkeiten - Achtung, jetzt kommt's: *Gläubigenschutz* beantragen!

12.01.2014

Das Lachen im Walde

Erster Anwärter auf den jährlich verliehenen Darwin Award für Bereinigung des Genpools von vererbbarer Dummheit und Pech beim Denken könnte Büchsenmacher *Erich Sch.* aus Ottenschlag sein, der von seiner locker um die Schulter gehängten und ungesicherten Flinte der Marke Winchester unter den Jägerhut geschossen wurde, als er auf einer Eisplatte ausrutschte. Und da drängen sich mir irgendwie Bilder von feixenden Füchsen, grinsenden Rehen und zufrieden vor sich hin gackernden Rebhühnern auf.

13.01.2014

Zutritt nur für Befugte

Für den folgenschweren Tritt ins Gesicht des zahlungsunwilligen Freiers einer seiner Bordsteinenten bekam der Gewalttäter mit dem garnichtmal ausgedachten Namen *Sirgiorgiro Clardy* 100 Jahre Knast; zurecht, da sein Opfer sich nachher noch mehreren wiederherstellungschirurgischen Maßnahmen unterziehen musste, um wenigstens von nahen Verwandten wiedererkannt zu werden.

Weils einem bei einer so langen Haftstrafe auch schnell mal langweilig wird, verklagt *Clardy* jetzt in typisch amerikanischer Manier den Turnschuhhersteller Nike, weil der auf sein Modell Air Jordan keine Warnung angebracht habe, dass der Schuh als gefährliche Waffe benutzt werden könne. Mit der gleichen Begründung kann er danach noch seine Eltern für die Herstellung seiner Füße verklagen, denn auch hier fehlt jeder Warnhinweis.

14.01.2014

Gefahr im Luftzug

Das Tiptopdatensammelunternehmen *Google* hat sich den Marktführer für digitale Rauchmelder einverleibt. Wir erwarten also eine neue Gerätegeneration, die dann unterschiedliche Qualitäten von Rauch analysieren und melden kann, aus denen sich Profile der Bewohner weiter schärfen lassen: die Ergebnisse werden dann unter dem Stichwort *"gut begründete Ausnahmen"* vom Datenschutz wie üblich an die Industrie verhökert, speziell an die Tabakindustrie (die beliebteste Indoor-Zigarette), an Großbäckereien (verkohltes Toast), und Kondomhersteller (verbranntes Gummi).

Und auch die Strategie-Einheit der NSA überlegt schon, wie sich diese Daten zum Aufspüren von künftigen Selbstmordattentätern nutzen lassen: toastet Fladenbrot, raucht Shisha und verschweißt mit dem Feuerzeug Kondome mit explosiven Flüssigkeiten?

15.01.2014

Ganz sicher lebensechte Simulation

Klaus Schwaab, der es als Gründer des World Ecoconomic Forum bis in das Steering Committee der Bilderberg Konferenzen geschafft hat, überrascht seine gut kapitalisierte Teilnehmerclique mit der Ankündigung einer besonderen Attraktion: dieses Jahr soll in Davos ja ein syrisches Flüchtlingslager simuliert werden, wo man nachempfinden könne, wie man sich als Flüchtling so fühlt, wenn man den Entscheidungszwängen ausgesetzt ist, die einen weiteren, schwierigen Tag des Überlebens ermöglichen. Also stundenlang für eine Handvoll Mehl anstehen, den Familienschmuck für eine Flasche Wasser hergeben und die minderjährigen Töchter für ein eigenes Zelt in eine saudiarabische Ehe zu verhökern.

Damit steht fest: ich werde dieses Jahr auch zum Treffen nach Davos fahren – diesmal mit 50kg Mehl sowie zehn Kästen Wasser und mal schauen, ob andere Mütter auch schöne Töchter haben!

16.01.2014

Alkoholamnesie

Mit dem Aufmacher *"Viel Alkohol führt bei Männern zu Gedächtnisverlust"* leitet die Fachzeitschrift *Neurology* ihren Bericht über eine Studie amerikanischer Forscher ein, um dann gut informiert zu präzisieren, dass *"starker Alkoholkonsum bei älteren Männern den Gedächtnisverlust um bis zu sechs Jahre beschleunigen"* könne.

Und wie so oft möchte man die fleißigen Forscher tröstend in den Arm nehmen und sagen: "Ja, aber das genau ist doch der Sinn der Sache!"

17.01.2014

onniswatkimallipohnse

Der ehemalige Vizebürgermeister und jetzt Erfolgsgeschäftsmann *Gennadi Jigarcw* wurde vom diensteifrigen Gefälligkeitsgericht im sibirischen Tulun überraschend vom Vorwurf des Mordes freigesprochen, und zwar mit der gar nicht mal so unrussischen Begründung er *"sei während der Tat in einem stark emotionalisierten Zustand gewesen"*. Und wodurch wurde denn diese unangenehme psychische Belastungsstörung ausgelöst? Doch nicht etwa durch die Vielzahl der extrem geschäftsschädigenden Enthüllungsreportagen über seine betrügerischen Machenschaften aus der Feder seines Mordopfers, des Journalisten *Alexander Chogsinski*?

18.04.2014

Mustermann rules!

Dank mehrerer Musterwahlzettel, die von der hessischen Landtagverwaltung nach gutem deutschen Brauch mit dem berühmten Synonym *Max Mustermann* bedruckt waren, musste die Wahl des einzigen Kandidaten *Volker Bouffier* wiederholt werden. Zwar hat das alte Streuselgesicht im zweiten Wahlgang dann 62 zu Null gewonnen, aber bei einer Direktwahl hätte sich Otto Normalverbraucher doch eher für seinen guten Kumpel Max entschieden. Schon weil der den berühmteren Namen trägt.

19.01.2014

Lesen für die Freiheit

In brasilianischen Gefängnissen bekommt, wer ein Buch liest, vier Tage Haft erlassen. Aber nur, wenn er in einem schriftlichen Aufsatz bewiesen hat, dass er das Buch verstanden hat. Bei zwölf verstandenen Büchern pro Jahr bringt das immerhin 48 Tage Haftverkürzung, und zwar unabhängig davon ob man sich durch 12 Folgen von Hanni & Nanni oder das Gesamtwerk von Musil und Kafka gekämpft hat. Das wäre auch ein interessantes Konzept für Schulen in deutschen Problembezirken. Auf der anderen Seite: was hat man davon, wenn man lebenslänglich hat?

20.01.2014

Alles Durchgerechnet Aber Chaotisch

Das vereinseigene Monatsmagazin, seit jeher Heimstatt irrwitzig nebensächlicher Informationen und Treppenliftanzeigen, hat bei seinen jährlichen Leserumfragen nach dem schönsten Hättegern, der tollsten Durchschnittsverbrauchslüge oder dem besten Unfall ein ganz klein wenig geschummelt. So wurden zum Beispiel die Anzahl aller Stimmabgaben stets um eine Kommastelle nach links verschoben, damit als Nebenprodukt der Wahl zum "Goldenen Lenkrad" für das beliebteste Fahrzeug der Saison nicht plötzlich jedem klar wurde, dass der ADAC-Klammerrücken selbst das unbeliebteste Heftchen des Landes ist. Bei einer weltweiten Rekordauflage von 19 Millionen auf grad mal 3400 Leserstimmen für den Gewinner der Abstimmung zu kommen, heißt ja nichts anderes, als dass noch nicht mal alle Angestellten des eigenen Vereins dafür interessieren.

21.01.2014

Humoristan

Stand-up ist weit hinterm Kaukasus keine Lebensgrundlage. Es gibt nur einen Comedy-Club in der ganzen Gegend, und nur einen Komiker. Und der ist echt schlecht. Das macht aber nix, da sein Publikum meist aus kaum mehr als ein dutzend Leuten besteht. Und davon sind zwei Drittel Abgesandte der verschiedenen islamischen Zensurbehörden. Und die lachen ja bekanntlich eh nicht.

Zum Glück gibt es aber den voll aufgeklärten Taliban, der trotz aller Greueltaten wie den feigen Mord an drei Impfhelfern in Pakistan ja doch immer wieder mal einen raushaut. Zum Beispiel zum Thema Kinderlähmung: *„Das ist ja auch nur eine Verschwörung des Westens. Diese Polio-Impfungen sind nur*

eine Tarnung für dir Vergabe von Mitteln, mit denen bei Muslimen die Frucht-
barkeit reduziert werden sollen.“
Aber mein lieber Herr Taliban, was glauben Sie denn? Wenn wir schon bittere
Medizin einsetzen würden, um eure *Furchtbarkeit* einzudämmen, dann wür-
den wir sie nicht einzeln an kleine Kinder verteilen. Viel Spaß noch mit dem
Verfolgungswahn.

22.01.2014

Erdähnlichkeitswettbewerb

Laut einer heute veröffentlichten Hochrechnung von NASA-Daten gibt es alleine in unserer kleinen Milchstraße etwa 8,8 Milliarden erdähnliche Planeten
in der habitablen Zone. Also dort, wo es weder zu heiß noch zu kalt ist. Jetzt
muss nur noch herausgefunden werden, ob es auf diesen Planeten auch
Atmosphäre, flüssiges Wasser, genügend Kohlenstoff und eine paar andere
fürs Überleben nützliche Sachen wie Ozeane und Kontinente gibt, ohne die -
wie ich ja finde - von Erdähnlichkeit keine Rede sein kann.

23.01.2014

Mister Dummbatz gegen Dr. Faust

Um mal diesen nervigen Dauerkonflikt in der Ukraine zu beenden, schlage ich
einen Stellvertreterfaustkampf zwischen dem Präsidenten und dem Opposi-
tionsführer vor. Das dürfte die Sache dann doch ohne weitere Opfer entscheiden, oder? Zumindest wenn es gelingt, keine russischen Ringrichter ins
Parlament zu lassen.

24.01.2014

Webber Drei.Null

Eine am Kaffeetisch zufällig belauschte Dienstanweisung eines anscheinend
sehr erfolgreichen Webdesigners an seinen knabenhaften Programmierer
bestätigt einen jahrelang gehegten Verdacht: *"Da muss optisch noch e bissi*
was passiere, ein paar Wuschs und Moves und so; mach da eenfach noch en
paar Knöppe mit so Animatione hi, damit da die Vorstandsaffen was zum
Anklicke habbe. Wie lang braachsde dadefür?

"Vielleicht drei oder vier Tage!"

"Okay, mach emal drei oder vier Woche draus. Für 6,4 Millione solle die ruhisch des Gefühl habbe, dass des alls subbä uffwendisch is!" Ich denke, das klärt auch meinen lang gehegten Verdacht.

25.01.2014

Wetten dass nicht ...?

Mir einer online-Petition möchte GEZ-Kundin *Frau Müller* aus Leipzig einen Lanz für bessere Talkshows brechen, weil sie sich von diesem Markus Murks in ihrem Status als vor dem Fernseher für Stil, Höflichkeit und politische Ausgewogenheit einstehende Geschwätzschau-Beobachterin über Gebühr blamiert sieht. Aber weder die in wenigen Tagen weit über 200000 Zustimmungen der online-Petition, noch die Tatsache, dass die *„große Samstagabendshow"* der Mainzelmännchen quotenmäßig hinter das bisher schlimmste Sendeformat des privaten Dschungelfernsehens zurückgefallen ist, wird die quotengestählten Publikumskenner auf dem Lerchenberg zur Überarbeitung ihrer Besetzungslisten bewegen können. Das wäre ja noch schöner, wenn man sich von den Laien vor dem Fernseher vorschreiben ließe, welche Laien man im Fernseher beschäftigt.

26.01.2014

Gott mit uns!

Dass Kriegsparteien selbst gleicher Religion gerne und sogar auf Gürtelschnallen und Banknoten Gottes Hilfe beschwören, ist aus der Geschichte geläufig. Dass sich das noch verschärft, wenn die kriegstreibenden Parteien unterschiedlichen Aberglaubenskaspervereinen (Beckenbauer) angehören, ist auch nicht wirklich neu. Weitestgehend unbekannt hingegen ist, wem die himmlische Hilfe nun tatsächlich zuteil wird. Aber manchmal gibt es Hinweise: Im Kongo hat ein Hochgeschwindigkeitsnaturereignis in einem Waffenlager erst eine Explosion mit erheblichen Personenschaden und dann eine aufgeregte Diskussion unter den Überlebenden verursacht: Das mit dem Blitz, war das jetzt unser Gott oder der der Anderen?

27.01.2014

Dummheit schützt vor Strafe, nicht?

In London laufen diese Tage zwei ziemlich humorvolle Prozesse um eine Finanzspekulation, bei denen die geschädigte *Berliner Verkehrsbetriebsgesellschaft* sich u.a. einerseits mit dem Hinweis auf die eigene Blödheit und Inkompetenz in Finanzfragen herauswinden möchte; andererseits möchten die Preußen ihre Rechtsberater von *Clifford Change* in Haftung nehmen, nachdem man aus den Unterlagen zum ersten Prozess im Nachhinein hat herauslesen können, dass die eigenen Anwälte von Anfang an für die Gegenseite, nämlich die vielfach nicht verurteilte, aber im Entschädigungszahlungsranking wie durch Zufall zur Zeit führende Schwindelbank *JPMorgan*, gearbeitet haben.

Ich wünsche mir nun sehnlichst, dass die Londoner Richter ein Einsehen mit uns dummen Deutschen haben, die wir nun mal diese anglo-amerikanischen Sonderfinanzprodukte nicht so richtig verstehen. Und somit endlich auch mal beurteilt wird, dass deutsche Beamte und ihre bestellten Aufsichtsräte schlicht zu dumm sind, um mit dem Geld unserer Staatsbetriebe an der internationalen Derivatenbörse zu spekulieren.

Bin mal gespannt, was *Thilo Sarazzin* und die anderen verantwortlichen Aufsichtsräte der Berliner Geldverkehrsbetriebsgesellschaft dann noch zu ihrer Entschuldigung vorbringen, wenn ihre Dummheit gerichtlich festgestellt ist.

28.01.2014

Schräge Vögel

Laut *Eddie S.*, dem fast tragischen Held des Pfeifenblasens, spionieren englische und amerikanische Digitalschnüffler auch über beliebte Spiele-Apps jede Menge persönlicher Daten aus. So verrät zum Beispiel das 50 Millionen mal aktivierte Spiel "Angry Birds" den geheimdienstbeflissenen Algorhythmikern das Alter, das Geschlecht und den Aufenthaltsort der Spieler - sowie deren politische Einstellung zu grünen, eierdiebischen Schweinen.

Aber auch wer *Lego Star Wars* (online-Version) spielt, gibt damit unbedacht preis, ob er zu den Yedis (USA) oder doch eher zu Darth Vader (Vladizar) oder den Syths (Al Kaida) hält.

29.01.2014

Kulturelle Auseinandersetzung

Wie weit sich Putins Einfluss auch auf die Kulturnation Russland ausgeweitet hat, war schon letztes Jahr ruchbar geworden, als sich in Rostow zwei Männer über die Auslegung Immanuel Kants stritten und einer schließlich seinen Revolver als Argumentationshlife einsetzte.

Ähnlich erfolgreich haben sich jetzt in *Irbit* im Ural zwei Literaturfreunde über die Bedeutung literarischer Formate in die Haare gekriegt. Der eine bestand darauf, dass nur Prosa wahre Literatur sei, der andere versteifte sich auf Lyrik als die edelste Form der schriftlichen Muse. Der Streit kann jetzt im Sinne der russischen Literaturkritik als entschieden gelten: der Poesie-Amateur zog sein Messer und erledigte seinen Widersacher in einem Akt von hoher Verdichtung!

30.01.2014

Literaturadel

Ein Gesetz über die Gleichheit von Frauen und Männern soll die ehrwürdige Academie Francaise nun dazu bewegen, endlich mehr Frauen in ihren Kreis der "Unsterblichen" zu wählen. Und das ist ein bisschen so, also sollte Usain Bolt per Gleichstellungserlass gezwungen werden, einfach zwei Sekunden langsamer laufen, damit die Mädchen mal im gemischten Hundertmeterfinale der Olympischen Spiele mithalten können. So oder so ähnlich kommt es den Geistesgrößen der Akademie jetzt zumindest vor: nicht die künstlerische Leistung, sondern das Gesetz zur Gleichstellung bestimmt nun über die Aufnahme in den erlauchten Kreis. Schlaue Juristen beraten jetzt darüber, ob es nicht besser wäre, Frauen mit einem Gesetz dazu zu zwingen, endlich bessere Kunst zu machen.

31.01.2014

Ein Plan geht auf

In einem sehr selten gestellten Antrag, der das Bundesrecht (Giftspritze, Fallbeil, Elektrischer Stuhl) über das Staatsrecht von Massachusetts (Tod durch Langeweile) stellt, fordert der Generalbundesanwalt aus Washington die Todesstrafe für den Terroristen *Dzhokhar* (spricht sich *"Joker"*) *Tsarnaev*, besser bekannt als der *Bostonbomber*.

Bleibt die Frage, ob es für einen islamistischen Selbstmordattentäter überhaupt eine Strafe wäre, seinen eigenen Anschlag letztendlich nicht zu überleben. Wenn man an all das Vergnügen denkt, was dann als Märtyrer auf ihn wartet. Vielleicht sollte man ihn besser in einen schwarzen Sack mit Sehschlitz einnähen und dann für die nächsten 50 Jahre in einem mexikanischen Frauenknast als Boxsack unterbringen.

FEBRUAR

01.02.2014

Klassischer Bilderwitz

Bundespräser *Gauck* will, dass die Bunte Republik wieder mehr Verantwortung für den Rest der Welt übernimmt, *Dr. Faust* gibt Einblicke in das Innenleben der Ukraine und eine einmalige Seniorenelefantenrunde mit *Kissinger*, *Bahr* und *D'Estaing* freut sich über Kettenpafferkanzler *Schmidts* Äußerung "ihm sei es egal, ob es die Nato in zehn Jahren noch gäbe!".

Ansonsten besteht die Münchener Sicherheitskonferenz, kurz MSC, aus dem altbekannten Politbrei von Bedenken, Vorwürfen, Verschwörungstheorien und Lippenbekenntnissen gegen den Krieg. Was das Ganze aber wenigstens ein wenig komisch macht: das in allen Bildern präsente Logo der MSC wartet mit einem zur Zielscheibe umgestalteten C auf.

02.02.2014

Frankfurter Sonntagsspaziergang

In der U-Bahn geht's zu wie in Tokyo, bzw. es geht nicht zu, und zwar die Wagontüren. Denn bei jeder Station versuchen ein paar Verzweifelte noch in den letzten Zug reinzukommen, notfalls durch Osmose. Die Fahrt von Bornheim Mitte bis zur Messe dauert statt 11 Minuten fast eine halbe Stunde, trotz der unterhaltsamen Ermahnungen des Zugführers, der zwischenzeitlich sogar persönlich den Zug außen abschreitet, um mit seinen gefühlten 1,58m für Ordnung an den Türlichtschranken zu sorgen. Immerhin 9.59h erreicht der Zug die Messe, 500 Personen quellen im Spurt aus dem Zug, hetzen die Treppen hinauf, ermunternde Rufe der schnellsten dringen von oben herab: *"Er steht noch!"*. Wir erreichen die Oberfläche und ergießen uns mit den anderen in den Park vor der Messe.

Im Umfeld Volksfeststimmung. Noch ein paar Bierbuden und wir hätten bei der Gelegenheit noch das Oktoberfest ausgestochen, denn knapp 35.000

Exstudenten des Arbeitsbereichs für Erziehungswissenschaften wollen dabei sein, wenn der Turm ihrer Vorlesungsqualen dem Erdboden gleichgemacht wird. Die letzte Warnung sireniert durchs Westend und fröhlich stimmt das Volk in den Countdown mit ein. Ein Knall, ein Fall und eine Wolke. Und wenn man den winzigen Hügel Schutt da so liegen sieht, dann wird einem nochmal klar, dass der 116m hohe Elfenbeinturm der Bildung schon vorher zu großen Teilen nur aus heißer Luft bestand.

03.02.2014

Emma geht stiften

Nach jahrzehntelanger Vorbereitung ist es der Vorzeige-Emma der Frauen-bewegung gelungen in eine der letzten Männerdomänen vorzudringen: dem Kavaliersdelikt der spontanen Steuervermeidung. Noch weiß man nicht, wer *Alice Schwarzer* nach ihrer Selbstanzeige öffentlich angeschwärzt hat, weil sie seit Jahrzehnten Schwarzgeld in der Schweiz verdunkelt hat - für, wie sie sagt, den Fall, dass sie wegen der Anfeindung ihrer moralisch einwandfreien Tätigkeiten plötzlich mal die Flucht aus der BRD hätte ergreifen müssen. Und ja, das könnte jetzt so ein Fall werden, wenn auch anders als von ihr geplant. Stattdessen geht sie in die mediale Offensive - gelernt ist gelernt - und ver-kündet, *„dass sie von ihrem Schwarzgeld eine Million abzwacken und künftig in einer gemeinnützenden Stiftung verstecken werde: für Chancengleichheit und Menschenrechte von Mädchen und Frauen!"* Denn, wie sie jetzt selber erkannt hat: *"Das mit dem Konto war ein Fehler!"* Stimmt, das weiß jeder Steuerberater: Stiftungen sind viel effektiver!

Obwohl, so schlecht war ihr Plan nicht. Immerhin hat sie mit der Selbstan-zeige solange gewartet, dass ein Großteil der Einkommenssteuer mittlerweile verjährt ist und sie lediglich Quellensteuer zu bezahlen hat.

04.02.2014

Schöne Aussichten

Im ICE3 direkt hinter dem Fahrer zu sitzen hat etwas beunruhigend Schönes an sich. Auf der einen Seite kann man überprüfen, ob es sich tatsächlich um eine der schönsten Bahnstrecken der Welt handelt, zum anderen hofft man vor jeder Kurve instinktiv, dass man dahinter nichts auf sich zukommen sieht.

Für den Fahrer scheint es eher etwas schön Beruhigendes zu haben, denn im Fahrerhaus erschallt alle zehn Sekunden ein nervig durchdringender Warnton, den der Zugführer trotz routinierten Griffs zum eigens hierfür ersonnenen *Ja-ich-bin-wach!-Knopf* nur abschalten kann, wenn er auch tatsächlich wach ist. Jetzt hoffe ich, dass meine Freundin nichts von dieser Technik erfährt.

05.02.2014

Ziehe nicht über Los, sondern gehe direkt ins Jahr 622

Das afghanische Parlament winkt ein Gesetz durch, dass Opfern und Zeugen häuslicher Gewalt wie etwa Vergewaltigung in der Ehe, Kindesmisshandlung, Zwangsverheiratung, Frauenverkauf und ähnlich menschenrechtsfreundliche Feinheiten zukünftig verbietet, gegen Täter innerhalb der Familiensippe auszusagen. Und da darüberhinaus auch Ärzte und Anwälte der Opfer eine diesbezügliche Schweigepflicht auferlegt bekommen, wenn Präsident Karzai diesen Maulkorberlass mit einem Federstrich bestätigt, findet sich der weibliche und kindliche Teil des afghanischen Volkes trotz aufopfernder Betreuung und liebevoller Erziehungsversuche durch westliche Schutztruppen schnurstraks in einer Zeit wieder, die sich den Namen Mittelalter erst noch verdienen muss.

Bleibt uns als Außenhandelsvizeweltmeister nur noch die bittere Erkenntnis, dass sich Aufklärung, Demokratie und Menschenrechte doch nicht so gut exportieren lassen wie Autos, Sprengstoffe und Waffen. Inshallah.

06.02.2014

Tod durch Geschlechtertrennung

Da arabische Frauen traditionell so wenig wie irgend nur möglich mit Männern zu tun haben wollen, tarnen sie sich entweder mit einer topmodischen Ganzkörpervermummung oder ziehen sich in die eigens für sie vorgehaltenen Gebäudeteile (Küche, Harem, Keller der Moschee) zurück. Ein ungestörtes Luxusleben, das nur hie und da mal durch kleine Verluste getrübt wird. Zum Beispiel wenn eine Saudi-Frau in der Frauen-Uni von Riad einen Herzinfarkt erleidet und die vor Tor postierten Glaubenswächter die ausschließlich männlichen Rettungsärzte partout nicht hineinlassen wollen, bevor das Opfer nach zweistündiger Sieche ihres irdischen Seins endlich entsagt hat.

Kann man nur hoffen, dass ihre Kommilitanten die Leiche jetzt vor die Tür tragen, damit der traditionell männliche Totengräber sie abholen kann.

07.02.2014

I Declare This Bizarre Open!

Was hat der Regenbogenphobiker Putizar nicht alles vorbereitet: einen Ring von Eisstadien für verschiedene Arten von Schlittschuhen, ein völlig neues Skigebiet mit von vorneherein maroder Infrastruktur, eindrucksvolle Natur-lehrpfade, auf denen man der Natur beim Sterben zusehen kann, Tiptopho-tels mit jetzt schon verrosteten Wasserleitungen und fehlenden Möbeln, aber dafür mit toller Videoüberwachung in den Duschräumen der internationalen Journalisten. Und das alles für schlappe 50 Milliarden Kosten bei einem für russische Verhältnisse niedrigen Bakschischanteil von etwa 35% (also knapp 17 Milliarden, für alle die es nicht so mit der Prozentrechnung haben).

Und dann hat das Geld noch gereicht für eine bunte Eröffnungsshow einer-seits, die wie ein verunglückter Zwitter aus den Londoner und Pekinger Shows Ruhm und Ehre des großen Vaterlandes eventscharmützelt, sowie für die Entwicklung eines völlig neuartigen und nicht nachweisbaren Muskelauf-baumittels namens Fullsize MFG andererseits, mit dem wahrscheinlich vor allem karibische und pazifische Inselvölker ihren naturgegebenen Winter-sportmalus ausgleichen dürfen. Also ein klassischer Anfall von Sportsgeist!

08.02.2014

Quatsch as Quatsch can!

Kleines exklusives Vergnügen für alle nicht russischen TV-Zuschauer bei der Eröffnungsfeier in Sotchi: die fünfte Schneeflocke öffnet sich nicht zum Ring. Da in Russland aber nichts live gesendet werden darf, konnte die Regie die obligatorische 15-Sekunden-Verzögerung dazu nutzen, um die Panne durch Bilder von der Generalprobe auszutauschen. Was unserem ARD-Leihgesicht Quatschard *Delling* zu folgendem, für ihn gar nicht so untypischen, selbst-entlarvenden Kommentar ermunterte: *"Ja, wenn man bei uns alles raus-schneiden wollte, dass ..."*

An dieser Stelle brach er den Satz entgeistert ab, nicht etwa weil er seinen Zuschauern wie ein gut getimter Komiker die Konklusion überlassen wollte, sondern weil ihm mitten im Quatschen selbst auffiel, was für ein gigantisches Eigentor sein Hinterhirn ihm da grade auf die Zunge gespuckt hatte. Und es stimmt: wenn man ausm Deutschen Fernseh alles rausschneiden müsste, was nicht klappt, dann hätte unser Fernsehvolk nie was von der Existenz von *G. Delling* erfahren.

09.02.2014

Durch diese Gasse kommt er hohl

Der Einwanderungsminister des früher mal zurecht Großbritannien genannten Ex-Weltreichs *Mark Harper* ist spontan und freiwillig von seinem Amt zurückgetreten, weil er feststellen musste, dass sich seine Putzfrau bei ihm sieben Jahre zuvor mit gefälschten Papieren um den Job als Entschmuddelungsfachkraft beworben hat und sich seitdem total illegal in England aufhält.

Damit es zukünftig in der bereits von Milchkühen und Schnappdenkern* völlig überbevölkerten Schweiz nie zu solch peinlichen Rücktritten aufgrund ungeklärter Einwanderungsverhältnisse kommt, haben sich die Eidgenossen in einem Referendum nun mehrheitlich gegen eine Masseneinwanderung von Apres-Ski-süchtigen Sinti und Schwarzgeld-bunkernder Roma entschieden. Und das vor allem deswegen, damit die fremdländischen Minderqualifizierten nicht den einheimischen Minderqualifizierten die Butter vom Röschti nehmen. Oder die Kassierer-Jobs in einer so tollen Partei wie der SVP.

*Schnappdenken ist sowas wie Schnappatmen

10.02.2014

Doch noch Dr. werden

Ich kann nun dank einer erfolgreich durchgeführten Internetrecherche endlich nachweisen, dass die Johann-Wolfgang-Goethe-Bildungsanstalt zu Frankfurt bei Offenbach bei meiner Exmatrikulation eine ganze Reihe von Textpassagen aus anderen universitären Kündigungsschreiben eins zu eins kopiert und ohne Hinweis auf das geistige Eigentum Dritter übernommen hat. Das bedeutet ganz klar, dass die Universitätsleitung dieses Schreiben nun für ungültig erklären muss, mich wieder unterrichten und eigentlich nach fast dreißig Jahren auch mit einer Ehrendoktorwürde entschädigen sollte, aber bitte h.c. (humoris causa) - und nicht wie bei Kollege *Tietze* nur Dr. t.h.c.!

11.02.2014

Promille-Absolution

Der Überlebende in einem klassischen Fall von Darwin-Award-Nominierung ist vom Amtsrichter in Radolfzell am Bodensee (den die Schweizer Boden-meer nennen sollten, damit der Begriff Marine Sinn macht) von der Anklage der unterlassenen Hilfeleistung freigesprochen worden. Er sei nicht nur als Nichtmediziner, sondern auch als aktiver Trunkenbold mit etwas über drei Promille einfach nicht in der Lage gewesen, seinen Saufkumpanen vor dem Bolustod zu retten; jenem plötzlichen Erstickungstod mit Herzstillstand, der zum Beispiel durch zwei hühnereigroße Stücke einer Schweinshaxe ausge-löst wird, die man sich als Mittel gegen den zunehmenden Kontrollverlust durch zehnstündige Alkoholzufuhr mit großem Elan unzerkaut In den Rachen stopft.

Für die Verbesserung des menschlichen Genpools gibt in diesem Fall auch noch eine besondere B-Note: der Delinquent war in klassischer Slapstick-Manier vornüber mit blau angelaufenem Kopf in den Kartoffelbrei gekippt - was der Nichtmediziner neben ihm minutenlang als großartigen Gag inter-pretiert hatte.

12.02.2014

Die Kunst liegt im Auge des Betrachters

Chef-Hustler *Larry Flint* ist mal wieder vor Gericht gezogen, um für nackte Tatsachen zu kämpfen: diesmal nicht ob seine lahme Pornografie der 70er Jahre unter die Pressefreiheit fällt, sondern ob der in seinem Hustlerklub nahtlos offenbarte Striptease eine von der Steuer zu befreiende künstlerische Tanzdarbietung sei.

"Isses nich!" entschied die zuständige Richterin, wie bei 2,1 Mio Steuernach-zahlung an ihren Arbeitgeber New York City nicht anders zu erwarten, nach-dem sie sich ein eigens dafür produziertes Video angeschaut und zwei Tanz-expertinnen dazu angehört hatte: *"Striptease enthält zwar einige Elemente von Tanz und Choreografie, aber eigentlich gehe es nur darum seine Klei-dung auszuziehen und eine Aura von sexueller Phantasie zu erzeugen. Die künstlerischen Elemente seien nur nebensächlich, da die Phantasie letztlich der verkaufte Service sei!"*

Die Frau ist Expertin. Ihre Begründung allerdings könnte in der usamerikanischen Präzedenzfalljustiz natürlich noch jede Menge anderer Prozesse nach sich ziehen, da ja auch bei Kreditderivaten, Börsenspekulationen und bei der halbjährigen Festlegung der Schuldenobergrenze durch den Senat der Service in letztlich nichts anderem als der puren Phantasie liegt.

13.02.2014

Bekennermarsch

Kurz vor den gutbürgerlichen Gedenkparaden anlässlich der bombastischen Zerstörung vor 69 Jahren wanden sich auch 500 Rechtsradikale auf einem ordentlich angemeldeten Fackelzug durch Dresdens Altstadt. So weit, so ungut! Bleibt die Frage, warum sie solches tun? Wollen sie einfach nur zeigen, dass sie mutig genug sind, um echt brennende Fackeln aus dem örtlichen Dekoladen herumspazieren zu können?

Oder bekennen sich diese politischen Pyromanen damit endlich zu ihrer Verantwortung, weil ihre geistigen Blaupausen den ganzen Schwachsinnskrieg erst angefangen haben - und somit ursächlich Schuld an der Einäscherung des elbflorentinischen Panoramas waren?

Dann weiter so. Schließlich ist Selbsterkenntnis der erste Schritt in die Nervenheilanstalt! Und Heil – da stehen sie ja eh drauf!

14.02.2014

Aibohphobia

Passend zum legasthenie-palindromischen Datum des Tages, als Anreiz zur Überwindung der Angst vor gespiegelten Wörtern und Sätzen (siehe Titel) und weil heut eh nichts besseres los ist – Landwirtschaftsminister Friedich ist zurückgetreten (uninteressant), Airbus hat sich eine Bank gekauft (ja, warum auch nicht) und der Gouverneur von Tennessee droht Volkswagen mit der Streichung von Subventionen, wenn sie einen Betriebsrat nach deutschen Vorbild wählen lassen (das ist „*einfach unamerikanisch*") – hier eine kleine Auswahl meiner Lieblingspalindrome (Autoren unbekannt):

Platz 3) O Chello voll Echo!

Platz 2) Pur ist Saft fast Sirup!

und *Platz 1)* Na, Fakir, Paprikafan?

15.02.2014
Schulmädchenreport
Beobachtung nach einem Poetry-Slam in einer Karlsruher Techno-Disco. Wenn ich mir anschaue, wie sich junge Mädchen heutzutage anziehen, sehe ich große Probleme auf die durchschnittliche Straßennutte zukommen. Sie werden sich wohl in Zukunft Schilder malen müssen, damit man sie noch unterscheiden kann.

16.02.2014
Albtraumforschung
Bewegungslos erstarrt aus großer Höhe fallend und dabei noch von anderen Menschen verfolgt - und deswegen verspätet zu einem wichtigen Termin zu erscheinen! Das wäre das definitive Albtraumszenario nach den Top Vier einer Umfrage Nürnberger Marktforscher zu nächtlichen Schreckensszenarien des durchschnittlichen Deutschen. Das heißt aber auch: Keine Träume von Rentenbetrug, Überfremdung, Überwachung, dummen Politikern oder extremistischen Selbstmordtätern. Sieht so aus, als könne unsere Regierung noch ein paar Jahrzehnte so weitermachen, ohne dass das Unterbewusstsein unseres Volkes leidet. Oder sein Bewusstsein!

17.02.2014
In Dubio pro Gleitzeit
Ein schlauerweise mitten in der Nacht von Luftpiraten aus Äthiopien entführte Düsenflieger wurde von zwei französischen Mirage 2000 bis zur Landung im schweizerischen Genf begleitet; was in soweit günstig war, als die Franzosenbomber die Maschine über Schweizer Staatsgebiet aufgrund internationaler Verträge nicht hätten abschießen dürfen, auch wenn die Piraten das Flugzeug doch noch in die FIFA-Zentrale hätten steuern wollen.
Die Schweizer Luftwaffe war leider nicht in der Lage zu diesem Manöver, weil – ja, weil die eidgenössische Luftwaffe ihr Büro erst morgens um Acht öffnet. Und dann muss man ja auch erst mal eine Tasse Kaffee trinken. Mit Ovomaltine.

18.02.2014

Depression ist auch nur Wut ohne richtige Begeisterung

Ex-Wachmann, Ex-Druckerei-Mitarbeiter und Ex-Katzenfutter *Jinhai Yang* warf sich in einem Anfall von Melancholie zwei Tigern im Zoo von *Chendu* selbst zum Fraß vor, weil ihm das Leben der armen Tiger in ihrem Knast noch schlimmer vorkam als sein eigenes. Der erste Streifenkater nahm direkt Reißaus, vermutlich weil er die Kombination von Dummheit und Depression für ansteckend hielt. Den zweiten konnte Herr Yang durch einen zehnminütiges Veitstanz immerhin dazu bringen, ihm einem Stuppser mit der Pranke zu verpassen und ihm zärtlich im Nacken zu packen, bevor ihn der Betäubungspfeil der Tierpfleger traf.

Herr Yang kann sich jetzt in seinem eigenen Käfig von kleinen Kratzern und großen Dachschäden erholen, seine Nominierung für den Darwin-Award allerdings bleibt vorläufig suspendiert.

19.02.2014

Agents provoyeurs

Nackte Tatsachen und knappe Texte hier, Wollmützenkomplettvermummung und komplizierte Gesänge dort. Die Unterschiede zwischen Femen und Pussy Riot könnten größer nicht sein. Wenn es aber um die virale Attraktivität der Aktionsvideos der beiden Protestgruppen geht, führt seit heute die russische Punkband vor den ukrainischen Flitzerinnen, weil sie dank Putins drauflos prügelnden Kosaken noch so eine gewisse Sadomaso-Note in die Politikerotik einführen konnte.

20.02.2014

WARP 1.1

Wenn die Physikflüsterer von der *Bild* voller Begeisterung aber schwach konzentriert neuestes Kriegsgerät wie die Laserkanone der *USS Ponce* vorstellen, dann kann dabei schon mal so ein Satz dabei herauskommen wie (Zitat Anfang): *"Bei diesen Systemen wird Licht durch Kristall, Glas und hochkonzentrierte Materialien wie Titan, Saphir oder Fluorid so verstärkt, dass ein extrem energiegeladener und besonders schneller Laserstrahl entsteht!"* (Zitat und Verstand Ende)

Soso, besonders schnell! Diese amerikanischen Waffentüftler sind halt echte Genies, die Dronen nicht nur tatsächlich zum Fliegen kriegen, sondern auch Laserlicht auf Überlichtgeschwindigkeit beschleunigen können, und das mit hochkonzentrierter Zahnpasta!

Es wird die moderne Kriegsführung natürlich wesentlich verändern, wenn man mit einer solchen Kanone dann *relativ-theoretisch* in die Vergangenheit schießen kann; denn so superschnelles Licht ist ja dann da, bevor es abgeschossen wird. Einstein lässt grüßen!

21.02.2014

Den Teufel mit dem Beelzebub austreiben

Ein evangelischer Kindergarten zensiert die Faschingskostüme seiner kleinen Kunden, natürlich mit der guten biblischen Begründung, dass "Hexen, Zauberer und Teufel dem lieben Gott ein Gräuel seien". Das könne man laut *Pfarrer Bieneck* aus der heiligen Schrift entnehmen. Was man allerdings der Bibel nicht entnehmen kann, warum Fasching von kleinen Kindern überhaupt gefeiert werden darf, und was Gott von Feen, Clowns und schießwütigen Cowboys hält. Oder von Eltern, die ihre Kinder jetzt als Kardinäle und Päpste verkleiden wollen.

22.02.2014

Bier. Bienen. Schland.

Hätte so noch 2006 der Slogan zum Sommermärchen gelautet, versucht's Mutti Staat jetzt mit der gut bepunkteten Abwandlung: "*Wir. Dienen. Deutschland.*"

Um die Heimat nicht nur in einöden Bergtälern abseits aller Absatzmärkte für deutsche Wertarbeit zu verteidigen, sondern um dafür daheim auch das geeignete Laserschwert zusammen zu nieten, sucht die neue *Leyen-Bundeswehr* jetzt Leute. Und zwar welche, die schon als Kinder Konservendosentelefone (abhörsicher) oder Modellflöße aus Stöckchen (amphibische Eignung) zusammengepfuschelt haben. Und garniert den dazu passenden Werbespott mit der aufmunternden Lockerheitsfloskel: "*Nicht alle tragen bei uns Uniform!*" Und da hat die Werbung mal wieder mehr Recht als ihr lieb sein kann, denn: Manche kommen in Jeans, manche kommen in Leichensäcken!

23.02.2014

Putinade

Nach der Übertragung der Abschlussfeier der großen vaterländischen Sommerwinterspiele aus der russischen Esratzkaribik erlaubt sich die Abseitsgemeinschaft der Unrundfunkgesellschaften Germaniens noch einen fröhlich blöden Ausflug ins Lustigfernsehen. Geisteskrösen wie eine Ex-Schlittschuhläuferin, eine Ex-Biathletin und zwei Ex(s)portjounalismusstudenten fassen in einer Schwätz- und Kicherrunde nochmal die für sie zutiefst beeindruckenden Augenblicke der zweiwöchigen Sportlerversuchsanordnung zusammen; vielleicht sogar gipfelnd im dahingeblökten Ausruf der Ex-Eisprinzessin zum abschließenden Pyrogeballere: *"... haben sich nicht lumpen lassen!"*
Und wenn auch der ganze Rest dieser Selbstbeplapperung weder komisch, noch satirisch und schon gar nicht witzig war - wie fast alles, was das Erste komisch, satirisch oder witzig machen will -, aber das Argument mit den Lumpen, das hat es dann insgeheim doch irgendwie getroffen; wenn auch anders als gewollt.

24.02.2014

Zirkulo Witzioso

Nach dem Ende der Olympischen kann Väterchen Russland nun zu seinen üblichen Spielchen zurückkehren, die da wären: Einschüchterung seiner Bürger, Verschaffung von Oppositionellen ins Gulag und vor allem Blendung der Justizia durch eigens dafür geschaffene Paragraphen; wie zum Beispiel das neue Wahlzettelverlängerungsgesetz, das Darth Vladimir noch schnell zwischen zwei Medaillenüberreichungen unterzeichnet hat. Demnach müssen nun alle Vorstrafen von Kandidaten mit auf den Wahlzettel gedruckt werden, damit der geneigte Wähler die Guten von den Bösen besser unterscheiden kann.
Keine schlechte Idee für Belgien, aber eine Farce in einem Land, dessen Präsident Vorstrafen im Losverfahren und mit Vorliebe an politische Gegner verteilen lässt. Und als ob es noch einen Sonderbeleg für den Geist hinter diesem lupenreinen Demokrator gebraucht hätte, ließen seine Ordnungswüter gleich heute mehr als 400 Spaßverderber willkürlich verhaften, als sie doch tatsächlich gegen genau diese Justizwillkür protestierten. Das schließt sich der Kreis. Und die Ringmuskulatur.

25.02.2014

Orden wider den despotierischen Ernst

Es scheint dann doch einen direkten Zusammenhang zu geben zwischen zu viel totalitärer Macht und dem Verfall bestimmter Hirnregionen. Um das zu beweisen wies Thailands Ministerpräsidentin *Yingluck Shinawatra* ihr seit Monaten protestierendes Volk (wie immer *„gegen Unterdrückung, Korruption und Behördenwillkür"*) in einem Interview auf folgende Komplikation ihrer Adhäsion an den Chefsessel hin: *"Viele haben mich aufgerufen zurückzutreten. Ich aber sage: Ist ein Rücktritt die Antwort? Was, wenn dadurch ein Machtvakuum entsteht?"*

Und ja, das ist eine berechtigte Frage. So wie diese hier: Was, wenn das Vakuum im Verstand des Mächtigen die viel größere Bedrohung darstellt?

26.02.2014

Viktor's Secret Service

Tut mir leid, auch wenn die Lage in der Ukraine echt ernst ist, aber den kann man einfach nicht liegen lassen: Bei der spontanen Volksbegehung der äußerst geschmacklosen Prachtanlage des flüchtigen Expräsidenten *Janukowitsch* wurde Hinweise auf seine heimliche Geliebte gefunden, die er gleich neben dem Haupthaus in einer Datsche am See vorrätig hielt. Und ist der Titel dieses Tagebucheintrags in Bezug auf diesen Umstand schon gut gelungen, dann schafft es die 39jährige Schönheitssalonmatratze Lyubov Polezhay ab sofort in die Top Five des ukrainischen Wortspielregisters: sie, Lyubov, was übersetzt schon *Geliebte* heißt, war *Viktors ganz persönliche Geheim-Polezhay*!

27.02.2014

Mit zweierlei Maß

Nach all den Volksprotesten in der Ukraine, in Thailand und in Venezuela wartet endlich Mexico mal mit einer programmatischen Neuerung in der Wutbürgerbranche auf: in *Culiacán*, Hauptstadt des Kartells, das sich nach dem gleichnamigen Bundesstaat *Sinaloa* benannt hat, gingen tausende von Drogenanhängern und zukünftigen Kartellleichen auf die Straße, um für ihren inhaftierten Drogenboss *Joaquín "El Chapo" Guzmán* lautstark Nicht-Auslieferung in die USA oder am besten auch Nicht-Einlieferung in ein mexikanisches Gefängnis zu verlangen. Dazu sang eine Mariachi-Band die Lieblingslieder des "*Kleinen*" und weiß gekleidete Exjungfrauen verteilten Handzettel mit ihren Forderungen an zutiefst verwirrte Passanten.

Dagegen heute in Hannover, wo unser Ex-Präsi vorm Landgericht stand: nicht eine jungfräuliche Demonstrantin, keine Blaskapelle, keine Lieblingslieder - so ungerecht kann die Welt sein!

28.02.2014
Optisch auf die Nerven gehen
Fast wundert es einen schon nicht mehr, wenn sich der nächste Spionageskandal durch die Nachrichtenticker bohrt. Laut dem Guardian haben sich die Digital-Stasis vom Verunreinigten Königreich und ihrer possierlichen Exkolonie (die mit dem sympathischen Farbigen, der alles verändern wollte) dank eines Spähprogramms namens *optic nerve* in Abermillionen von privaten Videochats reingehängt und mal so zur Sicherheit alle 5 Minuten ein Standbild von dem gemacht, was sich da so vor den heimischen Privatkameras angeregt unterhalten, erregt gerekelt oder selber abgefummelt hat. Es könnten ja ein paar Nachwuchs-Bin-Laden dabei gewesen sein.

Und nur wie um zu beweisen, dass das Private eh in den öffentlichen Raum gehört, ließ der vorangegangene Präsident *Bush Junior* zeitgleich verlauten, dass er eine Ausstellung mit seinen garantiert selbstgemalten Selbstportraits plane, alle mit so schaurigschönen Sujets wie: Ich unter der Dusche! Ich im Badezimmerspiegel! Ich in der Badewanne!

Und das greift den Sehnerv erst recht an!

MÄRZ

01.03.2014

Sportunfall

Die gute alte Bundesliga ist fünfzig Jahre nach Gründung irgendwie an einem Endpunkt angelangt; nicht als Spiegelbild der Gesellschaft - da funktioniert sie besser denn je - aber als sportlich fairer Wettbewerb. Wenn man jetzt dem offensichtlich viel zu überlegenen Multimillionenensemble aus Fröttmaning zuschauen muss, kommt man sich nicht mehr vor wie ein neutraler Fußballfan, der sich das immer gleiche und zermürbend langweilige Ballbesitzgekicke Marke Pep Barcelona ansieht, sondern mehr wie so ein blöder Gaffer auf der Autobahn, der versucht einen Blick auf den zusammen gequetschten Schrott und die blutigen Körperteile der Unfallopfer zu erhaschen.

02.03.2014

Der große Putini

Vielleicht hat Klein-Wladimir (Wahlspruch: Wladimir, so ich Dir!) in der Hokus-Pokus-Universität für Politclowns nicht richtig aufgepasst, aber es ist nun mal auch für einen selbsternannten Illusionisten ungemein vorteilhaft, wenn nicht jeder im Publikum genau sehen kann, wie er den Trick vorbereitet, aufbaut und durchführt. Da nützt es auch nicht viel, im entscheidenden Moment des Tricks mit den Fingern woanders hin zu zeigen und laut *"Guckmada!"* zu rufen.

Und auch wenn man seine Leute mit nacktem Oberkörper und vorgehaltener Dummheit zwingt, begeisterten Applaus vorzutäuschen, es bleibt im Groben und Ganzen doch nichts als eine ziemlich unterdurchschnittliche Vorstellung mit schlecht abgekupferten Zauberkastentricks - die am besten durch einen ungezogenen weißen Tiger beendet werden sollte.

03.03.2014

Kaltblütige Besetzung, tragischer Irrtum oder einfach nur Karneval?

Vorweg erst einmal aus Angst vor unberechenbaren Einbrechern und zum Schutz der eigenen Volksangehörigen präventiv die Insel besetzen und dann ohne Warnruf vier mal durch die geschlossene Badezimmertür schießen. Vorm UN-Gericht dann ganz dummblöd feststellen, dass man aus Zufall doch nicht den richtigen getroffen hat, aber schon aus Imagegründen vorsichtshalber Gegenklage einreichen, weil die blöde Schlampe hätte ja zuerst schießen können. Kann sein, dass ich da jetzt zwei, drei Nachrichten des Tages aus Südafrika, Serbien und von der Krim irgendwie miteinander verhackstückt habe, aber - tut mir leid - so eine vierstündige, völlig satirefrei kommentierte Fernsehübertragung von Rosenmontagszügen kann einen abgrundtief verwirren.

04.03.2014

Vorweggehen

Wer direkt am Abgrund steht und Fortschritt fordert, ist vielleicht nicht so schlau, wie er klingt. Und wer als Energiekonzern schöne Werbespots drehen lässt, die offensichtlich weder mit der Strategie noch der Überzeugung der Unternehmensleitung irgendwas zu tun haben, sollte vielleicht noch mal kurz überlegen, in welche Richtung man eigentlich vorweggehen will. Klar, sowas kann passieren, wenn sich die Hauptkompetenz des Vorstands auf Geldzählen begrenzt und man zum Stichwort Energiewende nur die eine Assoziation hat: *„Wennde Energie brauchst, musste sowieso zu mir kommen!"*
Ich sach jetzt mal: dass Vorstand nicht immer was mit Verstand zu tun hat, okay! Aber wenn um einen herum alle Leute den Grill wegräumen, weil am Horizont schon die Gewitterwolken aufziehen, dann ist es doch ein wenig veRWEgen am Konzept der Gartenparty festzuhalten.

05.03.2014

Bild Dir Deine News

Einen archäologischen Fund aus dem Jahre 2008 verbreitet das Schlachtschiff des deutschen Stimmungsjournalismus heute als Neuigkeit, und zwar mit dem Satz: *"Vom Fund eines mehr als 7000 Jahre alten Brandenburgers aus der Mittelsteinzeit erhofft sich die Wissenschaft neue Erkenntnisse über das Zusammenleben der Menschen in der Region."*

Damit aber die dadurch fast nicht mehr zu ertragende Spannung abgebaut werden kann, veröffentliche ich jetzt schon mal vorab die Ergebnisse der jahrelangen Untersuchungen durch das Landesamt für Brandenburgische Denkmalpflege: *"Die Leiche trug Glatze und Tattoos, Lederjacke und Springerstiefel und ist in Wünsdorf wahrscheinlich an Langeweile gestorben. Als Grabbeigaben wurden ein germanisches Trinkhorn, ein kunstvoll geschmiedetes Hakenkreuz und ein Gurkenglas gefunden. Unsere neue Erkenntnis ist also, dass sich hier seit 7000 Jahren fast nichts geändert hat. Außer dass wir bald einen Flughafen kriegen!"*

06.03.2014

280 Sachen, die man als Gangster nicht tun sollte

Dass nicht immer nur die schlauesten Leute auf die Idee kommen, mit Drogenverkauf, Waffenhandel und Schutzgelderpressungen den eigenen Kassenstand aufzupäppeln, dürfte ein häufig bestätigtes Vorurteil sein. Aber die Mitglieder der New Yorker Dealergang *"280"* haben in Punkto Dummheit vor dem Feind neue Maßstäbe gesetzt.

Wahrscheinlich von Rapvideos animiert, haben sie sich regelmäßig mit den Gewinnen aus ihren kriminellen Geschäften in Prahl-, Protz- und Prollposen abgelichtet und auf Facebook hochgeladen und ihren neuesten Coups oder auch Drohungen gegen zukünftige Opfer mit Signatur in die Nacht gezwitschert; selbstverständlich ohne zu ahnen, dass sich unter ihren FB-Freunden und Zwitscherfolgern mittlerweile die halbe Polizei getummelt hat. Der Rest ist Razzia, Anklagen, Verurteilung und der längste je gemessene Lachflash bei den New Yorker Strafverfolgungsbehörden. Und ein paar Leute bei der NSA, die sich grad total überflüssig vorkommen.

07.03.2014

Ein Schluck von der eigenen bitteren Medizin

Als wenn einem der Liebe Gott persönlich in den Schallwellen eines Knabenchors sanft ins Ohr spaziert, so wunderbar erklang die Stimme der *Dianne Feinstein*, ihres Zeichens Vorsitzende des Geheimdienstausschusses des usamerikanischen Senats, als sie zugeben musste, dass ihre eigenen Auslandsschnüffler die Mitarbeiter des Geheimdienstausschusses bespitzelt und abgehört hat, um herauszufinden, was denn der Geheimdienstausschuss so über die geheimen Tätigkeiten des Geheimdienstes in seinen Geheimgefängnissen zu verheimlichen hatte. Solchermaßen ertappt kündigt die CIA nun eine interne, also geheime Überprüfung der Vorfälle an, mit der jetzt schon absehbaren Erklärung, dass dies zur Terrorabwehr notwendig war.

Weil aber usamerikanische Senatoren so etwas nicht vorbeigehen lassen können, ohne noch eine rausposaunte Dummheit drauf zu setzen, hat Altfalke John McCain jetzt doch tatsächlich den Satz aus der Hirnrinde destilliert: *"so etwas dürfe in einer Demokratie nicht passieren!"*

Und damit meint er sicher, dass der Auslandsgeheimdienst schlicht seine Kompetenzen überschreitet, wenn er auch im Inland geheim tätig wird.

08.03.2014

Ich entscheide

In mit bemalter Unterwäsche gut dekorierten Protestmärschen demonstrierten zehntausende Spanierinnen am Tag der Frauen gegen den Plan der *Regierung Rajoy*, sie mit einer Novelle des Abtreibungsgesetztes in Fragen der Schwangerschaft zu entmündigen und vom freien Willen zu befreien. Das neue Gesetz erlaubt Abbrüche nur noch bei Schwangerschaften in Folge von Vergewaltigungen oder bei körperlichen Gesundheitsrisiken der werdenden Mutter. Fehlbildungen wie z.B. absehbare Hirnschäden des Fötus sollen dagegen kein Abtreibungsgrund mehr sein. Ja, auch in dreißig Jahren wollen noch Behindertenspiele und Wahlen gewonnen werden.

Viel wesentlicher ist aber der Vergewaltigungsaspekt: Der Entzug des freien Willens sowie der Verlust der Souveränität über den eigenen Körper fühlen sich ja für die Betroffenen jetzt auch nicht besser an, bloß weil man sexuell fehlstimulierte Einzeltäter großzügig durch eine Parlamentsmehrheit ersetzt.

09.03.2014

A Work Of Arsch!

Die Schießprügelhersteller und Gewaltgaukler der usamerikanischen Firma *Arma Lite* haben in einer ihrer Werbeanzeigen unter dem Slogan "*A Work of*

Art!" der berühmten David-Statue des Michelangelo eins ihrer vollautomatischen Meuchelpuffer in die Hände retuschiert. Und da bekommt man es schon ein bisschen mit der Angst zu tun, dass solche Geschmacklosigkeit Schule macht:

Da Vincis Mona Lisa mit Sprengstoffweste, ein Selbstportrait von van Gogh mit Kampfschwimmermesser und Botticellis Venus entsteigt der Atomraketenluke des neuesten U-Boots. Folgt man dieser Logik kunsthistorisch gestählter Waffenhersteller bis zu Ende, sind die sich häufenden Amokläufe in Schulen wahrscheinlich nichts anderes als angewandter Kunstunterricht.

10.03.2014

Schlechter Krimi

Eigentlich verbieten sich ja Hitlervergleiche jeglicher Art, es sei denn, jemand gibt sich wirklich Mühe wie z.B. *Pol Pot* oder *Idi Amin* in Sachen Völkermord oder *Charlie Chaplin* und *Oliver Hardy* in Sachen Oberlippenbart. Aber die historischen Parallelen zwischen dem Anschluss des Sudetenlands zum Schutz der deutschen Volksgenossen und der Annexion der Krim zum Schutz ehemaliger Sowjetrussen lassen nun auch den *lupenreinen Demokraten Putin* endgültig in einem ähnlichen Irrlicht erscheinen.

Unterdessen avisiert der selbsternannte Übergangspräsident der Krim seinen Beamten im Falle des erfolgreichen Anschlusses an Russland eine 300%ige Gehaltserhöhung, und das gibt doch schon mal einen deutlichen Hinweis darauf wie man sich die staatstragenden Strukturen nach der Abschlussfeier der Behindertenolympiade vorstellt.

Was das mit dem Titel zu tun hat? Wenn ich mir das im Kino ansehen müsste, würde ich jetzt mitten im Film rausgehen, weil ich ja schon weiß, wer der Mörder ist, wie die Tat geplant und durchgezogen wurde - und dass die blöde Polizei diesmal eh nichts machen kann.

11.03.2014

Neues Streichholz

Vierfarb, Hochglanz und mit unendlich vielen Variationen ein und desselben Themas! Starschnitte von berühmten Unfreiheitskämpfern und schnittige Ratgeber zu Bombenbasteln und Frauendemütigung. Die Chefredaktion der allseits beliebten Männchenrechtsorganisation Alk Aida hat mit einem sympathischen kleinen Werbespott auf youtube die Erstausgabe ihrer englischsprachigen Islamisten-Bravo namens "*Wiederaufflammen*" angekündigt. Ein Hochglanzmagazin für tolerante Nachwuchsdjihadisten und an Schnellintegration interessierte Immigranten; wobei damit natürlich die Integration der Heidenländer in einen erdumspannenden Gottesstaat gemeint ist.

Und weil *Malcolm X* schon gesagt hat, dass man "*nie einen Mann erreichen kann, wenn man nicht seine Sprache spricht*" erscheint das Heftchen in der Muttersprache des Teufels, also auf englisch und mit schön viel roher Gewalt, denn - so nochmal *Malcom X*: "*Wenn ein Mann die Sprache der rohen Gewalt spricht, kannst du nicht mit Frieden zu ihm kommen!*"

Und da hat das Magazin wie alle seine Vorgänger aus ähnlich monokulturellen Geisteshaltungen dann auch schon seinen Propagandaton gefunden: Wenn du dich an Dumme wendest, dann sei Dummheit deine Sprache!

12.03.2014

Artfremdenlegion

Ultraorthodoxe Männer, die sich in Vollzeit nichts anderem als dem Bibelstudium widmen - wovon man in Israel anscheinend leben kann - sind laut Gesetzesbeschluss der Knesset ab 2017 nicht mehr von der Wehrpflicht befreit, können sich aber wahlweise beim nichtschießenden Militär oder im zivilen Ersatzdienst einsetzen lassen. Zivildienst heißt dann wahrscheinlich, dass sie gemäß ihres selbstgewählten Auftrags in Altenheimen tagelang aus der Thora vorlesen. Wer sich doch für den aktiven Dienst entscheidet, kann aber mit der Kompromissbereitschaft der Armeeführung bezüglich der Bekleidungsvorschriften rechnen: langer Gehrock und hoher Hut werden in Camouflage zur Verfügung gestellt, wenn die rhetorisch gedrillten Religionsschüler bataillonsweise an die Gaza-Front geschickt werden, um dort frustrierte Palästinenser mit ausgewählten Bibelauslegungen in Grund und Boden zu argumentieren.

13.03.2014

Vorurteilchenbeschleuniger

Selten hat die Republik so aufgekratzt auf einen einzelnen Prozess gegiert und die Mehrheit des medienbefeuerten Plebiszits wünscht dem geständigen

Wurstpräsidenten und Fußballmetzger lebenslang Knast in einer gelbschwarz gestrichenen Zelle und dazu noch eine irgendeine körperliche Versehrtheit ans Bein. Einer rechnet nach dem Urteil gegen die Exkröske des Frankfurter Bierkönigs Schubert, die wegen 500.000€ offener Steuerschulden für 2,5 Jahre hinter Gittern muss, *Ullis* Strafe sogar auf 90 Jahre hoch. Stattdessen gibt's dreieinhalb Jahre im ersten Wurf - und später sicher eine spannende zweite Halbzeit vor dem Bundesgerichtshof zum Thema Steuergeheimnis-verrat.

Eine spontan improvisierte Umfrage unter Fußballfans anderer Vereine hat übrigens ergeben, dass sich 98,2% sicher sind, dass der FC Bayern sein Festgeld aus ähnlichen Aktivitäten hat und für die laufende Saison mit einem Punktabzug (25-30 Punkte) bestraft werden sollte. Und für die folgende Sai-son. Und überhaupt!

14.03.2014

Ein Meister fällt aus dem Himmel

Tja, das war's dann wohl für ihn! Man soll ja aufhören, wenn es am schönsten ist; aber wann weiß man schon, dass es am schönsten ist, außer man bekommt es von höchster Stelle schriftlich. Und ich sitz hier und versuch mich zurück zu erinnern, ob es mal eine Zeit ohne ihn gab.

Er war einer der ganz großen, vielleicht der Größte in seinem Geschäft, einer der seine Branche geprägt hat wie kein zweiter in Deutschland, einer der schon früh sein Talent gezeigt hat, aber der vor allem später nicht mehr wegzudenken war. Über Jahrzehnte wollte jeder zu ihm, nur um zu beweisen, dass man es auch zu was gebracht hatte. Eine Legende, und eine sehr lebendige. Bis heute! Der Tag seines letzten großen Auftritts in seiner ganz eigenen Show!

Ich zumindest werde sein verschmitztes Gesicht und seinen herzlichen Hu-mor vermissen. Nein, ich rede nicht schon wieder von *Uli Hoeness*, sondern von *Harald Schmidt*. Seine Late-Night-Show verschwindet vom Privatsender Sky, und Meister *Schmidt* geht in Rente. Mach's gut, Harry, ich hol schon mal den Wagen!

15.03.2014

Verspritzt

Ihre Firma namens *Silikon Incorp.* hätte sich lieber gleich *Silikon in corpse* nennen sollen, so gründlich hat die selbsternannte plastische Kosmetikerin *Tamira Mobley* ihre fehlenden anatomischen Kenntnisse im Hintern ihrer Patientin *Tamar Blaine* angewandt, dass diese ihren frisch aufgespritzten Po nun auf immer in einer Kiste aufbewahren kann. Wie die Autopsie zeigte, war das Silikon, das ihr eigentlich zu einem *Jennifer Lopez* mäßigen Popez verhelfen sollte, leider in ihre Blutbahn gelangt. So weit, so dumm. Stellt sich nur noch die Frage, warum man für so eine Risikobehandlung 800 Öcken ausgibt, wenn man mit Cremetörtchen für dieselbe Summe das gewünschte Ergebnis völlig gefahrlos erreichen kann.

16.03.2014

Referendummdumm

Sind Sie dafür, dass Sie selbst dafür sind oder sind Sie dafür, dass die Äffchenkammer entscheidet, die sich übrigens schon dafür entschieden hat? Wie dank solch rhetorisch fein formulierter Fragestellung nicht anders zu erwarten, haben mehr als 95% aller Russen auf der Krim in einem bestimmt lupenrein demokratischen Verfahren für einen Anschluss der Krim an Mütterchen Russland gestimmt. Ortsansässige Ukrainer und Krim-Tartaren hingegen waren von proputinistischen Sicherheitstruppen wegen Hausarrests zur Briefwahl aufgefordert worden, aber leider wurden die Briefkästen an diesem Wochenende von der russischen Militärmüllabfuhr geleert.

Aber egal, den kleinen Knall kann man leicht überhören. Denn - seien wir doch mal ehrlich - eigentlich sind uns das bisschen Insel und Staatsrecht da unten in der hinteren Ecke Europas ungefähr genauso wichtig wie damals die Kleinvölkerflecken, die sich das tausendjährige Reich als Reichsteile oder Protektorate einverleibte. Und da wir eh schon mal wieder dabei sind, so richtig lässig aus der Geschichte nix zu lernen, sollte man vielleicht das mehrfach erprobte Prinzip der polnischen Teilung auf die Ukraine anwenden. Dann ist mal Ruhe im Karton! Für mindestens ein paar Jahre. Hauptsache Putin versucht den Trick nicht mit uns, wenn ihm die russische Bevölkerungsmehrheit zur Hochsaison in Baden-Baden auffällt.

17.03.2014

Rekordverdächtiger Vertikalverkehr

Damit es an den Engpässen nicht wieder wie zuletzt zu Stressprügeleien unter den friedliebenden Naturbesteigern und den buddhistischen Sherpas kommt, reagiert die beunruhigte Regierung des hauptsächlich in die Höhe gebauten Geländestaats Nepal auf den stetig zunehmenden Klettertouristen-stau an ausgewählten Aufstiegsrouten mit der zeit- und kraftsparenden Idee, Leitern an so schwierigen Extremhügeln wie dem Mount Everest anzubrin-gen. Und ich freu mich schon jetzt auf den Eintrag ins Guinnessbuch der blö-desten Ideen: die längste Rolltreppe der Welt! Berg Heil!

18.03.2014

Gedächtnislücken

So gut wie jeder, die wie Zar Putin *("... vergessen, meine Soldaten zu kenn-zeichnen!")*, David Copperfield *("... vergessen, die Welt vom Trick mit dem malaysischen Flugzeug zu unterrichten!")*, Helmut Kohl *("... vergessen, wer mir die Million in den Koffer gelegt hat!")* oder Dieter Bohlen *("Guter Ge-schmack, kannste vergessen!")* öfter mal kleine Aussetzer der gedanklichen Kontinuität erleidet, darf sich nun Dank einer Studie amerikanischer Psycho-forscher in Zukunft mit einem veritablen Gendefekt herausreden. Das Schus-seligkeitsgen DRD2, nicht zu verwechseln mit dem unvergesslichen Gedächt-niskünstler R2D2, dient also künftig allen Erinnerungsakrobaten als Alibi - und mir als Tiptopvorlage für einen ebenso alterslosen wie grandiosen Gag, der ... ähh ... der wo ... ähh ... der, ja, ähhm ...

19.03.2014

Kollegen-Bashing

Nachdem sie mit ernster Miene jede Menge negativer Wirtschaftsmeldungen und Befürchtungen zu möglichen Auswirkungen der Krimkrise beschworen hat, wundert sich die ntv-Studiomoderatorin in der halbstündigen Schalte zur Frankfurter Börse über den deutlichen Kursschlenker nach oben. Am anderen Ende der Leitung nach ihrer fachlichen Einschätzung befragt, macht auch on-site-Reporterin *Corinna Wohlfeil* einen eher unentschlossenen bis allgemein verwirrten Eindruck ob des gegenläufigen Kursausschlags. Nein, das könne sie jetzt auch nicht erklären, weder sich noch den interessierten Zuschauern. Folgt die lakonische Reaktion aus dem Studio: *"Na, Du hast da ja lauter kluge Leute um Dich herum. Vielleicht findest Du ja einen, der Dir bis zur nächsten Schalte erklären kann, was da vor sich geht!"* Das hat gesessen!

20.03.2014

Wandel durch Handel

Im französischen Atlantikhafen *St. Nazaire* liegt das soeben im russischen Auftrag fertiggestellte Kriegsschiff *Vladivostok*, das nach Training seiner zukünftig proputinistischen Besatzung baldigst zur Erhöhung der marinen Wehrbereitschaft in Richtung Krim verlagert werden soll. Und da fallen mir direkt zwei Exit-Strategien für die jetzt auf einmal vom Waffenexport peinlich berührten Franzmannasen ein: erstens den Panzerkreuzer bis in die Hafeneinfahrt der Marina Sewastopol schippern und dort als Versicherungsfall versenken! Oder zweitens: ein Referendum unter den französischen Überführungsmannschaft durchführen, ob die *"freie Republik Vladivostok"* sich nicht doch lieber der NATO-Marine anschließen will!

21.03.2014

Seit 5 Uhr wird zurückgezwitschert

Dank eines vom selbsterklärten Liebling aller Osmänner und Osmantinnen eigens erwirkten Gerichtsurteils lässt Minipräsident *Erdogan* den digitalen Geschwätzdienst Twitter im Luftraum der Türkei bis auf weiteres schließen; hauptsächlich, weil die blöden Twitternutzer aber auch ständig infame, völlig aus der stickigen Kellerluft irgendwelcher Geldwaschbanken gegriffene Lügen über ihn und seine gierige Verwandtschaft Schrägstrich Politclique und deren korrupten Rotznasen verbreiten. "*Das*", so der missgünstige Stiefvater aller Türken (Gevatatürk), "*gehe einfach nicht so weiter!*"

Da es aber in Ex-Osmanien unverschämterweise immer noch eine Zweitmeinung zu solch wichtigen Themen wie den kriminellen Machenschaften der Erdogangster gibt, haben zahlreiche Internetportale und Tageszeitungen Tipps veröffentlicht, wie sich die technische Sperre des Zwitscherdienstes umgehend umgehen lässt. Und so bleibt ein wenig Hoffnung, dass so kurz vor den

Kommunalwahlen ein mächtiger Fäkalsturm Ihro Korruptheit aus dem Sessel spült.

22.03.2014

Warnende Stimme

Reisetag. Grade am Flughafen aus groben Heißhunger heraus für viel zu viel Hartgeld ein sich lustlos dahinkrümmendes Laugenhörnchen mit schon leicht belegten Belag erstanden, als sich schön die höhere Vorsehung mit einer freundlichen Warnung meldet: *"Achtung, Achtung! Bitte lassen Sie Ihr Gebäck nicht unbeaufsichtigt!"*

Nein, Unsinn, Hörfehler. Aber wenn man so einen Flughafen wirklich sicherer machen wollten, wäre es dann nicht viel schlauer durchzusagen: *"Bitte lassen Sie das Gepäck anderer Leute nicht unbeaufsichtigt!"*?

Der Grundsatz, wenn jeder an sich selber denkt, ist an jeden gedacht, funktioniert nämlich nicht zur Abwehr von selbstmordattentätigen Kofferbombern.

23.03.2014

Kunstverstand

Kleiner Abstecher ins Miro Museum auf dem Montjuif. Wie immer drängeln sich auch deutsche Touris durch die Ausstellung, die in ihrem Stadtführer als unbedingt anschaupflichtig vermerkt ist. Er mit angedeuteter Vokuhila, sie mit voll ausgebildeter Margot-Honecker-Gedächtnismatte, und beide im unvermeidlichen Ich-Herz-Barcelona-Teehemd, bleiben vor einem Bild stehen. Sagt sie: *"Guck ma, da hat er sich mit der Zeichnung erst voll die Mühe gemacht, und dann hat er einfach drüber geschmiert!"*

Er schweigt dazu. Sehr schlau. Was könnte da seine Kunstkritik dem großen Werk des Joan Miro jetzt noch anhaben wollen.

24.03.2014

Mangarepublik

Die eilig eingesetzte, neue Oberstaatsanwältin der Krim, *Natalia Poklonskaya*, befeuert seit ihrer ersten Pressekonferenz die Männchenträume japanischer Zeichentrickamateure. Mehr als eine Million mal wurde ihr Video angeklickt, weil sie genau dem Kindfrauenschema aller weiblichen Mangafiguren entspricht: akkurater Haaransatz, große Klotzaugen und eine erbarmungswürdig scheue Fistelstimme! Einfach *kawaii*; also: echt süß!

Einer ihrer spontanen Verehrer schreibt sogar: *"Ich weiß nicht worum es überhaupt geht, aber ich unterstütze sie; sie ist wunderschön!"*. Und das wirft dann doch einen sehr merkwürdigen Schatten auf das Antlitz demokratischer Standards. Andererseits kann man dasselbe ja fast baugleich auch über *Goebbels* sagen: akkurater Haaransatz, große Klotzaugen und eine erbarmungswürdig scheue Fistelstimme! Man muss halt auch in seiner politischen Bestandsaufnahme Prioritäten setzen - Auch wenn man nicht weiß, worum es geht!

25.03.2014

Übung in Demut und Demokratie

Man muss als Nation vielleicht schon eine kleine Strecke Wegs gegangen sein, bevor man seinen Präsidenten wegen ein paar falsch deklarierter Hotelrechnungen und Essensgutscheinen erst zum Rücktritt und dann zwei Jahre ergebnislos vor den Kadi zwingt. Dass Justiz auch sehr viel schneller und auch deutlich gründlicher gehen kann, hat jetzt ein Gericht in der sandländischen Vorzeigedemokratur Ägyptens bewiesen: ganz im Geiste der Sharia wurden jetzt 529 Mitglieder der Muslimbruderschaft in einem einzigen, doch etwas drastisch wirkenden Richtspruch zum Tode verurteilt.

Gut, auch wenn einem da sofort die ägyptischen Wörter für Freisler und Volksgerichtshof einfallen wollen, das alles relativiert sich natürlich, wenn man erfährt, dass immerhin 16 der angeklagten Mursifans zur Tarnung der Verfahrenspauschalität freigesprochen wurden, von den anderen 529 nur 153 im Gefängnis harren, 364 aber flüchtig und knapp 12 bereits aus anderen Gründen vollständig tot sind. Und außerdem; irgendwie muss man das ja auch mal üben dürfen, das mit der Justiz!

26.03.2014

Zitatenschatz für Anfänger

"Niemand hat den Wunsch eine Mauer zu errichten!" *"Russland respektiert die nationale und geografische Integrität der Ukraine!"* *"Es gibt kein Geschäft, das es wert ist, den eigenen Ruf zu ruinieren!"* Eines der drei Zitate stammt

vom ehemaligen Vorsitzenden eines großen privaten Kreditinstituts, das in diesen Tagen zum x-ten Male betreuten Besuch von der Staatsanwaltschaft bekam, weil es mal wieder und immer noch eine ganze Reihe von offenen Fragen zu Geschäften zu beantworten gilt, die allesamt sehr wohl dazu geeignet sind, den eigenen Ruf zu ruinieren. Was man aber nur bemerkt, wenn man trotz 5 Milliarden Strafzahlungen - bei gleichzeitig 4,3 Milliarden Boni für die Dealer in der Investmentsparte - so etwas Ähnliches wie ein Schamgefühl sein eigen nennen kann. Das allerdings, soviel sei zur Entschuldigung der Urheber dieser Merksätze gesagt, ist etwas, dass man sich leider nicht kaufen kann.

27.03.2014

30 Jahre statt lebenslänglich

Ihren ersten handfesten Ehekrach beendet die Amerikanerin *Jordan Linn Graham* schlappe acht Tage nach ihrer Hochzeit mit einem sanften Schubs in den Rücken ihres Gatten. Der wiederum stand dummerweise just in diesem Augenblick auf einem Höhenwanderweg und testete daraufhin die Erdanziehungskraft im vor ihm liegenden Abgrund. Dass man wegen Mordes zu drei Jahrzehnten Knast verurteilt werden kann, auch wenn man selber nicht weiß, warum man das überhaupt getan hat, ist auch nur eine dumme Angewohnheit der Justiz.

Besondere Kreativität im Hinblick auf die übliche Zweitverwertung solcher selbstgewählten Schicksale bewies der zuständige Richter in seinem Präzedenzurteil: der ahnungslosen Witwe bleibt für die Dauer ihrer Haft untersagt, Profit aus weiteren Details ihrer Tat zu schlagen. Dank dieser weisen Voraussicht bliebt uns also die übliche Verfilmung ihrer Autobiografie mit dem sehr wahrscheinlichen Titel "So leicht geht Schwerkraft!" bis auf weiteres erspart.

28.03.2014

Museum für modernen Zynismus

Das Museum für Kunsthandwerk zeigt eine Auswahl indischer Schnitzereien. In einer Vitrine stehen dutzende kleine Elefanten - aus Elfenbein. Und das ist schon ein klein wenig so, als ob man Leute erschlagen würde, um dann aus ihren Zähnen kleine Abbilder ihrer selbst zu schnitzen.

29.03.2014

Profildilemma

In einer Anzeige sucht ein Spielehersteller ein *"scharfes und diszipliniertes Individuum, das sich total für online-Spiele begeistert."* Aber wenn wir jetzt mal schnell all unsere Bekannte, die sich total für online-Spiele begeistern, vor unserem inneren Auge defilieren lassen, sind *scharf und diszipliniert* nicht die ersten Beschreibungen, die sich aufdrängen. Genaugenommen schaffen es die beiden Worte hier noch nicht mal unter die Top 100 der möglichen Adjektive.

30.03.2014

Tschüssikowski, Klabunat!

Statt großer weiter Welt heute mal was ganz nahes: soeben hat Frankfurts wahrscheinlich sympathischster Landgasthof alias Satirekneipe seine freundlichen Pforten geschlossen. Das *Klabunt*, Heimstatt *Der Partei* Umtrunke und Titanic Redaktionsnachbesprechungen, vieler ausgezeichneter Cartoon-Ausstellungen und noch mehr erlesener Dichterlesungen, wurde heute Nacht von seinem künstlerischen Stammpublikum nacheinander in den Kategorien Äppler, Grauburgunder, Schlappeseppel, Pils und Haselschnupsnaps vollends leergetrunken und somit seiner finalen Bestimmung übergeben: das "Haus Klabunt" wird dem Abrissapfel zum Opfer fallen, die "Idee Klabunt" wird aber lebendig bleiben und hoffentlich schon bald wieder eine neue Heimstatt bekommen. Denn wenn eins klar ist, dann: dieses Land braucht solche Orte des unbürgerlichen Widerstands und der Trunkenheit, schon wegen der Freiheit! Und dem ganzen herrlichen Quatsch!

31.03.2014

Sparen für Anfänger

Wie schwer sich staatliche Stellen bei der Beendigung von Verschwendungen aller Art tun, dürfte eine durch die lange Geschichte staatlicher Haushalte und Steuerzahlernervenzusammenbrüche belegte Tatsache sein. Wie einfach es gehen könnte, hat jetzt der 14 jährige *Suvir Mirchandani* seiner US-Regierung vorgerechnet. Da ein Liter Tintenstrahldruckertinte im Schnitt deutlich teurer ist als französischer Schaumwein, lassen sich nach Berechnungen des Schülers pro Jahr knapp 400 Millionen Dollar sparen, wenn alle Behörden der Staaten bei allen Ausdrucken konsequent von der bevorzugten Times New Roman auf eine leichtere, serifenlose Schrift wie Garamond umstellen würden. Ergebnis des Schriftwechsels: eine dreißigprozentige Materialersparnis!

Bin mal gespannt, wie die serifenverliebte FAZ darauf reagiert! Wie unsere heimischen Behörden mit dieser Erkenntnis umgehen, kann ich mir vorstellen; zuallererst gibt es einen Erlass, dass Times New Roman nicht mehr in e-mails verwendet werden darf!

01.04.2014

Aprilschmerz

Seit die BBC 1957 ihre Zuschauer mit einem Bericht von der italienischen Nudelernte von Spaghetti-Bäumen veralberte, brüten die Scherzbolde sämtlicher Zeitungsredaktionen einmal im Jahr mittellustige Enten aus, zum Beispiel von einem Abzug russischer Truppen aus dem Grenzgebiet zur Ukraine oder einer Beförderung des Pfeifenbläser *Eddie Snowden* zum Chef der CIA-Kontrollkommission. Beides ungefähr so wahrscheinlich wie die erfolgreiche Züchtung einer *Hutze*, einem Mischhaustier aus Hund und Katze.

Um aber größere Glaubwürdigkeit zu erlangen, wählen die meisten Lokalredaktionen neu beschlossene Gesetze zum Thema ihrer Humorversuche. Da geht es um Eigennährwertsteuer auf im heimischen Garten geerntetes Obst, Abwrackprämien für Fahrräder, einen Sonder-Soli für den *Berliner Fluchhafen*, Abgaben für Kinderwagenparkplätze in Fußgängerzonen oder die Einrichtung einer Grillverordnungsüberwachungsdienststelle, der man Art und Anzahl seiner sommerlichen Brutzelware melden muss. Also alles Meldungen, die - wenn sie nicht an einem ersten April erschienen wären - vom bürokratie-gestählten Schuldbürger für bare Münze genommen würden; weil es letztlich genau das ist, was wir alle unseren Politikern an Blödsinnigkeiten und Amtsschimmelleien zutrauen.

02.04.2014

Himmlisches Nullsummenspiel

Der Herr hat's gegeben, der Herr hat's genommen! Pastor *Maurigro Cervantes*, dessen Gemeinde sich selbst nach dem Motto "Viel hilft Viel" die *Santa-Maria-Kirche Jesus Cristus Licht des Himmels* benamst hat, führt sogenannte "*würdevolle Erwachsenentaufen*" am liebsten in den sanften Wellen des Pazifiks durch.

Zu diesem Zwecke stiegen *Cervantes*, sein Taufhelfer *Benito Flores* und ein Täufling in die Fluten, um die Christenheit um eine gut gebrauchte Seele zu erweitern, als zwischen den fröhlich vor sich hin plätschernden Wellen plötzlich ein teuflisch schwerer Brecher nach Taufhelfer und Täufling griff und beide ins Meer hinauszog. Während der Neuchrist sowas Ähnliches wie schwimmen konnte und sich japsend an Land gerettet hat, wurde *Benito Flores* direkt zu seinem höchsten Chef befördert. Eine Seele gewonnen, eine verloren! Aber gut, solange das Auswechselkontingent noch nicht erschöpft ist, kann man das noch eine zeitlang so machen!

03.04.2014
Der Hund ist tot, aber Du darfst ihn behalten!
Nochmal Krim. Zwei Wochen nach der Annexion des schwarzmeerumspülten Zankapfels gibt Russland beschlagnahmtes Kriegsmaterial der wahrlich furchteinflößenden ukrainischen Armee an Kiew zurück, selbstverständlich unter Berechnung der Lieferkosten und auch nicht ohne vorher nach putinscher Art ein paar Verbesserungen daran vorzunehmen - soll ja schließlich alles auf russischem Standard sein: Panzer ohne Zündkerzen, Kanonen ohne Schlagbolzen, Schiffe ohne Schrauben und Kalaschnikows mit seltsam scheppen Läufen.
So wie auch der russische Techniker dazu sagt: *"Ich war's njet! Ich hab's nix gemacht!"*

04.04.2014
Früh übt sich, was sich zum Haken krümmen soll!
Mohammad Musa vereint alle typischen Anzeichen einen mordlüsternen Terroristen auf sich: er ist Paki, er will keine Ölpipeline in seinem Vorgarten und er hat die Hosen voll! Was aber vor allem daran liegt, dass er erst 9 Monate alt ist. Eine Tatsache, die die pakistanische Staatsanwaltschaft nicht davon abhält, den kleinen Windelscheißer wegen versuchten Mordes an hochrangigen Managern einer Ölfirma vor Gericht zu stellen. Nachdem sein Großvater ihn auf dem Arm in den Gerichtssaal trug, hatte zumindest Richter Rafaqat Ali Qamar eine Art Einsicht, indem den Tatverdächtigen bis zum Prozessbeginn am 12. April gegen Kaution frei ließ.

Mit seinem Fingerabdruck auf dem entsprechenden Gerichtspapier quittierte der Miniterrorist die Kautionsvereinbarung, vorsichtshalber mal weinend. Wahrscheinlich weil er ahnte, dass er für die Kaution nun alle seine Schnuller, Babyrasseln und unverbrauchten Windeln verpfänden muss.

05.04.2014
Wetten, dass ...?
Diese Italiener haben immer wieder noch eine neue tolle Idee, wie sie sich durch schlau ausgedachte Gesetze und Verordnungen lächerlich machen können. Ab kommenden Montag müssen alle Menschen, die beruflich mit Kindern zu tun haben, eine Art polizeiliches Antipädophilie-Führungszeugnis vorlegen. Einzige Ausnahme – jetzt festhalten, Tusch: *katholische Priester*!
Und wetten, das ist schon so ein bisschen, als wenn man zur Verhinderung von Basketballspielen allen Leuten das Ballwerfen auf in drei Meter Höhe angenagelte Papierkörbe verbietet: außer sie sind größer als zwei Meter!

06.04.2014
Nostalgiefaktoren
Ermächtigungsgesetz, Enteignung politischer Gegner und verdeckte Verstaatlichung wesentlicher Industrien, Zensur und Übernahme der Medien, Ausländerhass und Schwulenfeindlichkeit, Prügelkolonnen, Annexion pittoresker Randgebiete, Aufrüstung und Olympische Spiele, Ausbau der Geheimdienste und Bespitzelung der eigenen Bevölkerung, Straflager und gesteuerte Justiz und keinerlei Mitgefühl mit dem russischen Volk - oder einfach nur mal den starken Max markieren und irgendwas von Nationalstolz aus der Hirnanhangsdrüse hervorschwurbeln! Ja, das erinnert die Vielälteren unter uns an die besten 1000 Jahre, die wir hier je hatten. Und da wundert sich die amerikanische Internetpostille Huffington in ihrer deutschen Ausgabe über *"Die merkwürdige Sympathie der Deutschen für Putin"*?
Darunter so gedankenschwere und stets charakterfreie Meinungsbildner wie *Eva Hermann* und *GPunkt Schröder*, die aber selbstverständlich nicht ins schöne Russland auswandern würden. Warum auch? Da fällt mir doch glatt der alte Kalterkriegsspontispruch ein: *"Kommen Sie zu uns. Bevor wir zu Ihnen kommen!"*

07.04.2014

Nomen est Omen?

Vor Jahren hat mir schon der Name der damaligen Pressesprecherin der Darmstädter Polizei einen unwillkürlichen Lachanfall beschert, weil *Gabriele Weißnicht* auf Nachfrage eines Journalisten betreffs des Verbleibs eines flüchtigen Straftäters zugeben musste: *„Ich weiß nicht!"*

Bei der heutigen Pressekonferenz zur Veröffentlichung des Drogenberichts der Bundeszentrale für Gesundheitliche Aufklärung hat das offensichtlich an gelungenen Wortspielen interessierte Schicksal mal wieder lachanfallmäßig zugeschlagen und den geschätzten Kollegen Dr. thc *Tietze* und den früheren Rennfahrer mit dem eigentlich unschlagbaren Drogennamen *Graf Berghe von Tripps* eindeutig übertrumpft, als in der Einblendung bei NTV zu lesen war: *„Drogenbericht der Bundesregierung: Frau Prof. Pott!"*

08.04.2014

Zweierlei Maß mal wieder

Kunstfreund Gurlitt, dessen ererbte und sehr unorthodox aufbewahrte Bildersammlung die gesamte Kunstwelt in helle Aufregung versetzt hat, hat sich fünf Monate nach dem Bekanntwerden seines Kunstschatzes mit Bayern- und Bundesregierung vertraglich geeinigt, diejenigen knapp 500 seiner 1280 Bilder zurückzugeben, die von seinem Vater von Leuten mit seltsamen Eigentumsbegriffen zusammengekauft wurden. Die unter Raubkunstverdacht stehenden Gemälde verbleiben auf einer Website namens "lost art" und können dort für Rückgabeansprüche bewundert werden. "*Gurlitt*", so sein Betreuer *Christoph Edel*, "*nehme damit auf vorbildliche Weise moralische Verantwortung wahr und gebe ein gutes Beispiel!*"

Und das stimmt: fragt sich nur wem? Wenn man zum guten Beispiel an die abertausende von Raubkunstwerken, Schmuckstücke und antike Prunkmöbel denkt, von denen ebenfalls ein Gutteil erst durch die Nazis abgepresst, dann von der Roten Armee gepfändet und schließlich nach der Wiedervereinigung auf Geheiß Gorbis zurückgegeben wurden, könnte Gurlitt tatsächlich ein Vorbild sein. Blöd nur, dass weder der Bayrische Staat noch die Stiftung Preußischer Kulturbesitz irgendwelche Anstalten machen, trotz höchstrichterlicher Anordnung auch nur ein Stück Kunst mit fragwürdiger Herkunft an die Erben der Opfer zurück zu geben.

Bleibt die für Kenner der bundesrepublikanischen Verwahrungspraxis gar nicht so überraschende Erkenntnis: Beutekunst wird sozialisiert, und Moral privatisiert!

09.04.2014

Primus inter Karies

Als erster unter Boliviens ehrwürdigen Amateur-Zahnärzten und zugleich als die vielleicht größte Kundenscheuche der heimatlichen Dentalmedizin outete sich jetzt Präsident *Evo Morales* (a.k.a. Doppel-Morales), in dem er seinem geneigten Volk nicht umsonst aber kostenlos folgende medizinische Weisheit ins Stammhirn schrieb: "*Menschen, die Tag und Nacht Kokablätter kauen, haben keine Zahnprobleme!*", nur um dann noch schnell nachzuschieben: "*Allerdings hinterlassen die Blätter grüne Flecken!*"

So gut, so wahr. Die grünen Blätter, von ahnungslosen Drogenfahndern oft als natürlicher Rohstoff des Kokains verleumdet, werden in den Anden seit Jahrhunderten als Hausmittelchen gegen hirninterne Langeweile, gegen die weithin beliebte Höhenkrankheit (High sein) und auch gegen kriminelle Antriebslosigkeit zerkaut. Was der freundliche Ex-Kokabauer und Ex-Indio aber leider vergessen hat zu erwähnen: Wer Tag und Nacht Koka-Blätter kaut, kriegt Karies in der Großhirnrinde! Und da nützen dann auch keine Plomben mehr!

10.04.2014

Hypokratischer Meineid

Wenn die Patienten eh schon meinungslos in der Narkose rumdümpeln, da kann man schon mal auf die Idee kommen, überflüssige Körperteile wie Brüste oder Lungenflügel zu entfernen. Menschen öffnen und wieder zunähen ohne irgendeinen medizinischen Grund, aber immerhin 2,5 Millionen Euro von den Krankenversicherungen für 86 vorsätzliche Körperverletzungen kassieren. Das kommt dabei raus, wenn man so eine von Betriebswirtschaftlern ausgedachte und voll elektronisch abgerechnete Gesundheitsreform die klinische Praxis auf Effizienz trimmen lässt, aber dann vergisst, die echte wahre Wirklichkeit mit der virtuellen Digitalwelt abzugleichen.

Wo der Herr Dottore mit seinen beiden OP-Schwestern gemeinsame Sache gemacht hat, um ihre Monatsgehälter etwas aufzupeppen? Achso, so ein Glück, das war in Italien; dann kann das bei uns ja nie niemals nicht passieren!

11.04.2014

Der Guttenberg des Pinsels

Meistens ist es ja so, dass einen auf dem Weg vom ambitionierten Kunststudenten zum gescheiterten Maler die Depression überkommt. Dann wacht man eines Nachmittags auf und stellt fest, man ist Alkoholiker. Manchmal ist es aber auch andersherum. Erst ist man ein ambitionierter Kampftrinker, wird dann zu einem gescheiterten Präsidenten und fängt schließlich aus Frust über die Sinnlosigkeit der eigenen Existenz an zu malen.

Weil man aber das mit den Portraits berühmter Zeitgenossen und anderer gescheiteter Politiker nicht so drauf hat, malt man seine Ergüsse samt Klamottage und Schmuck einfach von den erstbesten Suchanfragenergebnissen bei Google und Wikipedia ab. Wenn man dann noch seine eigene Unterschrift gut genug fälschen kann, dann reicht es schon für eine erste Ausstellung in der vom *Papa Bush* einst gestifteten Präsidenten-Bibliothek in der SMUniversität von Dallas.

Die Kritik ist sich aber einig: die einzige Chance, dass *Bush Junior* nochmal irgendwas mit echter Kunst zu tun bekommt, ist, dass *Damian Hirst* dessen ausgekochten Schädel mit Svarowski-Glassplittern besetzt.

12.04.2014

Dankeschöndoktor

Nachdem Frau *Schavan*, wie sie sich seit Aberkennung ihres Doktortitels und Abweisung ihrer Gegenklage gegen ihre frühere Uni Düsseldorf durch ein ordentliches Gericht nun wieder nennen muss, der Universität Lübeck vor ein paar Jahren in Ausübung ihrer Funktion als Bundesbildungsministerin mit Steuergeldspritzen aus der Patsche geholfen hat, hat die Fakultät die ertappte Plagiatorin jetzt voller Dankbarkeit mit einer Ehrendoktorwürde lamettiert.

Frau Doktor kann also nun ihre alten Visitenkarten wieder benutzen, muss allerdings immer noch ein kleines h.c. dazwischen krickeln. Obwohl, man soll sich ja auch der Ehre nicht allzu sicher sein; vielleicht stellt auch die sich eines Tages als ein Plagiat heraus. Das soll ja bei Politikern auch schon vorgekommen sein.

13.04.2014

Nullkommanullsechs

Gemäß des neuesten Berichts des Weltklimarats bringt eine sukzessive Umstellung auf alternative Energien bei einem Durchschnittswachstum von 1,6 bis drei Prozent eine quasi verschwindend geringe Kostenbelastung von sage und jauchze Null Komma Null Sechs Prozent - oder Null Komma Sechs Promille, wie wir Trinker rechnen. Als Bonmot aus dem Mund des zweiten Vorsitzenden Ottmar Edenhofer hört sich das etwa so an: *"Es kostet nicht die Welt, den Planeten zu retten!"*

Schöner Satz, legt er doch dem normal begabten Zuhörer nahe, dass es auf jeden Fall eine Welt kostet, den Planeten nicht zu retten. Nicht aber so für *Oliver Geden* von der offensichtlich völlig überflüssigen Stiftung Wissenschaft und Politik, der darin lediglich eine Wiederholung der altbekannten *"Fünf-vor-Zwölf-Rhetorik"* früherer IPCC-Reporte sieht, die *"sich als Botschaft bei Politikern abnutze"*. Und wie man als Politiker ja weiß, nichts ist schlimmer und schädlicher fürs eigene Denken als eine unschön abgenutzte Tatsache, Wahrheit oder gute Idee, die leider ein anderer hatte! Ich rege daher an, für die nächsten zwölf Monate die alliterierte Formulierung Zwei-vor-Zwöf zu gebrauchen, damit die Politiker der Welt mal wieder ins total unabgenutzte Grübeln kommen.

14.04.2014

Streicheln, blasen, fideln, hämmern!

Was sich gemäß ihrer Berufsbezeichnung nach Musikunterricht anhören sollte, fand eine spätpubertierende Lehrerin an einer Mittelschule im italienischen Como offensichtlich längst nicht mehr spannend genug für ihre Schüler, vor allem im Vergleich zu anderen Hobbies. Die 54jährige, die ihren minderjährigen Schülern vor Jahren schon mal wegen Entblößung ihrer sekundären Geschlechtsmerkmale lehrreich aufgefallen war, forderte nun einen ihrer Schüler per *libre de fratze* (ital. für FB) auf, doch zur nächsten Stunde mal ein Kamasutra-Buch mitzubringen, damit sie ihm und dem Rest der Klasse mal beibringen könne, wo die Musik spielt.

Dass man aber im Land der Nudelisten für solche Anbandeleien mit Minderjährigen kaum eine Strafe zu erwarten hat, haben Signora Ignora ja am Beispiel des Herrn Cavaliere gelernt. Von dessen vierjähriger Haftstrafe ist nach intensiver Bearbeitung interessierter Kreise nun ein vierstündiger Sozialdienst in einem Mailänder Altenheim geworden. Wenn die Stiefelbewohner endlich mal ein bisschen Glück haben, behalten die vom Heim die alte Lederhaut gleich da; bevor der auch wieder den Musikunterricht verpfuscht.

15.04.2014

Gesichtsgewalt

Nach monatelanger Schlammschlacht mit Bildzeitungsinterviews, Strafanzeigen wegen Vergewaltigung und Verleumdung und gegenseitiger Bezichtigung der Wahnsinnigkeit räumt *Karl "Das Piratenlid" Dall* nach dem Bekanntwerden illegaler, aber ungünstiger Tonaufzeichnungen zu den gegen ihn durch eine schweizweit bekannte Prominentenstalkerin erhobenen Drangsalierungsvorwürfen ein, *"er habe sie nur einmal angefasst!"*

Aber das, lieber Karl, genau das soll man halt mit so einem halbseitigen Schlafzimmergesicht in der Schweiz nicht machen. Da entfaltet sich ja ein psychischer Druck auf die meineidgenössische Damenwelt; der kann schon mal missverstanden werden. Wollen.

16.04.2014

Eierlegende Vollmilchfrau

Die im angezogenen und geschminkten Zustand als durchaus gelungene Zuckerpuppe geltende Schweizerin *Milo Moiré* gibt sich anlässlich der Kölner Kunstmesse als das aus, was sie für eine Konzeptkünstlerin hält. Dazu lässt die Malerdarstellerin in einem - wie sie sagt - "*Geburtsakt*" sorgfältig mit verschiedenen Farben gefüllte Eier aus ihrer "*Urquelle der Weiblichkeit*" heraus plumpsen, die sie zuvor ebenso sorgfältig dort deponiert hat, wo der richtige Maler gerne mal seinen Pinsel verstecken würde.

Da dank der Erfindung der Schwerkraft die symbolträchtigen Farbovarien auf unter ihr ausgebreitete Leinwände klatschen, "*entstehen allmählich bizarre*

Bilder" - ja, und zwar im Kopf einiger älterer Herren und schmieriger Bildjournalisten, die für Fotos von dieser nackten Frau ausnahmsweise mal nichts bezahlen müssen. Mit Kunst hat das nur insofern was zu tun, als es sich um die Kunst der Eigen-PR handelt. Schade um die Farbe.

17.04.2014

Zar Münchhausen

Mit seiner vierstündigen, bestens interaktiv vorbereiteten Propaganda-Sendung *"Direkter Draht"* hat Sowjetzar *Vladi, der Erste*, seinem Volk noch mal erklärt, wie man sich als Russe so fühlt und was man so am liebsten denkt. Kein noch so heißes Thema wurde aus-, keine der provokanten Fragen unbeantwortet gelassen und jede kleine Nuance zwischen Pauschalisierung und Differenzierung wurde eingesetzt, damit der Russe endlich mal wieder weiß, wie er dran ist: *„Niemand wird ohne Gerichtsurteil belauscht"* (wie Putin seinem zugeschalteten Ehrengast Eddie Snowden mal im Spaß unter Geheimdienstkollegen anvertraute), *„Völker vor allem russischer Abstammung haben natürlich ein Selbstbestimmungsrecht"* (nachdem sie ihre von der Schicksalsputte vorgesehene Bestimmung verstanden haben) - und ja, das lernt man schon im kleinen Flunker-Einmaleins, auch ein Fünkchen Wahrheit und Bekenntnis gehört schon aus Gründen der Street Credibility in einen solchen PR-Zirkus: *„20.000 russische Soldaten haben die Abstimmung auf der Krim abgesichert, damit dem geneigten Wähler keine Gewalt angetan werde."*

Aber, Respekt vor soviel Ausdauer und schauspielerischer Wandelbarkeit: Als Vladolf Putler ist er gegen Faschismus, als Vlad Putula gegen jeden Art des Blutsaugens und als Vladikaze philosophiert er über die höhere moralische Eignung des russischen Menschen, stets bereit zu sein für sein Volk zu sterben.

Nun warte ich noch auf die Fotomontage von Baron Vlad, wie er auf der Kanonenkugel über Sewastopol fliegt; schon um das Bild aus dem Kopf zu bekommen, wie der todesmutige Spaßrocker inmitten seiner russischen *Sons of Oligarchy* auf einem motorisierten Dreirad dahinbrilliert.

Besser wird's nicht!

18.04.2014

Gruß aus der Vergangenheit

Ich wette, wenn Jesus eines Tages als Wiedergänger durch die Dank ihm christlich geprägten Landstriche dieses kleinen hübschen Planeten spaziert, wird er die Kreuze überall *"total supi"* finden. Im Nachhinein muss man dem Pontius Pilatus ja richtig dankbar sein, dass er den freundlichen Wanderprediger nicht hat vierteilen lassen, sonst hätten wir jetzt überall vier Ochsen auf den Kirchtürmen und Bergspitzen.

Was der sanfte Herr Jesus allerdings von Phillippinos hält, die sich auf Feldern nahe der Stadt San Fernando aus völlig falsch verstandener Empathie für seine Leiden und zur öffentlichen Bestaunung durch eigens angereiste Foltertouristen selbst auch ans Kreuz schlagen lassen, kann man nur mutmaßen. Hilft vielleicht nur ein Hinweis, der nachträglich in alle Neue Testamente eingedruckt werden sollte: Die im Folgenden geschilderten Stunts sind vom einzigen dafür ausgebildeten Auferstehungsprofi durchgeführt worden und nicht zur Nachahmung nicht empfohlen!

19.04.2014

Markennamen

So wie *Tempo* ein Synonym für Papiertaschentücher oder der *Walkman* für portable Kassettengeräte ist, so gibt es nun auch eine allgemeine Typenbezeichnung für feige Schiffskapitäne. So wird auch *Lee Joon-seok* nach erfolgreicher Versenkung seiner Fähre samt 300 Schulkindern und nach Flucht mit dem ersten Rettungsboot von der deutschsprachigen Empörungsjournaille nicht etwa bei seinem Namen genannt, sondern einfach nur *Korea-Schettino*. Interessant aber, dass von der Presse nach den diversen, willentlich herbeigeführten Finanzkrisen der letzten Jahrzehnte keine solch plakativen Typenbezeichnungen vergeben wurden. Und das, obwohl's da doch auch genügend Typen mit den menschlichen Qualitäten eines Schettino gibt.

20.04.2014

Osterrituale

Während sich 150000 katholische Groundhopper zum rituellen *Urbi et Orbi* im Petersplatzstadion für stellvertreterliche Verkündigungen zusammenkuscheln,

finden auf dem Tempelberg in Jerusalem die üblichen Fanatiker-Meister-
schaften der drei führenden Weltreligionen in Sachen Missverständnis, Rechthaberei und Fehlinterpretation göttlichen Willens statt, schön durchmischt mit
den eher lokalen Auseinandersetzungen zwischen Blendgranaten schießen-
den israelischen Polizisten und steinwerfenden Palästinensern, die sich in die
al-Aksa-Moschee zurückziehen, damit nebenan die Jesustouristen mit ihren
Kreuzen die Via Dolorosa bis zum benachbarten Felsendom heraufleiden
dürfen, wo sie dann die Juden wegignorieren, die ihr dieses Jahr gleichzeitig
stattfindendes Pessach-Fest beginnen.

Tja, Völker, schaut auf diese Stadt. Und lest Euch nochmal den guten alten
Lessing an. Das wäre dann mal eine gute Wiederauferstehung, die des
gesunden Menschenverstands.

21.04.2014

Spottgerichtsbarkeit

Blatter vergibt WM an Brasilien. Brasilien baut neue Stadien. Aber Stadien
wie das neue Maracana brauchen Erstligateams, um nach der WM weiter
unterhalten werden zu können. Blöd, dass der amtierende Meister Fluminense aus Rio zu den vier Absteigern gehört. Also sperrt der CBF (sone Art
Zuckerhut-DFB mit flüssiger Gerichtsbarkeit) den Spieler *Héverton* vom Mini-
klub Portuguesa Sao Paulo für den letzten Spieltag, allerdings ohne dem
Verein das auf offiziellen Wege bekannt zu machen. *Héverton* wird in den
letzten 15 Minuten der Saison eingewechselt und Portuguesa bekommt
darauf hin wegen Verstoßes gegen nationale Sportstätteninteressen genau
die vier Punkte abgezogen, die nötig sind, um Fluminense vor dem Abstieg
und die Maracana-Betreibergesellschaft vor der dräuenden Pleite zu bewahren. So weit, so lächerlich.

Und so auffällig, dass sich schließlich das Verbraucherministerium im Interesse des brasilianischen Fußballfans an ein ordentliches Gericht wendet, um
die all zu flexiblen Wettbewerbsregeln der CBF zu bemängeln und Portuguesa wieder in die erste Liga zu klagen. Das wiederum ruft Blatters FIFA auf
den Plan, denn die suspendiert ja auch mal einen Verband, der seine Strei-
tigkeiten nicht ausschließlich vor der internen Gerichtsbarkeit klärt. Was aber
so kurz vor der WM in Brasilien nun gar nicht geht. Also ignoriert der CBF die
mittlerweile gegen ihn erlassenen Urteile und beginnt die neue Erstligasaison

mit Fluminense, statt mit Portuguesa. Die wiederum sind zum ersten Zweitligaspiel beordert, verlassen aber aus Protest nach 17 Minuten demonstrativ das Spielfeld.

Und da bekommt man als uninteressierter Beobachter doch irgendwie den Eindruck, egal was dieser *Blatter* anfasst, am Ende kommt einfach irgendeine verschobene Scheiße dabei raus.

22.04.2014

Mit sanftem Schwung

Kleine Schläge auf den Hinterkopf erhöhen das Denkvermögen. Was man in Deutschland in den letzten Jahrzehnten als nutzlose Erziehungshilfe verpönt hat, erhält mit der heutigen Biografie-Veröffentlichung des Amerikaners *Jason Padgett* neue Nahrung. Der nämlich, der sich selbst als früher dümmlichen Matratzenverkäufer und passionierten Trinker bezeichnet, hat durch einen gezielten Schwinger auf seinen Hinterkopf samt schwerer Hirnerschütterung seinen IQ in Richtung Savant verbessert. Seitdem gehört er zu den wenigen Menschen, die ohne Computer Fraktale berechnen und nur mit Hilfe eines Erstklässlerlineals aufzeichnen können. Oder die Zahl Pi visualisieren (einen Kreis zeichnen?).

Das beweist, es gibt noch Hoffnung für all jene, die blöde Jobs machen und sich gerne mal ein Vergessen antrinken: sie müssen einfach nur mehr Kneipenschlägereien anzetteln. Zum Wohle der Mathematik!

24.04.2014

Se bähst of se wöhrst!

Ich geb mir ja wirklich Mühe nicht alle Tage nur über die neuesten Schildbürgerstreiche aus dem vordersibirischen Zarenreich zu schreiben, sonst wird es doch regional sehr eintönig hier. Darum jetzt gesammelt die größten Klopper der letzten Wochen:

Um die 800€ Bußgeld soll in Zukunft jeder bezahlen, der in Filmen, Medien oder Kunst Schimpfwörter von sich gibt. Sagt die Duma, die ja fast selbst schon ein Schimpfwort für seltsame Parlamente ist. Auch eine schöne Reminiszenz an den guten alten Blockwart: russische Schullehrer sollen die Internetaktivitäten ihrer Schüler überwachen, Protokolle anlegen und jede extreme

Äußerung melden. Dient alles der Terrorismusbekämpfung nach dem Motto: Wehret den Anfängen! Und wenn sie schon dabei sind, sollen sie ihre Lehrerkollegen gleich mit überwachen, also sich gegenseitig. Lupendemokrat *Vlad* hingegen entzieht sich der häuslichen Überwachung, wie er es von seinem Protzkumpel Sozialdienst-Silvio einst gelernt hat, durch Scheidung. Begründung: *"Ihr liege das öffentliche Leben als Firstlady nicht so!"* Kenn ich! Diese Formulierung benutze ich auch immer, wenn mir was echt zu peinlich ist.

Dem Rockmusiker Makarewitsch sollen seine vor Jahren verliehene Auszeichnungen und Orden für Verdienste um das damals mal kurz liberale Vaterland wieder aberkannt werden, weil er den Verlust bürgerlicher Freiheiten (Rock'n'Roll) und die Annexion der Krim *nicht so toll* findet; auch trotz eines in der Duma eilig abgenickten Gesetzes zur Vergabe von Glückspiellizenzen, mit deren Hilfe die leicht heruntergekommene Halbinsel in den nächsten Jahren zu einer Mischung aus Las Vegas und Monte Carlo umgebaut werden soll

Apropos Krim: der Sekt ist alle! Alles bei den Siegesfeiern ausgesoffen. Na gut, ab jetzt wieder Wodka. Oder besser nicht, nachdem Abstinenzler Putin sein Volk für seine wehrmoralzersetzende Trunksucht getadelt hat. Und Wehrmoral, das ist etwas, was sicher bald wieder gebraucht wird. Ein entsprechendes Gesetz ist wahrscheinlich schon in der Duma in Arbeit, auch wenn die Abgeordneten noch nichts davon wissen. Na dann, Nasdarovje!

25.04.2014

Killed in Action

Ein junger Pilger hielt gerade Andacht unter dem spektakulären Kunstwerk, das einst zu Ehren Papst Johannes Paul II. in Brescia errichtet wurde, als seine Gebete um Erlösung spontan erhört wurden. Diese nahte nämlich in Form von Jesus, bzw. seiner sechs Meter großen Statue, die an einem 30 Meter langen, stark nach vorne gebogenem Holzkreuz des verstorbenen Künstlers *Enrico Job* (etm. von Hiob) ihrer Bestimmung harrte und sich just in diesem Moment dem Konzept der Erdanziehung hingab. Der Soldat auf dem Schlachtfeld, der Kapitän auf seinem im Sturm sinkenden Schiff, der atemlose Liebhaber in seinen Kissen! - wie kann ein Pilger ehrenvoller abtreten als in praktischer Ausübung seiner seligen Hingabe?

Außerdem hat Johannes Paul II. so drei Tage vor seiner anstehenden Heilig-
sprechung nochmal ein Wunder bewirkt, auch wenn es sich hier nur um das
Wunder der Schwerkraft handelt.

26.04.2014

Kluge Investition

Der neunjährige Texaner *Hector Montoya* stopft brav sein Sparschwein, bis
sein kleines Vermögen endlich für die aktuelle Spielstation reicht. Doch als er
im Elektroladen steht, kauft er statt dem Daddelgerät einhundert Rauchmelder. In einem Fernsehbericht über einen Hausbrand in der Nachbarschaft, bei
dem eine Mutter mit ihrer sechsjährigen Tochter ums Leben gekommen war,
sagte der Feuerwehrpressesprecher nämlich den entscheidenden Satz, *"dass
ein simpler Rauchmelder für drei Dollar das Unglück vielleicht verhindert hätte!"*

Getreu seines neuen Mottos *"Ein verlorenes Leben ist schon eins zuviel!"*
schleppt Klein-Hector also seine 100 Rauchmelder durch seinen Heimatort
Grand Prairie, klingelt bei armen und alten Leuten und bringt die lebens-
rettenden Geräte mit Hilfe der örtlichen Feuerwehr in deren Wohnungen an.
Seine Aktion rührt ein Geschwisterpaar so sehr, dass sie ihm spontan die
gewünschte *play station* schenken und ihm noch 150 Dollar obendrauf für
weitere Feuermelder geben.

Und hier ist jetzt die entscheidende Botschaft an alle erwachsenen Brand-
stifter dieser Welt: Nehmt euch Hector zum Beispiel! Gebt weniger Geld für
Eure militärischen Daddelautomaten (Elektronische Kampfführung, Drohnen,
Raketen etc) aus, kauft stattdessen was Sinnvolles und gebt es denen, die es
brauchen. Und wer weiß, vielleicht bekommt ihr danach auch soviel Respekt
und Anerkennung wie Hector Montoya.

Und eine neue *play station* geschenkt!

27.04.2014

Politik der Greise

Wer sagt denn, dass man nicht auch noch im hohen Alter zu neuen Erkennt-
nissen gelangen kann. Zum Beispiel Palästinenserpräser *Mahmud Abbas*, der
noch vor dreißig Jahren in seiner Doktorarbeit den Holocaust verniedlicht und

der zionistischen Bewegung vorgeworfen hatte, mit dem Hitlerregime kollaboriert zu haben - wahrscheinlich haben sich die Juden von den Nazis nur umbringen lassen, damit die wenigen Überlebenden dann einen Staat Israel auf dem Stammesgebiet von *Abbas* Vorfahren gründen dürfen, oder so ähnlich -; genau dieser Abbas sagt doch heute tatsächlich passend zum Holocaust-Gedenktag zu einem Rabbi, die *"Judenvernichtung wäre das schlimmste Verbrechen der Neuzeit"*. Ein Guttenberg hätte bei einer solchen verspäteten Einsicht seinen Doktortitel wahrscheinlich freiwillig zurückgegeben.

Als lebendigen Beweis, dass die Altersweisheit aber nicht zwangsläufig jeden übermannen muss, dafür hat die Welt ja zum Glück Sozialdienst-Silvio, der mal wieder mit einem lockeren Spruch seine profunden Geschichtskenntnisse raushaut: *"Für die Deutschen haben Konzentrationslager nie existiert!"* Und da behauptet die Pharma-Industrie immer noch steif und fest, Viagra hätte keine Nebenwirkungen.

28.04.2014

Ulknudelpartei

Ohne dass jetzt mal genau noch mal nachrecherchiert zu haben: so langsam bekomme ich den Eindruck, die Alternative für Deutschland orientiert sich bei ihren Wahlkampfauftritten und Plakatmotiven am Titanic-Demokratieklub *"Die Partei"*, wenn auch mit dem kleinen aber feinen Unterschied, dass es sich bei den Titanic-Programmen um gelebte Satire handelt, bei der AfD eher um unfreiwilligen Humor.

Nicht nur ein AfD-Treffen im Kölner Maritim, auf dem Kandidat *Hans-Olaf Henkel* als Konter auf Vorwürfe der Schwulenfeindlichkeit seine Verlobung mit Vorstand Lucke bekannt gab (ob ihm wohl klar ist, das eine Verlobung ein rechtsgültiges Heiratsversprechen ist?), sondern auch ein aktuelles Europawahlplakatmotiv zeugt vom fehlverdrahteten Humorverständnis der selbst ernannten Retter des deutschen Feierabendlandes. Das Werbeposter mit dem allseits unbeliebten Undercut-Promoter Kim Jong-Il lässt auf dem darüber gestanzten Text verlauten: *"Was haben das dicke koreanische Kind und die EU gemeinsam? Das Demokratie-Verständnis!"*

Gut, eins machen die AfD-Führer damit klar: sie sind tatsächlich eine Alternative, wenn auch nur eine zu aus dem Ruder laufenden Karnevalssitzungen oder dem frühen Hallervorden: Palimpalim!

29.04.2014

Bin-Franchisen

Dass selbst aus dem Grundbösen manchmal noch etwas Gutes werden kann, hat man als braver Deutschschüler ja schon von Mephistoteles gelernt. Umso schöner, wenn man den Teil von jener Kraft mal bei seiner Wandlung zuschauen darf. Ein vor mehr als zehn Jahren noch herumdümpelnder Barkeeper mit dem typisch brasilianischen Kettennamen *Ceará Francisco Helder Braga Fernandes* wurde kurz nach den Anschlägen von 9/11 von einem Gast irrtümlicherweise an die Polizei verpfiffen, weil der den braven *Fernandes* für *Osama bin Laden* hielt. Und ja, wenn man eh schon einen getrunken hat, sieht *Fernandes* dem ehemaligen Staatsfeind Nummer Eins zum Verwechseln ähnlich.

Nachdem die Polizei das Missverständnis geklärt hatte, kam der bärtige Doppelgänger auf die Idee seines Lebens, nannte seinen kleinen Laden in *Bin-Laden Brasiliero* um und verkleidete sich selbst als Osama. Das Konzept mit einem stets gut gelaunten Caipirinha-Terroristen kam in Sao Paulo sehr gut an. So gut, dass *Fernandes* ein Jahrzehnt später landesweit schon ein Dutzend Bin-Laden Bars auf die Beine gestellt hat. Und so wie bei Hooters alle weiblichen Bedienungen deutliche Vorzüge im Stretchtop haben müssen, werden bei *Fernandes* nur Barkeeper eingestellt, die in Alk Aida Klamotten, dicken Augenbrauen und mit 500-Tage-Bart antanzen.

Dolle Sache das. Da kriegt man doch direkt Visionen von einer Bad Boy Bar in Londons Westend mit extrem freundlichen Kellnern, die wie Hitler, Pol Pot, Idi Amin, Assad, Geroge Dabbeljuh und dem Kerl da aus Russland aussehen.

30.04.2014

Liebe kennt keine Grenzen

Mit diesem wohl das Herz des unbeteiligten Wählers anrühren sollenden Slogan grüßt die Freie Demokratin *Alexandra Thein* von ihren frisch verklebten Wahlplakaten, aber wenn man in ihr von der obligatorischen gelben Bluse nicht gerade ideal kontrastiertes, krampfflächelverzerrtes Schlagergesicht sieht, wünscht man sich schon die eine oder andere Abgrenzung.

Wie schon letztes Jahr die Sozen (Das Wir entscheidet!) hat Frau Thein sich da aber einen Spruch ausgesucht, der schon länger von einer anderen Organisation für eine Kampagne benutzt wird - und ein paar nächtliche Witzbolde auf die Idee gebracht hat, der liebesliberalen Dame nicht wie üblich Brillen und Bärte aufzumalen, sondern nur den QR-Code auf Frau Theins Plakaten zu überkleben. Wenn man den jetzt scannt - und das dürfte die beste Wahlkampfguerillaaktion aller Zeiten sein - wird man direkt auf eine Porno-Webseite mit gleichnamigen Titel und mit jeder Menge völlig unfreien und undemokratischem Gruppensex verlinkt. Denn Liebe kennt ja keine Grenzen!

MAI

01.05.2014

Unser David Bowie

Der gute alte Heinz, der zumindest den Älteren unter uns jahrzehntelang im *Lauen Bock* einen Kalauer nach dem anderen einge*schenk*t und damit dem Deutschen Fernsehen regelmäßig unfassbare 20 Millionen Zuschauer zur besten Sendezeit beschert hat, ja dieser unser aller hessisch vor sich hin knallchargierende Schoppepetzer, der sich dafür sogar in *Hape Kerkelings* "Kein Pardon" als eine bösartige Version seiner selbst auch noch selber auf die Schippe genommen hat, hat dem Fährmann seine Silberlinge bezahlt und ist ausgerechnet am Tag der Arbeit in den Unterhaltungshimmel aufgefahren. Möge er uns als Beispiel dienen, was alles aus einem talentierten Menschen werden kann, wenn ihn das Fernseh nur richtig zu packen kriegt. Ich werde ihn aber vor allem als den Radiokomiker in Erinnerung behalten, wegen dem ich einmal eine halbe Nacht lang im Auto sitzen geblieben bin, nur um kein Wort von seinem unfassbar guten politischen Conferencen aus den 50ern und 60ern zu verpassen, die der HR dankens-werterweise mal aus seinem Archiv gekramt und in das Licht des Äthers verstrahlt hat, um zu beweisen, dass Heinz Schenk ein Mann des Wortes war, und nicht des Bildes.

02.05.2014

Mephistoteles von Kristall

Ausgerechnet an einem so nachrichtenreichen Tag, an dem wahrscheinlich Alk Aida in Afghanistan ganze Berghänge auf Dörfer abrutschen lässt, an dem die Amis in einer konzertierten Aktion 600 Mitglieder der kriminellen Untergrundorganisation *Surenos* verhaften und an dem die Balkanisierung der Ukraine anscheinend ihren Punkt ohne Wiederkehr erreicht hat; der Tag, an dem ein deutscher Hacker anlässlich des Besuchs unser aller Merkel beim Oberbefehlshaber der abgelauschten Welt den Spieß mal umdreht und die

Homepage der NSA knackt um ein paar lustige Sprüche zu hinterlassen; ausgerechnet an diesem Tag fällt mir ein erhellender Hintergrundbericht aus dem verträumten Mordkorea ins Auge.

In den 70ern befahl das Kim-Regime seinen ausländischen Diplomaten, sich selbst zu finanzieren, was sie - oh Wunder - vorzugsweise mit Waffen- und Drogengeschäften machten. Weil der Export so prima funzte, wies die Regierung ihre Bauern in den 80ern an, statt Weizen Schlafmohn anzubauen, um von einem Teil der Gewinne woanders Weizen zu kaufen.

In den 90ern erweiterten die Nordkoreaner dann ihr Geschäftsmodell auf synthetische Drogen wie Chrystal Meph, nur um in den 00ern dann irgendwie die Kontrolle über die mittlerweile teilprivatisierte Produktion zu verlieren. Was nach dem Bericht einer Menschenrechtsorganisation dazu geführt hat, dass ein Drittel bis die Hälfte der Kim'schen Erfolgsrepublik nun süchtig sei. Und jetzt mal ehrlich, wenn dem so ist, dann erklärt das wirklich einiges - sogar die Frisuren!

03.05.2014

Worte und Taten

Da sich Israel standhaft weigert, eine bestimmte Gruppe von mutmaßlichen palästinensischen Freiheitskämpfern aus dem Knast zu entlassen, holt die PLO-Führung zum großen Gegenschlag aus und tritt völlig überraschend einfach mal so verschiedenen UNO-Konventionen gegen Folter und Rassendiskriminierung und für den Schutz der Rechte von Frauen, Kindern und Behinderten bei. Und noch ein paar anderen, in denen es um bürgerliche, politische, wirtschaftliche, soziale und kulturelle Rechte geht, die ja bekanntlich das Zusammenleben harmonisieren helfen; sogar in eigenen Land!

Auch UNHCR-Sprecher *Rupert Colville* findet es *"bemerkenswert, dass Palästina acht Menschenrechtsverträgen ohne jeden Vorbehalt zu äußern beitritt, denn das sei in der Gegend ja auch nicht immer üblich."* Wenn jetzt noch Israel diesen UNKonventionen beitritt, dann könnte man doch bald mal sowas wie eine friedliche Koexistenz anstreben.

Achso, Israel ist ja schon vor Jahrzehnten beigetreten! Dann muss es wohl doch an irgendetwas anderem liegen ...

04.05.2014

Folgekosten

Laut einer in der Welt am Sonntag zitierten Aufrechnung von Wirtschaftsexperten hat der Anschluss der Ostgebiete die Westländer der alten Bundesrepublik bisher schlappe 2000 Milliarden an Soli, Länderfinanzausgleich und sonstigen Subventionen gekostet. Eine Rechnung, die man mal dem ambitionierten Anschlussamateur Zar Vladi zur Verfügung stellen sollte: mal sehen, ob er die Ukraine dann immer noch haben will!

05.05.2014

Kollegialer Trost

Drohnen, die ohne Flugerlaubnis ihrer Königin nix nützen, Hubschrauber, die weder huben noch schrauben - zum Glück für unsere Wehrmaterialbeschaffungsbeauftragten sind sie nicht die einzigen, die nach jahrzehntelanger Planung und Entwicklung mit ihrer neuen Superwaffe auf dem Testgelände stehen und überlegen, wie sie die Pleite nun am besten tarnen können. So wie die Fluggeräteinkäufer der Royal Air Force, die bisher knapp zwei Mrd. Pfund in die Ausklügelung eines neuartigen Tarnkappenbombers gesteckt haben und von dem sie zum Ladenpreis von schlappen 100 Millionen Pfund pro Stück zur Sicherheit auch schon mal 48 bestellt haben. Blöd nur, dass sich in der langen Entwicklungszeit des angeblich unsichtbaren Bombers auch die Radartechnologie so verbessert hat, dass man den Flieger sehr wohl orten kann, quasi immer und überall.

Fällt mir ein alter Ratschlag des Blödelbarden Mike Krüger aus seiner Wehrerfahrungszeit zu ein: Oliv anmalen! Denn: *"Oliv ist so praktisch, Oliv ist so schön, hab ich Oliv an, kann mich keiner mehr seh'n!"* Dann den Bomber ins Unterholz schieben und die Kosten mit unsichtbarer Hand irgendwo in der Bilanz unter Entwicklungshilfe, Sozialausgaben und Sonstiges verschwinden lassen. Halt wie immer!

06.05.2014

Der wahre Wille

Einmal, wenigstens nur einmal möchte ich von irgendeinem dieser teuflisch durchgeknallten Attentäter hören: *"Tut mir leid, Leute, aber ich musste das* tun, denn ich bin überzeugter Atheist!" Aber nein, stattdessen meldet sich mal wieder so ein Aberglaubenskasper zu Wort, der genau weiß was Allah so vor 1400 Jahren wollte. *Abubakar Shekau*, dessen Terrorgruppe *Boko Haram* übersetzt in etwa "*Westliche Blldung ist Sünde*" heißt, dessen Gesichtsausdruck aber eher den Anschein vermittelt, als sei überhaupt jede Art von Bildung ein unüberwindbares Problem für ihn, hat nun in einem 57 minütigen Interview herausgetubat, was er mit den vor drei Wochen aus einer christlichen Schule entführten 276 Mädchen zu machen gedenkt: *"Ich werde sie auf dem Markt verkaufen, Insch'Allah!"*

Ehrlich? So Allah will? Ist das dein Ernst? Bzw. ist das *sein* Ernst? Minderjährige Mädchen aus der Schule entführen und für ein paar Dollar an den Geringstbietenden verscherbeln? Darum geht's in deiner Version des Islam? Echt?

Zum Glück bist ja so ein Tiptopterrorist, dass dich schon 53 von den Teenies ausgetrickst haben und deinen Trottelsöldnern entflohen sind. Und weißt Du, wer dafür ist, dass dir anderen auch noch entkommen? Insch'Allah!

07.05.2014
Schmutz-Kampagne

Gehörnte Ex-Liebhaber, Wachmänner, die mal eben zu persönlichen Body-Guards umfunktioniert wurden, Schäferstündchen in versteckten Lagerräumen oder grad nicht anderweitig belegten Büros - und das während der Arbeitszeit! Was sich wie die Wochenbeichte von *Miley Cirus* oder *Lady Gaga* anhört, hat jetzt die laut eigener Aussage *"von den verstörenden Beschuldigungen entsetzte"* Schulbehörde von New York veranlasst, die Computer einer Schule zu beschlagnahmen und *"Schmutz zu suspendieren"*!.

Ja, richtig gelesen: sie suspendieren *Schmutz*! *Schmutz* soll nach Hause gehen und da schmutzige Sachen machen. Das macht aber erst so richtig Sinn, wenn man erfährt, dass es sich dabei um die bei Teilen der männlichen Bevölkerung des Stadtteil Queens sehr beliebte High School Direktorin namens *Annie Schmutz Seifullah* handelt, die sich nicht nur hie und da mal Kollegen sondern gerne auch mal den einen oder anderen Vater ihrer Schüler zur Brust genommen hat, mit Videoaufzeichnung und allem drum und dran. Eigentlich ein schönes Hobby, schwelende Konflikte oder einfach nur den Alltagsdruck in Bonobo-Art zu lösen. Andererseits, wenn man nicht singen kann und Millionen verdient, ist so eine Sexualauffassung natürlich ein Affront gegen die Prüderie der amerikanischen Vorstadt. Doppelmoral Ahoi!

08.05.2014

Grobalisierung

Wahrscheinlich ganz verwirrt von soviel moderner Welt um sich herum hat der Sultan von Brunei die Wiedereinführung der Steinzeit beschlossen. Dank Einsetzung der rundum entmodernisierten Scharia können in seinem Despotanat nach einer dreijährigen Übergangszeit wieder fleißig Hände hackbeilamputiert (was geklaut), Zungen heraus geschnitten (als Ungläubiger aus Versehen die Worte *Moschee*, *Mufti* oder *Iman* ausgesprochen) oder von einem aufgewlegelten Mob gesteinigt werden (Allahlästerung, Ehebruch, Homofummelei). Zum Glück hat das Sultanat nur 400000 Einwohner, sodass der Spuk nach Erledigung der Bevölkerung bald wieder ein natürliches Ende hat.

Schweizer Medien stellen angesichts dieser Devolution nun aber die Frage, warum die junge Sultanine und Schweizer Frau vom Kronsultanino *Billah* nicht mit eidgenössischem Charme gegen die barbarischen Gesetze interveniert habe. Die bessere Frage aber lautet: können Schweizer Banken nicht in den nächsten drei Jahren nachweisen, dass sie der Brunesischen Herrscherfamilie in den letzten Jahrhunderten Millionen von Zinsen gezahlt haben? Das wäre nach dem islamischen Recht nämlich verboten, weil so eine Art Diebstahl an der Allgemeinheit. Und dafür gibt's ja das Hackebeil, gell? Also, *Sultan Hassanal*, der Du die Homophobie schon im Namen trägst, sagt schon mal Tschüss zu deinen Händen!

09.05.2014

Ausnahmefälle

Chamindu Amarsinghe, seines Zeichens Student und männliche Nasszellenreinigungsfachkraft, der vor Jahren als ehrlicher Finder 100000 australische Dollar bei der Polizei abgegeben hat, darf jetzt unverhofft 80000 als Finderlohn behalten; ähnlich wie Freund *Putin*, der heute anlässlich der großen Militärparade zum Sieg über die Nazis in Sewastopol weilte, und - so wie's aussieht - die gefundene Krim auch behalten darf. Im Gegensatz zu *Sefer Calinak*, der sich als Kandidat in der türkischen Version einer Dating-Show um ein neues Herzblatt bewarb, und das mit dem freimütigen Geständnis, seine zwei früheren Frauen umgebracht zu haben; die erste aus Eifersucht, die zweite aus Notwehr.

Calinak, der für beide Morde zwar zu langjährigen Gefängnisstrafen verurteilt wurde, aber zweimal durch absurde Generalamnestien für Frauenmörder wieder auf freien Fuß kam, möchte nun auf Freiers Füßen sein nächstes Opfer kennenlernen. Bzw. wollte, denn die türkische Medienaufsichtsbehörde klagt jetzt gegen den Sender, um schon vorab mal klarzustellen, das *Calinak* die mögliche Gewinnerin dieser doch nun leicht ins Zwielicht gerückten Kupplerschau auf keinen Fall behalten darf. Nicht mal unter Androhung einer weiteren Amnestie.

10.05.2014

Werbung, die ihrer selbst spottet

Wahrscheinlich ermutigt von den jüngsten Selbstdarstellungserfolgen vordersibirischer Politiker hat sich jetzt auch der Nahrungsmittelbiochemiekonzern *Nestlé* zu einer neuen Kommunikationsstrategie durchgerungen. Frei nach Vladizars PR-Motto *Einfach mal das Gegenteil behaupten!* startet der Schweizer Tütensuppenpanscher seine Image-Kampagne mit einem neuen Spot samt der doch arg verkürzten Argumentationskette: *"Wie können wir unsere Ernährung besser machen? Wir finden heraus, wie man es besser machen kann! Und so machen wir es dann auch! Gestern. Heute. Und morgen!"*

Kein Wort von Wasserrechten in Afrika, Kinderarbeit auf Kakaoplantagen, Tierversuchen, Palmölkäufen von illegal in den indonesischen Regenwald gerodeten Plantagen, Pferdefleisch in der Fertiglasagne und all den anderen Dingen, die man gestern, heute und morgen besser machen könnte. Kann natürlich auch daran liegen, dass man als börsennotierte Aktiengesellschaft mit der Textbausteinfloskel "besser machen" was völlig anderes meint als der gemeine Verbraucher. Aber gut, da Ihr Euch zu diesem Weg entschlossen habt, zieht es jetzt auch konsequent durch und entfernt in Zukunft alle Nestlé-Hoheitszeichen von Euren Produkten. Es könnte nämlich sein, dass Ihr wie Euer Vorbild auch auffliegt, wenn Ihr statt eure Produkte nun eure Kunden für dumm verkaufen wollt!

11.05.2014

Toleranz - Douze Points

Respekt, liebe Europäer, es ist doch noch nicht alles verloren! Ihr habt ein echtes Zeichen für Toleranz gesetzt! Dank Eurer Stimmen wurde doch heute Nacht tatsächlich mal die Künstlerin mit der besten Stimme, dem besten Song und der besten Live-Performance zur Siegerin gekürt; und das obwohl die österreichische Bartkönigin Muschelchen Wurst mit ihrer gepflegten Zehntagegesichtsdeko überm Abendkleid für so manchen russischen Politiker *"das Ende Europas"* einläutet. Vize-Regierungschef *Dimitri Rogosin* zum Beispiel nutzt das ESC-Ergebnis zu einer äußerst subtilen Warnung: *"Das Ergebnis zeigt den pro-europäischen Ukrainern, was sie erwartet - ein Mädchen mit Bart!"*

Noch einen oben drauf gibt Charmebolzen *Wladimir Schirinowski,* der kürzlich erst einer neugierigen und bereits schwangeren Journalistin wegen unabgesprochener Fragen zur Krim eine als Erziehungsmaßnahme gemeinte Vergewaltigung angeboten hat, spricht von *"grenzenloser Empörung"* und zeigt sich bitter darüber enttäuscht, dass sich die große vaterländische Armee *"vor fünfzig Jahren"* zu früh aus Österreich zurückgezogen habe: *"Wir hätten da bleiben sollen!"*

Was verschiedene Fragen aufwirft und direkt beantwortet: Ja, ein Mädchen mit Bart ist uns lieber als Eure Zarenwurst! Nein, ihr hättet vor fünfzig Jahren nicht dableiben können, weil Ihr da schon neun Jahre weg wart!

Viel interessanter sind natürlich die unbeantworteten Fragen: Wenn doch in Russland jetzt jede Art von öffentlicher Werbung für oder die Zurschaustellung homophiler Gefühle unter Strafe gestellt ist, warum nehmt Ihr dann überhaupt noch am ESC teil? Und lasst Ihr jetzt die verantwortlichen Musikredakteure Eures vlado-masochistischen Staatsfernsehens ins Gulag verklappen? Oder folgt jetzt bald eine Selbstanzeige, weil Ihr zwei Euch sowas bis zu Ende anguckt? Wäre ja nur konsequent!

12.05.2014

Bumerang, flog ein Stück, aber kam nicht mehr zurück!

Es ist wie das nackte Leben, ein Zyklus von Werden und Vergehen, nur halt mit einer verdammt langen Halbwertszeit. Drei große deutsche Energiequetschen, nennen wir sie trotz der Ablehnung jeglicher Stellungnahmen mal E-

On, RWE und EnBW, haben sich einen Geheimplan zur Gründung einer Bad-Atom-Bank ausgetüftelt; so eine öffentlich-rechtliche Stiftung, die deren von Mutti Staat zur Abschaltung verdammten Atommeiler weiterbetreibt, abwikkelt, zurückbaut und den Atommüll bis zum Erreichen seines Zerfallsdatum irgendwo versteckt.

Es gibt durchaus erste Fürsprecher wie Hessens *MP Bouffier*, der es auch für die Allgemeinheit sicherer fände, wenn die Energieriesen die gedachte Stiftung jetzt mit 35 Milliarden ausstatten und diese dann die weiteren Gewinne aus dem Atomstromverkauf in den Sicherungsfond miteinlegt - vor allem um sicher zu gehen, dass die Unternehmen sich jetzt noch adäquat beteiligen, bevor sie womöglich zu Enregiezwergen zusammenschrumpfen und ihren Pflichten durch geplante Insolvenz entgehen. Dann hätte nämlich wieder der Steuerzahler ganz alleine den verstrahlten Peter.

Der Grundgedanke ist noch gar nicht richtig zur Entfaltung gekommen, schon prasselt es Kritik der Marke *"Gewinne werden privatisiert, Verluste werden sozialisiert!"* und *"Die Nuklearkonzerne wollen sich jetzt billig aus der Verantwortung für ihren Atommüll stehlen!"*.

Und wie bei fast allen emotional so aufgeladenen Themen, hat man den Eindruck, das Langzeitgedächtnis schlägt uns ein Schnippchen mit Namen Verursacherprinzip: Waren das dereinst nicht zumindest zu Teilen mal Stadtwerke und öffentlich-rechtliche Energieversorger? Und hatte damals nicht der Staat mit seinem Bundesministerium für Atomfragen den Bau von Atommeilern beschlossen? Hat die öffentliche Hand nicht auch an der Privatisierung ihrer Unternehmen verdient? Wie ging der Vers doch gleich zuende: Publikum noch stundenlang, wartete auf Bumerang?

13.05.2014

Verursacherprinzip kontra Selbstversklavung

Dass man in den USA so ungestraft blöd sein kann, sich brühend heißen Kaffee über den Sack zu schütten und dann denjenigen verklagen darf, der einem diese Brühe, deren einzige Ähnlichkeit mit Kaffee grade in ihrer Wärme besteht, auf eigenen Wunsch hin serviert hatte, kennt man ja schon. Die Witwe von *Roger Rodas*, der vor ein paar Monaten seinen Porsche samt seines berühmten Kumpels *Paul Walker* zu Tode geschrottet hat, eröffnet jetzt ein neues Feld dieser absurden Gerichtsverfahren. Aus ihrer Sicht ist es nicht etwa die Tatsache, dass ihr Exmann in einer 50-Meilen-Zone mehr als doppelt so schnell gefahren ist, Schuld an dessen Ableben, sondern der Hersteller des Fahrzeugs, der es dank seit 80 Jahren ausgefeilter Technik und gewohnt windschnittiger Karosserie überhaupt erst ermöglicht, dass jemand mit 100 Meilen auf plötzlich auftretende Hindernisse in der Botanik brettern kann.

Dieser Logik zufolge sollte man dann direkt die Hersteller von Leitern (kann man runterfallen), zu großen Fleischstücken (kann man dran ersticken) oder dem Verursacher feuchtkalter Wetterumschwünge (Lungenentzündung) ver- klagen. Das geht aber nur, wenn man aber auch wirklich jede Verantwortung für sein eigenes Leben strikt ablehnt.

14.05.2014
Pop goes Politics
Clay Aiken, Sänger (Pop), Buchautor (Autobiografie) Musicaldarsteller (Monty Python's Spamalot) und seines Zeichens der wohl kommerziell erfolgreichste Zweitplatzierte der Teenieverwirrungsshow *American Idol*, geht unter die Poli- tiker, tritt in den Vorwahlen für einen gut gewärmten Sitz im Kongress gegen den betagten Parteikollegen *Keith Crisco* an, der sich just am Wahltag der Konkurrenz durch einen tödlichen Treppensturz entzieht. Was jetzt *Aiken* zum demokratischen Kandidaten gegen die nordkarolinische Sitzinhaberin *Renee Ellmers* macht. Und auch hier werden ihm aufgrund seiner musikalischen Vergangenheit gute Chancen eingeräumt,- ohne dass sich die Republikanerin irgendwo hinunter wirft.

Na gut, auch die alten Griechen haben ihre öffentlichen Ämter per Losent- scheid an ihre *freien Männer* vergeben, warum nicht an einen Schnulzen- barden? Sehr viel mehr kann der vielleicht auch nicht falsch machen, kennt aber immerhin *Liebe und Weltfrieden* aus zahllosen Fanzine-Interviews. Ich möchte nur nicht, dass das hier unsere deutschen Teenie-Idole als Anregung aufgreifen. Sollte ich je Castingshowteilnehmer auf meinem Wahlzettel ent- decken, wandere ich sofort nach Österreich aus - die haben wenigstens Fräu- lein Wurst!

15.05.2014

business as usual

Dass es in Italien auch ohne den selbsternannten Cavaliere wie gewohnt nur so flutscht, dafür gibt es im beliebten Stiefelland so zuverlässig gierige Volksvertreter wie *Francantonio Genovese*, der - als hätte man es geahnt – ausgerechnet auf Sizilien knapp sechs Millionen Euro aus staatlichen Programmen für Fortbildungskurse in den eigenen Säckel gestrichen hat. Zu seinem Leidwesen war *Genovese* dabei so unfassbar subtil vorgegangen, ausgerechnet seine Frau und seine Schwägerin als Strohfrauen für sein persönliches Fortbildungsprogramm *"Wie werde ich Millionär ohne arbeiten zu müssen?"* einzusetzen.

Dumm für den Nachwuchsganoven, aber vor allem peinlich für seinen Parteibruder und Regierungschef *Renzi*, der ja - wie alle seine Amtsvorgänger - eigentlich mit Vetternwirtschaft und Korruption gründlich aufräumen wollte, und nun im Parlament miterleben durfte, wie ausgerechnet die Abstimmungsroboter aus der Partei des suspendierten Altenpflegers *Berlusconi* als einzige dagegen stimmten, *Genoveses* Immunität aufzuheben: denn sie waren ja schon immer der Meinung, dass man es mit Politikern und Geldgeschäften nicht so genau nehmen dürfe. Schließlich kann man nicht immer nur im Parlament rumhängen, man muss ja auch von irgendwas leben!

16.05.2014

Die Nacht der lebenden Roten

Wer sagt denn, dass militärische Oberbefehlshaber ganz ohne politische Sensibilität oder eine gehörige Portion Humor auf die Welt losgelassen werden. Bei Verteidigungsmanövern treten die joystick-verwöhnten Nachwuchskräfte der US Army (U21-Nationalmannschaft) in Zukunft gegen eine Armee von schlecht geschminkten Untoten an, um die Grundlagen militärischer Pläne kennen zu lernen. Originelle aber wenig glaubhafte Begründung der Armeeleitung: *"Wenn man tatsächlich existierende Staaten als Übungsgegner ausloben würde, könnten die dann womöglich glauben tatsächlich gemeint zu sein!"*

Alle Achtung, liebe Amis, tolle Tarnung! Aber was ist eigentlich, wenn sich die Zombie-Staaten auf der Achse des Bösen jetzt nicht nur theoretisch defensiv angegriffen, sondern auch noch aktiv total veralbert fühlen? Denn wenn ich mir die da so anschau', ist ihre Ähnlichkeit mit Untoten ja fast noch größer als mit real existierenden Bedrohungspotentialen. Bitte noch mal drüber nachdenken!

17.05.2014

Entmilitarisierte Zone

Es gibt Existenzen, von deren gemächlichen Hinsiechen und Aussterben man nur den Hut ziehen kann. So zum Beispiel vor der österreichischen Luftwaffe, die aus Gründen der Kostenersparnis 6 von 18 aktiven Jetchauffeuren in die Frühpension freigestellt hat, und nun 3 Flugzeuge mehr als flugkundige Piloten hat. Da aber auch das Kerosin so rationalisiert werden muss, dass eh nur noch maximal sechs Flugzeuge zur Verteidigung der kotelettförmigen Reichsreste aufsteigen können, ist es eigentlich auch egal.

Da fällt auch nicht mehr ins Gewicht, dass das Öser Bundesheer in einem mittlerweile zensierten, weil *"niveaulos und peinlichen"* Werbespot mit einem gut gelaunten Panzerfahrer wirbt, der einem cabrio-bewährten Dorftrottel vier etwas sehr nuttig angezogene Kriegsdienstgroupies mit seiner kettenrasselnden Schießblechdose ausspannt. Aber ruft uns einfach, wenn Euch Serbien zur Feier des 1. Weltkriegsausbruchsjubiläums mal wieder angreift - diesmal kommen wir nicht! (Womit auch?)

18.05.2014

Hindu rules!

Die internationale Presse ist sich jetzt nicht ganz sicher, was sie vom Ausgang der Parlamentswahlen in Indien halten sollen. Grade für den designierten Ministerpräsident *Narendra Modi* tut man sich schwer, einen passenden boulevardfähigen Spitznamen zu finden. Da geht's von *sexloser Asket*, über *Moslemhasser* bis hin zu *Hitler Indiens*. Wobei er für den letzten Nick schon ein bisschen selbst verantwortlich ist, wenn er in seinem Wahlprogramm so versteckte Hinweise auf die Ideen des 33er Programms der größten Autobahnbauers aller Zeiten vorhält. Und für den vorletzten auch. Immerhin hat er als Regionalpräsident mal seine Truppen per Stillhaltebefehl davon gehalten, einen wütenden Mob zu stoppen, als der 800 Islamerer niedergemacht hat.

Wenn sich Senior *Modi* jetzt noch als gottgesandter, religiöser Fanatiker raus-stellt, kann man gespannt sein, wie sich die Dinge auf dem Subkontinent ent-wickeln werden. - Ach, was, nee ehrlich, isser ja! Stimmt, hat er ja auch gleich gesagt: *"Es gibt viel zu tun und Gott hat mich auf die Welt geschickt, um diese Arbeit zu erledigen!"*

19.05.2014

Satansgruß

"Iranische Frauen sind ein Symbol der Keuschheit und der Unschuld!" sagt der stellvertretende Kulturminister *Hossein Noushabadi*, und rügt damit den Auftritt der iranischen Schauspielerin *Leila Hatami*, die sich doch tatsächlich auf dem roten Teppich in Cannes erdreistet hat, den Präsidenten der Film-festspiele mit französischen Charme und ortsüblichen Wangenküsschen zu begrüßen. Und das geht natürlich nicht, weil man ja als Kind schon lernt, dass so ein angedeutetes Begrüßungsschmatzerchen das definitive Ende von Keuschheit und Unschuld ist. Ganz davon abgesehen, dass *"Sittsamkeit und Glaubwürdigkeit der Iraner"* auf dem Spiel stehen, also beim Busserln. Nicht etwa bei Judenhetze, Folter, Steinigung und anderen unschuldig keuschen Begrüßungsformalitäten. Nur dass man da jetzt nichts verwechselt.

20.05.2014

Absichtlich erfundene Fakten!

Also wenn man davon ausgeht, dass ein Fakt zumindest von seiner Sprach-genese immer die Folge einer Tat ist und wenn man in Betracht zieht, dass doch ein Großteil menschlicher Aktionen mit einem gewissen Vorsatz ge-schieht, dann sind absichtlich erfundene Fakten natürlich nicht so selten, wie der Sprecher des chinesischen Außenministeriums *Qin Gang* vielleicht ver-mutet. Darum handele es sich nämlich, wenn die amerikanische Staatsan-waltschaft nun einigen hohen Militärs der Mao-Dynastie absichtlich durch-geführte Cyberspionage bei amerikanischen Unternehmen anlastet. Und überhaupt, man selbst sei ja *"standhaft bei der Wahrung der Cybersicher-heit!"*, und vom Weltmarktführer der Internetbelauschung und der noch viel absichtlicheren Kreuzundquerhackerei lasse man sich sowas schon mal gar nicht vorwerfen. Was die nächsten Tage dann folgt, ist das übliche Schlamm-

Catchen, bei dem man sich gegenseitig der Schmutzigkeit beschuldigt.

Was mich aber viel mehr interessieren würde: neben Firmen aus Metall-, Atom- und Solarenergiebranchen habt Ihr Betriebsgeheimnisse der *United Steelworkers Union* gecybermoppst, also der Gewerkschaft der Stahlarbeiter. Und da würde ich jetzt doch zu gern wissen, um welche wichtigen Informationen es sich da gehandelt haben könnte: Neue Slogans für Demonstrationen? Der monatliche Beitragssatz für die Streikkasse? Oder seid Ihr nur an Redekonzepten des bekennenden Marxisten und Gewerkschaftsboss *Leo Gerard* interessiert? Antwort könnt Ihr hier direkt reinposten; falls Ihr wisst, wie das geht!

21.05.2014

Little Shop of Terrors

Auch Gedenken an eigens dafür eingerichteten Gedenkstätten will gelernt sein. Leider kann man bei modernen Museumsbauten der Disneysierung kollektiver Gefühle offenbar nicht mehr widerstehen, sodass der zukünftige Besucher der 9/11-Gedenkstätte am Ground Zero seiner Ergriffenheit im Museumshop durch den Kauf von Plüschrettungshündchen, gebrandeten Kaffeetassen und unfassbar hässlichen Glasmodellen der Twintowers Ausdruck verleihen kann.

Im Sortiment werden zur Zeit noch vermisst: kleine Bin-Laden-Voodoopüppchen, Sylvesterböller in Form von Passagierflugzeugen und natürlich der Nachbau einer afghanischen Berghöhle, in der die Kinder in Kaftan und Turbantücher verkleidet lustige Bekennervideos aufnehmen können. Aber gut, die Betriebskosten für den ganzen Trauerbau müssen ja auch irgendwie eingespielt werden.

26.05.2014

Keine Wahlen ohne Qualen

Der gestrige Tag wurde allerorts für diverse Urnengänge genutzt, wobei das Wort Urne immer naheliegt, dass schon vorher etwas eingeäschert wurde. *Petro Poroschenko* schafft es mit dem Charme der Schokolade im ersten Anlauf zum Präsidenten vom Rest der Ukraine, Boxweltmeister *Vitali Klitschko* mit schlagenden Argumenten immerhin zum Bürgermeister der Hauptstadt.

Ein Viertel der Franzosen hat sich für den *Affront National* entschieden, die CSU verliert ihre Rechtsaußen an die Alternativen um *Professor Lucke*, der auch für Europa einen anderen Ausweg erfinden will.

Damit Deutschland aber nicht nur blamiert ist, geht ein einzelner Sitz an *Die Partei* des früheren Titanic- Chefredakteurs Martin Sonneborn, der im Gegensatz zu vielen Politikern echt was draufhat, z.B. kann er seine Redaktionskollegen durch Bleistiftlutschen mit verbundenen Augen Farben erkennen lassen.

Beim HSV hat sich eine erforderliche Mehrheit der Mitglieder dafür entschieden, die Problemabteilung des Vereins samt 100 Millionen Schulden in eine eigene Aktiengesellschaft auszugliedern, so eine Art „Bad HSV"; oder wie die Kenner der hanseatischen Fußballvereinsprracht sagen: Da bleibt also alles beim Alten.

27.05.2014

Fabelhafte Utopie

Wie sehr gemeinsames Leid verbindet, demonstrieren drei ungewöhnliche Weggefährten in einem Tierheim namens *Noahs Arche* in *Locust Groove*, Georgia, USA. Die drei wurden vor dreizehn Jahren im Welpenalter bei einer Drogenrazzia in Atlanta aus ihrem Kellerverlies gerettet und pflegen seitdem im selben Gehege ein äußerst harmonisches Zusammenleben.

Nun, das allein wäre vielleicht nicht so außergewöhnlich, aber bei den dreien mit den Namen *Leo*, *Baloo* und *Shere Khan* handelt es sich doch tatsächlich um einen afrikanischen Löwen, einen nordamerikanischen Schwarzbären und einen bengalischen Tiger. Drei der gefährlichsten Raubtiere der Welt und sonst eher typische Einzelgänger.

Und weil es ein so berührend berückendes Bild ist, die drei Tag für Tag eng aneinander gekuschelt und friedlich schmusend zu sehen, möchte ich sie hiermit als offizielle Wappentiere oder Maskottchen für eine neue Weltordnung der monotheistischen Religionen empfehlen: wie eine Art raubtierischer Ringparabel mögen sie Symbol sein für ein friedliches Zusammenleben von Judentum, Christenheit und Islam, zärtlich vereint in unserem kleinen blauen Planetengehege namens Erde!

28.05.2014

Folger

Dass einem das Internet mit seinen vielen sozialen und asozialen Medien ständig Vorschläge macht, wie man seine Freizeit möglichst artfremd vernichten könnte, das ist man ja schon fast gewohnt. Auch dass nahe Verwandte, die allesamt bei mysteriösen Unfällen ohne ordentliche Testamente ums Leben gekommen sind, nun herrenlose Millionensummen in Nigeria oder Singapur gebunkert haben - was soll's! Aber wenn einem die Algorhythmiker von der Bildzeitung persönlich vorschlagen, man möge doch dem Terrornetzwerk Alk Aida, den Taliban oder der CIA folgen, dann beschleicht einen schon das Gefühl, dass der eigene digitale Schatten schon selbst einen ganz schönen Schatten hat.

Zum Beispiel Google Twitter Facebook, zum Beispiel Fußball. Ja, natürlich, ich suche und lese ich Meldungen und Artikel über meinen Herzensklub Eintracht Frankfurt, wahrscheinlich mehr als hundert Mal im Jahr. Wie also, bei Euren tollen Big Data Analysetools und voll automatisierten Schnüffelprogrammen kommt ihr auf die irrwitzige Idee, mir ständig vorzuschlagen, ich solle doch Fan oder zumindest doch Folger von Bayern München, Mainz05 oder Kickers Offenbach werden.

Sagt mal, geht's noch? Die Kickers? Mit einer solch gut recherchierten Profilschärfe könntet Ihr ja einem Fan von Beethoven oder Prokoffiev womöglich vorschlagen, zusätzlich noch Dieter Bohlen oder Helene Fischer zu folgen, bloß weil das angeblich auch sowas wie Musik ist! Ich denke, da müsst Ihr nochmal was umprogrammieren! Oder mich aus Eurem Verteiler streichen!

29.05.2014

Die Gedanken sind frei, die Symbole aber nicht!

Das schweizerische Bundesgericht hat kürzlich entschieden, dass es dann doch nicht in jedem Fall verboten sei, in der Öffentlichkeit den Hitlergruß zu zeigen. Schließlich *"solle man offen sagen oder zeigen dürfen, was man denke!"* Und außerdem, so vermute ich, kann man bei der Gelegenheit auch was gegen die in der Eidgenossenschaft latent grassierende Langeweile tun.

Nicht ganz so amüsiert ist *Herbert Winter*, der Präsident des *Schweizerischen Israelitischen Gemeindebundes*, der nicht ohne Hintergrund darauf verweist, dass man den blöde ausgestreckten Arm durchaus auch als antisemitische

Beleidigung auffassen kann. Und damit hat er ja Recht; man soll die Macht solcher historischen Signale nicht unterschätzen. Aber warum man dann den eigenen Verein ausgerechnet SIG bekürzelt? Das klingt ja auch nach der berühmten Rune, die gekreuzt das Hakenkreuz (Sonnenrad) ergibt und auch in der letztlich ja auch ein bisschen antisemitischen Grußformel *"SIG Heil!"* vorkommt? Die Runde Grübeln geht auf mich!

30.05.2014

Von der Laien

Flatscreens am Wandhalter, Stehlampen mit Leseleuchten, Minikühlschränke und Garderobenspiegel - wenn es nach unserer Verteidigungsministerin geht, steht eine moderne Arbeitsumgebung für sie am Anfang eines Umgestaltungsprozesses, an dessen Ende aus einer verwirrten Wehrpflichtarmee ein tiptopmodernes Verteidigungsdingsda wird, das sich jederzeit *„an den Standards moderner Industrie-Unternehmen messen kann."*

Was Ihr noch wichtig ist: die Vereinbarkeit von Familie und Beruf (Nehmen wir die Kinder dieses Wochenende mit nach Afghanistan?), moderne Arbeitsmodelle wie Teilzeitarbeit (Montags, Mittwochs und Freitags kann ich nicht am Krieg teilnehmen, da arbeitete ich nur bis um 12h!) oder auch eine intensivere Weiterbildung (Assessment-Seminar: Weiche Ziele - erst schießen, dann verhandeln?).

Exgeneralinspekteur der Bundeswehr Harald Kujat empfindet diese Wohlfühloffensive als nichts denn den grotesken Beweis, dass Frau Familienministerin a.D. von ihrem neuen Job beim Militär ganz offensichtlich keine Ahnung hat. Wenn es nach ihm ginge, flösse jeder Euro in die Verbesserung der Ausstattung der aktiven Sterbehilfe, frei nach dem Motto des Konfuzius: *„Sinn des Krieges ist nicht, dass Du für dein Vaterland stirbst! Sinn des Krieges ist, dass der andere für sein Vaterland stirbt!"*

31.05.2014

Ster Trekken

Trotz des üblichen Nachrichtengewirrs zwischen politischer Dummkopferei (Abchasien, Inselstreit, Erdogan etc) und dem fußballschlachtentscheidenden Gesundheitszustand deutscher Nationalspieler sticht heute mal wieder eine

Nachricht aus der Welt der Wissenschaft hervor: eine Gruppe holländischer Wissenschaftler unter der Leitung von *Professor Ronald Hanson* ist es zum ersten Mal gelungen, ein einzelnes Atom bei mehreren Versuchen präzise über drei Meter zu teleportieren. Was nichts anderes bedeutet, dass mal wieder eine Technik aus Raumschiff Enterprise das Licht der Welt erblickt, zumindest im Prinzip. Aber mit einer Einschränkung des Professors: *"Wenn man glaubt, dass wir nicht mehr als eine Ansammlung von Atomen sind, dann sollte es im Prinzip möglich sein, sich von einem Ort an den anderen zu teleportieren!"*

Was ja wohl nichts anderes heißt, als dass man Gefahr läuft, dass man zwar seinen Körper irgendwohin beamen kann, aber dort vielleicht als seelenloses Ungeheuer ankommt. Sorry, aber da gehe ich die drei Meter lieber zu Fuß.

01.06.2014

Last Exit Suchumi

Einfach nur damit man sich als Staat mit einem gehörigen Minderwertigkeitskomplex wieder ein bisschen sicherer fühlen kann, hat man gerne einen Ring von Satellitenstaaten um sich herum, auch wenn es nur so ein lustiger Landstrich wie Abchasien ist, das die glorreiche halbrote Armee dereinst von Georgien abtrünnisiert hat. Dann braucht man nur noch eine Marionettenregierung aus ein paar gehirngewaschenen Handlangern und die Sache fühlt sich schon fast wieder so an wie zu echt mächtigen Zeiten. Außer die Bevölkerung hat irgendwann keinen Bock mehr auf die ferngesteuerten Vorzeigekriminellen in ihrer Regierungsspitze und verjagt ihren Präsidenten *Alexander Ankwab* per Misstrauensvotum aus dem Amt. Was aber, das hat der Ministerpräsident und Ankwabkumpel *Leonid Lakerbaja* sofort haarscharf analysiert, in einer modernen Vasallendemokratur *"total ungesetzlich"* ist. Wäre ja noch schöner, wenn das eigene Volk bloß wegen so ein bisschen Armut, Kriminalität und Korruption plötzlich einen auf Souverän machen will. So war das ja mit der lupenreinen Demokratie doch nicht gemeint.

02.06.2014

Rebell Yell

Wie der halbtune-, halbfranzösische Islam-Wissenschaftler *Mathieu Guidère* durch genaue Beobachtung und ebenso intensives Nachdenken herausgefunden hat, war der Schrei nach Freiheit im arabischen Frühling vor allem anderen ein Lustschrei.

Nach jahrzehntelanger Unterdrückung durch islamische Doppelmoralapostel, denen die konsequente Anwendung der Scharia zur sexuellen Ausbeutung der Frauen völlig ausreichend erscheint, war es die sexuelle Frustration und die damit einhergehende Bevormundung des Privaten, die die jungen Leute zu Hunderttausenden auf die Straßen und Plätze getrieben hat.

Blöd nur, dass, während die *Make Love Not Scharia* Aktivisten die grade erkämpfte Freiheit der Liebe ausgiebig genossen, die muslim-verbrüderten Vertreter der devoten Zwangsbelustigung sofort wieder das Ruder an sich gerissen haben; sodass man jetzt davon ausgehen muss, dass die Sachlage nun schlimmer ist als vorher. Daraus lernt man - auch bei Revolutionen gilt: Erst die Arbeit, dann das Vergnügen! Und mit Arbeit meinen wir Germanen doch auch, dass es auch wirklich zu Ende gebracht wird!

03.06.2014

Vorbildhaft

Uli H. aus M. meldete sich drei Tage zu früh zum Haftantritt und wurde zunächst erst mal wieder nach Hause geschickt, da wegen Himmelfahrt und Brückentag kein Amtsarzt anwesend war. Und so ein Gefängnisarzt ist wichtig, denn er muss die *Hafttauglichkeit* jedes Neuankömmlings überprüfen. Das kann er aber nur montags. Gut, dass das jetzt erst ans Licht kommt, sonst hätte sich der Steuerschlingel doch glatt von Vereinsarzt *Müller-Wohlfahrt* ein Attest schreiben lassen: „*Uli H. taugt nicht für Haft. Wir haben es mit Superkleber an verschiedenen Wänden probiert und kommen zu dem Schluss - der Verurteilte haftet nicht!*"

04.06.2014

Gorilla-Marketing

Bis zum heutigen Tage war die Existenz des Loro Parks auf der urlaubsöden Insel Teneriffa nur Fachleuten und ein paar gelangweilten Urlaubern ein Begriff. Dann hatte der Zoo die geniale Idee, eine Notfallübung durchzuführen: ein Parkangestellter soll einen Ausbruch eines gefährlichen Menschenaffen simulieren, zwängt sich in ein Gorillakostüm und spaziert durch den Zoo, während bei Polizei und tierärztlichem Notdienst die Alarmglocken schrillen. Der junge Tierarzt des Parks, der von einer Übung mit Gorilla leider nichts mitbekommen hat, streckt seinen verkleideten Kollegen mit einem gezielten Schuss aus einem Betäubungsgewehr nieder, blöderweise mit der Ladung, die für einen 200 Kilo schweren Affen bestimmt ist.

Allergischer Schock, Rettungsfahrt und ein Gegenmittel später kann sich der Tierdarsteller von seinem Einsatz erholen. Die ganze Aktion kann zwar als gelungene Werbemaßnahme gelten, aber es bleibt noch zu klären, wie der Tierarzt seinen Uni-Abschluss gemacht hat, wenn er einen schlecht verkleideten Aushilfskomparsen nicht von einem echten Gorilla unterscheiden kann.

05.06.2014

Stell Dir mal vor!

Das Leben schreibt die besten Geschichten? Manchmal scheint es sich aber auch am Kino zu orientieren, denn was heute in Italien passiert ist, erinnert schon ein wenig an die Musikschmonzette "*Sister Act*". Die sizilianische Nonne *Christina Scuccia* gewinnt in Ordenstracht und den dazu unvermeidlichen Gesundheitsschuhen das Finale des Singsangwettbewerbs "The Voice of Italy" und diktiert den vom Sternchenrummel angezogenen Journalisten in die Feder, "*an der Show teilzunehmen, sei nur ein anderer Weg das Evangelium zu verbreiten!*"

Ob das aber mit so Schnulzen wie "*What a Feeling*" oder "*No one*" geht, keine Ahnung; ich empfehle ja so Gospelhits wie "*Bat out of Hell*" von Meatloaf, "*Spanish Train*" von Chris de Burgh.

Oder einfach das hübsche Lied "*Imagine*" von Meister Lennon.

06.06.2014

Das Gegenteil von Mahatma

Man bemüht sich ja wirklich ein friedlicher Mensch zu sein und niemanden etwas Schlechtes an den Hals zu wünschen, aber manchmal finde ich schon, spezielle Arten von Dummheit sollten hochtoxisch sein und die damit Angesteckten einfach tot umfallen - schon damit ihnen ein schlimmeres Schicksal erspart bleibt. *Babulal Gaur* zum Beispiel, ein fürwasauchimmer zuständiger Minister des indischen Bundesstaats Madhya Pradesch sieht Vergewaltigung als "*soziales Verbrechen, das von Männern und Frauen abhängt!*" und fügt entspannt hinzu: "*Manchmal ist es richtig, manchmal ist es falsch!*"

Was er wohl damit meint? Dass eine *richtige* Vergewaltigung auch von der Frau *abhängt*, die sich ja überhaupt erst einmal unwillig zeigen muss, von mehreren wildfremden Idioten festgehalten und missbraucht zu werden? Und wäre die Vergewaltigung dann eine *falsche*, wenn sich eine Horde dildo- und stahlstangenbewährter Weiber einen Regionalminister greift und es ihm mal so richtig besorgt - und zwar so, dass es ihm auch kein bisschen gefällt? Dann kann er ja, wenn er nicht an inneren Verletzungen verblutet oder sich nicht vor Scham selbst an einem Baum erhängt, eine Strafverfolgung einleiten, denn seinen Worten nach *"könne ja ermittlungstechnisch nichts getan werden, solange es keine Anzeige gibt!"*

07.06.2014

Eigentor

Die Kritik der Ex-Präsidentengattin und Ex-Außenministerin Hilary Clinton, er sei *"doch eher dünnhäutig"* und *"viel schwächer als man glaube"*, konterte Zar Vladi mit einem Satz, der seine Autorealitätswahrnehmung wie kaum ein anderer enttarnt. Wortwörtlich kramte er folgendes, als spöttische Replik an Madame Clinton gemeintes Geschwurbel aus den Verwindungen seines Gehirns: *"Wenn Leute Grenzen überschreiten, machen sie das nicht, weil sie so stark sind, sondern weil sie so schwach sind!"*

Ah, in etwa so wie das Überschreiten der Grenzen zwischen Russland und der Krim? Oder die Grenze zwischen hemmungsloser Selbstverherrlichung und ungesundem Menschenverstand? Hat die gute Hillary dann also doch recht? Treffer, versenkt.

08.06.2014

Zuviel des Guten

Sogar Llebe kann zu einer schweren Belastung werden, und sogar in Paris, das sich gerne als Welthauptstadt bestimmter Gefühle feiern lässt. Auf der *Ponts des Arts*, wo seit 2008 ferngesteuerte Liebesritualroboter hunderttausende von Vorhängeschlössern angebracht haben, die einer unbestätigten, aber hübsch verfilmten Sage nach ein ganz tolles Symbol für jene Art von Liebe sein, bei der a) jemand unter *Verschluss* bleibt oder b) mit irgendeiner anderen Sache *abgeschlossen* wird oder c) jemand grad das Fahrrad geklaut wurde und er grad ein Schloss übrig hatte!

Wie auch immer, unter dem Gewicht der Vorhängeschlösser ist nur ein Teil des Geländers der Brücke eingestürzt und hat sich in die grad in diesem Augenblick mal nicht ausflugsdampferbefahrenen Seine gestürzt. Die Stadt Paris lässt jetzt die Schlösser bergen und alle Betroffenen müssen sich dann so schnell wie möglich scheiden lassen.

09.06.2014

Rituelle Flutung

Beim Jahresfest zur Geburt des heiligen Flusses Ganges sind im indischen Uttar Pradesh 27 Leute ertrunken, weil es offensichtlich keine esoterische Verbindung gibt zwischen eine guter Hindu und ein guter Schwimmer zu sein! Im Ferienort Manali wiederum hat man diesem guten alten Brauch ein bisschen nachgeholfen und just dann die Schleusen eines Wasserkraftwerks geöffnet, als flussab eine Gruppe von Ingenieursstudenten aus Hyderabad ihrem Reisebus entstieg um ein paar Erinnerungsfotos im Sonnenuntergang am eben noch lieblichen Flüsschen Beas zu schießen. Im Ergebnis gleicht das Ereignis dem rituellen Bad im Ganges: 25 sind ertrunken!
Soviel zum Thema hinduistischer Zwangsmissionierung für das Reinkarnationskarussel.

10.06.2014

Freie Assoziation

"Talibanistan ist dreckig, weil es Leute gibt, die mich abschaffen wollen!" hätte ja auch mal *George W. Bush* sagen und dann enttäuscht zurücktreten sollen. Aber nein, stattdessen demissioniert mehr als dreizehn Jahre später die 22-jährige Schönheitskönigin des Drogen-, Nutten- und Urlaubsparadieses Thailand, denn *"Thailand ist dreckig, weil es Leute gibt, die unsere Monarchie loswerden wollen!"*
Diese und andere fehlqualifizierte Äußerungen über zum Beispiel die wünschbare Hinrichtung politischer Gegner zogen einen heftigen *Shitstorm* nach sich, sodass Miss Thailand nicht länger Ikone der Schönheitsmonarchie ihres grade mal wieder vom Militär übernommenen Landes sein wollte. Zurückgetreten ist sie dann aber hauptsächlich, weil *"sie nicht mehr mit ansehen konnte, wie unglücklich ihre Mutter über die Kommentare gewesen sei!"*

Und da schließt sich der Kreis: denn Mama *Barbara Bush* hat sich wie ihre ganze Familie schon immer einen Scheiß darum gekümmert, was die Leute so sagen. Warum hätte ihre Fehlgeburt dann zurücktreten sollen?

11.06.2014

Ordnung und Fortschrott

Nun geht es also gleich los und die ganze Welt schaut auf Brasilien: Werden die U-Bahnen fahren und Flugzeuge fliegen? Werden die letzten Sitzschalen doch noch festgeschraubt werden? Werden die Heerscharen von Fans die lustigen Stadionneubauten am Amazonas finden? Werden die *Programas* auf dem größten Strich der Welt tatsächlich ausländisch bedienen können? Werden die militärischen Polizeieinheiten die wichtigen Straßenschlachten gewinnen und bis ins Finale vorstoßen?

Und wird am Ende wieder mal ein Weltmeistertitel für die Sambakicker die himmelschreiende soziale Ungerechtigkeit, die feudale Verteilung von Macht, Geld und Landbesitz und die schlimme Armut in einem ja eigentlich gar nicht so armen Land überstrahlen? Fragen über Fragen, auf die der geneigte Fan von Freiheit, Gleichheit und Brüderlichkeit in den nächsten vier Wochen interessante Antworten live auf die Wohnzimmercouch gestrahlt bekommt. Lasset die Spiele beginnen!

12.06.2014

Gegen den Trend

Neben vielen wichtigen Beiträgen zu noch wichtigeren öffentlichen Diskussionen hat *Frank Schirrmacher* vor allem durch seine hellsichtigen, aus allen möglichen längst bekannten Einzelergebnissen und je nach Verwendungszweck gut getarnten Statistiken ein Standardwerk zur Überalterung der Gesellschaft abgeliefert. In seinem Buch Methusalem-Komplott warnte er noch inständig vor den Gefahren der Rentnerschwemme für unsere Sozialsysteme und die damit einhergehende Verschlimmerung des öffentlich-rechtlichen Fernsehprogramms.

Und nun zieht er einfach völlig überraschend die falschen Schlüsse daraus und verabschiedet sich in seinen frühen Fünfzigern per Herzinfarkt aus dem demografischen Trend. Und was werden wir in dreißig Jahren darüber sagen? Dieser Frank ... neenee, der hat wirklich immer alles richtig gemacht.

13.06.2014

Ohne Kaiser

Die Finanzielle Interessengemeinschaft Freizeitreisen und Auslandsaufenthalt hat doch tatsächlich eine Ethikkommission, die nun unseren Kaiser Franz für 90 Tage von allem suspendiert hat, was man als FIFA so treibt, um der eigenen Ethikkommission weiterhin genügend Anlass für ihre Existenz zu liefern - nachdem sie ja in einem Bericht ihre oberste Blamage, *Seppl Blatter*, bereits von allen Zweifeln frei gesprochen hat, da er zwar laut eigener Aussage von Schmiergeldzahlungen an Mitglieder des Exekutivkomitees gewusst hatte, selbst aber zu sehr mit dem Studium der Ethik beschäftigt war, um zu merken, was er da weiß, oder so.

Unser Beckenbauer Franz hingegen, der ja selbst immer für sowas ähnliches wie Ethik zu begeistern ist, würde die Arbeit der Kommission ja gerne unterstützen, aber nur in einer Sprache, die er auch versteht. Weswegen er den ehemaligen amerikanischen Staatsanwalt, der dieser lustigen Ethikselbsthilfegruppe vorsitzt, unverschämterweise gebeten hat, ihm die hundertpaarundsiebzig Fragen doch bitte auf Deutsch zukommen zu lassen. Ein provokanter Affront unseres Kaisers, wo doch jeder weiß, dass die Amtssprache der internationalen Korruption Englisch ist.

14.06.2014

Sunny Shit

Immer wieder erhellend zu sehen, wie sich das politische Schachbrett verschiebt, wenn sich ein neuer Mitspieler mit missionarischem Eifer und gut bewaffneten Überzeugungstätern an die Fleischtöpfe der Macht drängelt. So wie nun im Sonnen-, Sand- und Erdölstaat Irak, in dessen Norden sich gerade der ISIS - so eine Art Alk Aida nur für Sunniten und nicht verwandt oder verschwägert mit der gleichnamigen Göttin aus der ägyptischen Mythologie - mit erstaunlicher Geschwindigkeit breit macht. Das wiederum ruft die natürlichen Feinde der sunnitischen Djihadisten, die shiitischen Djihadisten auf den Plan, und zwar überraschenderweise in Form von drei Al-Quds-Brigaden aus dem plötzlich befreundeten Nachbarland Iran, in dem die Revolutionsgarden schon seit langen üben konnten, wie man den gemeinen Sunnit vom Shiit unterscheidet. Sie sehen nämlich alles anders aus als der Amerikaner, der hier seit Jahrzehnten versucht für Ordnung zu sorgen und deswegen eher unbeliebt ist - und jetzt erst recht keine Lust mehr hat, den nervtötenden Oberschullehrer für die paar religiöse Fantasten zu spielen; es sei denn, es lassen sich bei der Gelegenheit ein paar neue volldigitale Schießapparate auf ihre Geländegängigkeit testen.

Nun böte sich Obama ja eine Waffenbruderschaft mit dem Shiitischen Teil der Achse des Bösen an, es muss aber überlegt werden, was die sunnitischen Freunde der saudi-arabischen Despotie dazu sagen würden, die ja hauptsächlich mit den Amis befreundet sind, weil sie so all die guten Waffen bekommen dürfen, die sie zur Sicherheit gegen die Shiitischen Revolutionsgarden ... Aber zum Glück sind die Saudis ja wahabitische Sunniten, und auch wenn keiner wissen will, was das jetzt wieder für ein eingebildeter Unterschied sein soll, ist der zumindest so groß, dass sie mit den Sunniten der ISIS auch nix zu tun haben wollen.

Zur religiösen Frage kommt aber noch die völkische, denn der ISIS macht sich ja im irakischen Kurdengebiet breit, und das ist - obwohl die türkische Regierung ja sonst kein bekannter Freund des Kurden ist - eine willkommene Provokation für den nördlichen Nachbarn. Und so dreht sich das Rad des Wahnsinns immer weiter, denn auch der Türke mag es gar nicht, wenn man in seinem zukünftig wiedervereinigten Osmanischen Reich herummarodiert. Man kann schon gespannt sein, auf welche Seite sich Zar Putin schlägt.

15.06.2014

Eigentor

Dass einem auch beim gemeinnützigen Weltverbessern mal der eine oder andere Fehler unterläuft - geschenkt. Aber wenn man wie Greenpeace überall auf der Welt bei jeder Gelegenheit gegen Raubbau und Profitmaximierung wettert, dann ist es schon etwas peinlich, wenn die eigene Finanzabteilung bei Währungsspekulationen auf einen fallenden Euro wettet und dann knapp 3,58 Millionen Euro von seinen mühsam von Freunden der Weltverbesserung zusammengebettelten Geld im Äther der internationalen Kapitalistenwettspiele verdampft.

16.06.2014

Ein-Mann-Mauer

Aus all den kleinen netten Szenen, die von so einer Fußball-WM in die Wohn-zimmer der Welt verstrahlt werden, sticht der überraschend enttäuschende Versuch des portugiesischen Ritualmeisters des breitbeinig angekündigten Freistoßes deutlich hervor. Als Trapezmuskeldarsteller Cristina Ronaldo aus 35m aufs Tor zu schießen droht, stellt unser Welttorhüter die im doppelten Sinne kleinste Mauer der Welt, bestehend aus nur einem Mann und der ist auch noch hauptberuflich Zwerg. Und was macht der komplett in Stromlinien-form zurechtgegelte Weltfußballer? Er läuft an und trifft den verdutzten Philipp Lahm am Schienbein. Und das war wohl von allen Möglichkeiten, sich vor den Augen der Welt zu blamieren, die mit weiten Abstand schwierigste. Ungefähr so schwierig, wie in der Sahara mit einem Trabant vollkaracho in den einzigen Baum zu brettern.

17.06.2014

Alternative Freizeitvernichtung

Statt in Brasilien der Kugel hinterher zu jagen hat sich Kurzzeitnationalspieler Kruse zu einem Pokerturnier im Verliererparadies Las Vegas angemeldet und sich bis ins große Finale durchgeschlagen, also quasi schon mal das erreicht, wovon seine Kollegen erst noch träumen. Allerdings spielt er bei der *World Series of Poker* an jenem Finaltisch, an dem die Variante 2-7 Lowball gezockt wird, so eine Art Ramschversion, bei der derjenige Spieler gewinnt, der die schlechtesten Karten hat. Und da ist Freund Kruse klar im Vorteil, denn das ist er ja von Bundesjogi schon so gewohnt.

18.06.2014

Glückliche Kinder

So wie einst die engsten Vertrauten an den ägyptischen Höfen ihren geliebten Pharaonen in den Tod folgten und sich in den Pyramiden mit einmauern ließen, so hat sich auch die Mannschaft des eben noch amtierenden Fußball-weltmeisters Spanien mit ihrem König Juan Carlos dem Soundsovielten soli-darisiert und kurzerhand - und noch kürzeren Fußes - mit 1:5 (Holland) und 0:2 (Chile) kollektiv abgedankt.

Ein Schicksal, das unsere Nationalmannschaft und ihre Soccer-Mom so nicht ereilen kann: denn als Mutti kann man ja nicht einfach abdanken!

19.06.2014

Wild-Ost in Südwest

Klar, wer nachts von einer rachelüsternen Sharia träumt, dem ist unsere lokale Rechtskultur tagsüber natürlich viel zu lasch. Da geht man dann auch mal los und filetiert den mutmaßlichen Vergewaltiger der eigenen Schwester kurzerhand, denn so überaus komplizierte und verwirrend langsame Rechts-instrumente wie Anklage, Verteidigung, Beweismittel, psychiatrische Begut-achtung, Richterspruch und Mutmaßlichkeit sind auch im baden-württember-gischen Neuenburg nicht jedermanns Sache.

Zumindest solange man selbst nicht in die Fänge der Justiz gerät. Denn dann findet man es wahrscheinlich nicht mehr so unangenehm lasch, dass man auch als 17jähriger Anspruch auf einen Anwalt, psychiatrische Gutachter, ei-nen fairen Prozess unter Jugendstrafrecht (max. 10 Jahre Stubenarrest) und die Möglichkeit hat mildernde Umstände geltend zu machen (Der Mordplan ist unvorhergesehenerweise im Affekt eskaliert!). Anstatt auch selber nachts zum nächsten wichtigen Vendetta-Termin auf einen Parkplatz gelockt zu werden!

20.06.2014

Jugend fischt

Dass der Meeressäuger der Gattung Flipper nicht nur putzig jonglieren kann, sondern auch sonst recht schlau ist, hat sich ja schon rumgesprochen. Was allerdings eine Rotte von jungen Delfinen vor die Linse eines verblüfften Fern-sehteams aufgeführt hat, überrascht sogar die Experten: Schnappen sich die Halbwüchsigen doch tatsächlich einen Kugelfisch und ärgern den solange, bis er homeopathische Dosen seines Nervengifts Tetrodotoxin absondert. Der Trick funktioniert so ähnlich wie das berühmte Froschablecken: in kleinsten Dosen genossen wirkt das Gift wie ein ordentliches Rauschmittel. Und weil es zusammen einfach mehr Spaß macht, reichen sich die kleinen Flipper den Fugo wie einen Joint von Schnauze zu Schnauze weiter.

Und wie ich uns Menschen kenne, dauert es jetzt nicht mehr lange, bis die ersten Aquarien nächtliche Einbrüche von Jugendlichen vermelden, die auch mal am Fugo lecken wollen.

21.06.2014

Geretteter Höhlenforscher

Wenn man schon eine Reise macht, dann soll man auch nachher was zu erzählen haben, dachte sich ein amerikanischer Student und zwängte sich in die vom Volksmund *Tübinger Möse* getaufte Steinskulptur vor dem Institut für Mikrobiologie. Ob aus purer Neugier, wie er in den einladend geöffneten Spalt der mannshohen Marmormuschi reinpasste, oder als tiefenpfuschologischer Selbstversuch um das Trauma der eigenen Geburt noch einmal nachzuerleben, oder ob er gar das Schicksal des kürzlich aus einem Alpenloch geretteten Höhlenforschers für ein *selfie* nachspielen wollte - man weiß es nicht.

Was man weiß: es brauchte 15 Passanten und 22 Feuerwehrmänner um den eingeklemmten Studenten aus seiner persönlichen Riesending-Erfahrung zu befreien. Aber erzählen muss er von seiner Reise jetzt nicht mehr. Das haben die beliebten asozialen Medien schon für ihn übernommen.

22.06.2014

Dem Bösen einen Schlag versetzt

Mit klaren Worten und entzückenden Gesten geizt er ja nicht, dieser neue Papst der Armen. Sein letzter Coup: mit einem Handstreich versetzt er die gesamte Ndrangheta in den gottfreien Raum, weil "*diejenigen, die in ihrem Leben die Straßen des Bösen einschlagen, wie die Mafiosi, sind nicht in Gemeinschaft mit Gott. Sie sind exkommuniziert!*"

Ja, und da sieht man sie so richtig vor seinem inneren, geistlichen Auge, wie die ganze Schutzgelderpresser-, Gewohnheitsmörder- und Drogenhändlerbaggage vor lauter Heulen und Zähneklappern nicht mehr ein und aus weiß, jetzt wo klar ist, dass sie in der Öffentlichkeit nicht mehr ungestraft so tun dürfen, als kümmerten sie sich einen Scheißdreck um die meisten der zehn Gebote.

Und wie immer, wenn Papa Franz uns so plötzlich mit erschreckend klaren Ansichten konfrontiert, fragt man sich: Och, den Vertretern der "ehrenwerten

Gesellschaft" die Sakramente verweigern? Ja, warum ist denn da jahrhundertelang vorher keiner drauf gekommen? Einen Hinweis erhält man aus der Aufforderung des Anti-Mafia-Autors Roberto Saviano: *"Die Kirche muss jetzt aber auch konsequent sein und darf keine Spenden der Mafiosi mehr annehmen."* Ah ja ...

23.06.2014

fracking goes fragging

Wegen *Infarktstruktur* und nicht vorhandener Pipelines verschickt die usamerikanische Ölindustrie ihr mit Hochdruck aus der Erde *gefracktes* Rohrprodukt in kilometerlangen Güterzügen mitten durch Klein- und Großstädte. Die Anwohner der Bahngleise befinden sich nun ständig in explosiver Gesellschaft und so manch ein Bürgermeister erfuhr erst nach der Verbrennung seiner Wähler vom *friendly fire* durch völlig veraltete Kesselwagons und rollende Bomben.

Zumindest aber sprachlich liegen hier Ursache und Wirkung nah beieinander, denn während *fracking* die gezielte Verseuchung von Grund- und Trinkwasser zu Gunsten des Aktienkurses regierungsnaher Ölmagnaten bezeichnet, steht *fragging* - abgeleitet von fragmentation bomb - seit den Tagen des Vietnam-Kriegs für die Stückelung der eigenen Leute durch explosives Material, das man möglichst nah an die Schlafstätte ... naja, und der Rest geht dann wie in dem schönen alten Witz von dem Rekruten, der seinen Zugführer fragt, wie er sich im Falle eines Handgranatenangriffs zu verhalten habe: *"Springen Sie drei Meter in die Höhe und dann verteilen sie sich gleichmäßig in zehn Meter Umkreis!"*

So wie es das amerikanische Transportgesetz auch von den Anwohnern der Bahngleise erwartet.

24.06.2014

Durch das wilde Kurdistan

Dank der tatkräftigen Mithilfe der allseits beliebten islamistischen Fanatiker, die shariastische Khalifate als die einzige von den Kapazitäten ihres Gehirns als möglich akzeptierte Staatsform der Plusquamperfektmoderne ansehen, wird aus dem Arabischen Frühling so allmählich ein Arabischer Herbst. Einzig

Algerien wegen seiner Vernarbung mit Frankreich und Tunesien wegen akuter Ölarmut scheinen für die wilden Horden halbwegs uninteressant zu sein.

Es gibt aber neben vielen Verlierern auch einen möglichen Gewinner der bürgerkriegerischen Tendenzen, denn dank der marodierenden ISIS-Terroristen, der stets fluchtbereiten irakischen Armee und ihrer eigenen, seit Jahrzehnten auf ihren Chance wartenden Peschmerga-Kämpfer sehen die Kurden im Norden Iraks nun eine kleine Chance, nach Jahrhunderten der Fremdherrschaft endlich wieder einen eigenen Staat "Südkurdistan" zu gründen. Also genau das, was Prinz Erdogan von Ankara schon seit längerem leichte Albträume bereitet. Und auch unsere Politiker werden sich angesichts einer drohenden Balkanisierung des Zweistromlandes sicher schnell darüber verständigen, dass Einigkeit und Recht über der Freiheit der Kurden stehen müssen.

25.06.2014
Allzeit bereit!
Schön, dass bei unserer lustigen Luftwaffe abseits von Dronenzulassungen und Helikopterbestellungen auch mal ordentlich Krieg geübt wird. So hatten zwei Eurofighter Kampfjets die Aufgabe einen eigens dafür gemieteten und im Rahmen der Übung als "gekapertes Passagierflugzeug" codierten Learjet abzudrängen und zur Landung zu zwingen. Und wie man am Einschlagsloch in einer Sauerländer Lichtung sehen kann, hat dieser Teil der Übung doch schon ganz gut geklappt.

26.06.2014
Schlechter Tausch
Das eh schon eher für freizügige Fotos denn für musikalische Qualität in Nigeria bekannte Popsternchen *Adokiye Ngozi Kyrian* bietet sich in einem PR-Coup den Terroristen der *Boko Haram* zur "Entjungferung" an, wenn sie im Gegenzug alle entführten Schulmädchen freilassen. Und um den hohen Stellenwert ihrer Unberührtheit als Tauschstück für 213 andere Jungfräulichkeiten heraus zu stellen, fügt sie noch hinzu: *"Ich bin älter und erfahrener. Selbst wenn mich 12 - 15 Männer jede Nacht nehmen, kümmert mich das nicht!"*. Und das allein wirft ja schon einen Schatten des Zweifels auf die Art, wie man so als Jungfrau in Nigeria Pop(p)karriere macht.

Trotzdem ist das vielleicht ein Ansatz zur Problemlösung in anderen verfahrenen Szenarien. Julia Timoschenko zum Beispiel könnte Zar Gasputin harten Behindertensex anbieten, wenn er vorher die Krim zurückgibt. Unsere Verteidigungsministerin VdL gibt sich den Taliban hin, wenn die das blöde Schießen auf ihre Soldaten endlich lassen. Und Misses Merkel lässt dem Briten Cameron 12 - 15 mal ran, wenn er den Juncker endlich Kommissionspräsident werden lässt. Und das kümmert sie dann auch nicht, weil; sie ist ja noch älter und noch erfahrener als Adokiye.

27.06.2014
Schwerkraft
Alles Gute kommt von oben. Oder meist. Oder seltener. Aber manchmal sind es auch ferngelenkte Raketen auf die Dächer im Gazastreifen, die Zähne von Luis Suarez oder die Decke einer zu einer indischen Kirche umgewandelten Doppelgarage, die unter der Last der oben betenden Jainisten (hat nix mit dem Vorstand der Deutschen Bank zu tun) auf ihre ein Stockwerk tiefer frohlockenden Aberglaubensgenossen kracht.
Dass die Gläubigen aber davon überrascht wurden, zeigt wieder mal, wie wenig ernst sie ihre eigene Religion nehmen, denn gemäß ihres Glaubens über die wechselnden Zeitalter (Kalpa) gilt das gegenwärtige Äon - ach ja - als ein Zeitalter des Verfalls! Quod erat demonstrandum.

28.06.2014
Aufklärungsmisserfolg
Dank eines kollegialen Hinweises der französischen Polizei konnten die italienischen Carabinieri den Frachter Aberdeen aufbringen und die unter togolesischer Flagge zusammengewürfelte Besatzung gefangen nehmen, bevor diese ihre umweltfreundliche Fracht von 42,5 Tonnen marokkanischen Cannabis in einem Hafen im östlichen Mittelmeer anlanden konnte. Die Fahnder gehen natürlich davon aus, dass man eine derart große Menge Dope nicht ohne Beteiligung der Crew an Bord bringen kann.
Aber hat die Vermutung auch noch Bestand, wenn die Mannschaft vorher schon eine halbe Tonne weggekifft hat? Wussten die überhaupt noch, dass sie ein Schiff sind? Und warum sollte man überhaupt mit einer so großen

Menge Cannabis an Bord noch irgendwo anlanden wollen? Ja, das sind die Fangfragen, die sich ein nicht kiffender Drogenfahnder natürlich nicht stellt.

29.06.2014
Ceci n'est pas une PiP*!
Da das Land mit der weltweit größten Dichte an Oben-Ohne-Bars auf keinen Fall Bilder von entblößten Frauenbrüsten in ihren Medien duldet, haben sich die usamerikanischen Mitstreiterinnen der Femen-Bewegung einfach am heimischen Computer Brustwarzenbilder auf kleine Stofflappen gedruckt und sich daraus täuschend echte Bikini-Oberteile genäht. Diese tragen sie nun bei ihren politischen Aufklärungsaktionen, um die so künstlerisch aufgewerteten "*Waffen einer Frau*" in jede schussbereite Kamera halten. Denn so bekommt man ja Aufmerksamkeit für die Darstellung komplexer politischer Sachverhalte, die man sich mit einem Fettstift auf die blanke Haut schreibt.
Aber dank der Kunstdrucke dürfen die Titten nun in Fernsehen und anderen asozialen Medien gezeigt werden, denn ein Brustbilddruck auf einem Bikini ist ja nur eine Abbildung von einer Titte, aber nicht wirklich die Titte selbst, weswegen dass dann in Bildmedien ... momentemal, die Medien zeigen doch auch nur Abbilder der Realität und nicht Realität im Sinne Matissens. Dann ist das ja ein Bild im Bild (*Picture in Picture). Ganz schön verwirrender Mix aus scheinheiliger Prüderie und moderner Kunstkritik. Da zieh ich mir lieber mal was an ... obenrum!

30.06.2014
Verwirrspiele
Saudi-König Abdallah, selbst und seit jeher wegen toleranter Staatsführung und aufgeklärter Menschenfreundlichkeit aber sowas von unverdächtig ein islamischer Extremist zu sein, kündigte in seiner Ansprache zu Beginn des Ramadan einen entschlossenen Kampf gegen den islamischen Extremismus an, denn "*wir werden nicht zulassen, dass eine Handvoll Terroristen, die den Islam zu ihren persönlichen Zwecken missbrauchen, die Muslime terrorisieren*" und "*... mit der Hilfe Allahs werde der Staat die Plage bekämpfen*". Ja, "*irregeleitet durch falsche Appelle würden einige Muslime Reform und Terrorismus verwechseln*", fügte er noch hinzu.

Und jetzt muss ich gestehen, dass ich ähnlich verwirrt bin wie bei einer Vertragsverhandlung vor Jahren, bei der ein vorwitziger Jurist mit copy and paste Produzenten und Lieferanten wahllos vertauschte und so aus einem eigentlich klaren Text eine völlig verwirrende Sachlage konstruiert hat, bei der zuletzt dem Produzenten vom Produzenten zugesichert wurde, eine Produktion zu produzieren. Da half auch keine salvatorische Klausel, die beiden Produzenten auferlegte, im Fall der Ungültigkeit eines Paragrafen alle *"unzumutbaren Schritte"* zu unternehmen, um die schadhafte Formulierung durch eine sinnvolle zu ersetzen. Aber was soll's, sowas gibt es ja in den heiligen Schriften auch nicht - so eine Rettungsklausel für danebengegangene Suren und Psalmen!

JULI

01.07.2014

Unterhaltskünstler

Der Puppenspieler von Mexiko bringt's nicht mehr, also finanziell gesehen. Ein Blanco-Scheck ist nichts mehr wert, egal welchen Kleinbetrag man darauf einträgt. Denn der Roberto hat geschafft, wovon Michael Jackson nur geträumt hat: er ist jetzt blank! Ja, sogar per Haftbefehl wird der gut in den Vierviertelviertel integrierte Neudeutsche mit kubanischen Pigmentationshintergrund mittlerweile gesucht, weil der selbsternannte Alleinunterhalter seiner früheren Frau Mireille seit Jahren - na klar - den Unterhalt schuldet. Stattdessen hat das Ehrenmitglied der CSU (von den Parteibayern in selbstentblößender Weise für sein *künstlerisches Werk* "Heute so, Morgen so!" ausgezeichnet) seine neue Frau Luzandra angewiesen, seiner Exmireille jeden Monat 250€ zu überweisen, also den Betrag, den er selbst nach vierzig Jahren Ehe und acht Jahren Scheidung als Schmerzensgeld für angemessen hält.

Ja, Ein bisschen Spaß muss sein! Aber was die Exfrau angeht, eben nur ein ganz klein bisschen. Was man denn so für 250 Öcken im Monat an Spaß kriegt!

02.07.2014

Flächenwahn

Dass gewisse Greise mit Hilfe autohypnotischer Meditationstechniken an der Wiedereinführung des 12. Jahrhunderts auch außerhalb ihres Gehirns arbeiten, sorgt ja schon seit längerem für die eine oder andere Gleichgewichtsstörung auf der Achse des Blöden, aber selten wurde dieser Plan so konkret wie bei Abu Bakr al-Baghdadi.

Der unter seinem eigenen Oberbefehl leidende Führer der im Irak marodierenden Aberglaubenskasper hat doch jetzt tatsächlich mal vorab eine Landkarte seines geplanten Feldzugs zur Wiedervereinigung seines islamischen

Khalifats in den Grenzen von 2020 vorgelegt, die sich erstaunlich mit den Grenzen eines früheren Reichs aus dem 12. Jahrhundert decken - aber nicht mit seinem Kampagnentitel Islamischer Staat in Irak und Syrien. Eigentlich müsste es ja heißen ISISKAOQKHYHAMA - Islamischer Staat in Irak Syrien Kurdistan Anatolien Orobpa Qoqaz Khurasan Hijaz Yaman Habasha Alkinana Maghreb und Andalus. Und auch wenn er und seine Blutschergen dieses Ziel nie erreichen werden, mit dem vollständigen Titel schaffte er es aber vielleicht mal zu Stefan Raab in eine Casting-Show. Oder nach Wales!

03.07.2014

De smarte Piet

In einem Urteilsspruch über den kinderlieben Rassistenführer *Sinterklaas*, in Deutschland bekannt als "der Nikolaus", hat jetzt ein holländisches Gericht endlich mal hochamtlich festgestellt, dass die traditionelle Verkleidung und Schminke seiner Helfer als *"eine negative Stereotypisierung des schwarzen Menschen darstellt."* Der Prozess galt Amsterdams Stadtpräsident Eberhard van der Laan, der die jährliche Nikolausparade trotz der Proteste vieler farbiger Ureinwohner unseres flachen Nachbarstaats und der die restlichen Holländer empörenden Ermahnung durch den Rassismus-Ausschuss der UNO (*"Rückkehr zur Sklaverei!"*) in seiner traditionell farbenverachtenden Form weiter marschieren lassen wollte. Jetzt hat er dank des Sommerlochs und mit Hilfe der Richter sechs Wochen Zeit auf die äußerst naheliegende Idee zu kommen, aus "De zwarte Piet" (dicke roten Lippen, dumm, Knecht) einfach "De smarte Piet" (dicke rote Lippen, schlau, selbstständiger Dienstleister) zu machen. Ja, wer hat ihn denn dann, den schwarzen Peter?

04.07.2014

Final de Viertel

So langsam sammelt sich in Frankreichs Hintergrund ein spontaner Aufschrei, denn die sozialistische Regierung hat soeben ein Dekret erlassen, dass Arbeitgebern in Zukunft ermöglicht, ihren Mitarbeitern das Trinken am Arbeitsplatz auch ohne Hinweis auf spezielle Gefahren (Schrottpresse, Stanzmaschine, Moulin Rouge) zu untersagen.

Mais oui, c'est la prohibition! Ein Bruch in Frankreichs Kulturgeschichte, sah doch die Arbeitsgesetzgebung bisher Wein, Bier, Cidre und Birnenmost nicht als alkoholische Getränke, sondern als gesetzlich geschützte Grundnahrungsmittel des französischen Arbeitnehmers an, wenn nicht gar als notwendige Hilfsmittel um den mit vom arbeitsscheuen Franzmann ja eh kaum nüchtern zu ertragenden Pflichten vollgepumpten Arbeitstag halbwegs zu überleben.

Und jetzt ist Schluss mit dem Viertelchen Rotwein am Arbeitsplatz. Und das ausgerechnet an dem Tag, an dem die Equipe Tricolore (Les Bleues?! Ou sont les autres coleurs?) im Viertelfinale der Fußball-und-Trinker-WM gegen die deutsche Rationalmannschaft mit ihrem stets nüchternen Trainerteam ausgeschieden wird. Merde la vie!

05.07.2014

Rückwärtsgang

Wie man sich den wirklich wichtigen Themen seines Landes annimmt und seinen eigenen Quarkschädel bis ins letzte Glied durchregiert, das hat der zu unrecht vom Wahn und der Justiz verfolgte Stiefvater aller Türken (Geknattatürk) jetzt mal dem jungen Nachwuchsfußballer Berk Yildiz in Bezug auf die unter Fußballern doch sehr beliebten Tattoos klargemacht: *"Was soll das? Warum verletzt Du deinen Körper?"*

Der Nachwuchskicker solle das lieber lassen und sich diesbezüglich *"nicht von Ausländern reinlegen lassen!" (häh?)*, denn davon kriegt man außerdem Herpes, Hautkrebs, Präsidententadel und Islamverbot. Denn wie jeder gut durchdachte Demokratiedarsteller verbietet auch seine Religion von Welt die Selbstverstümmelung des eigenen Körpers (Achtung Ausnahme: Spontantätuwierung durch Sprengstoffgürtel!). Pflichtschuldig versprach Yildiz sich das Tattoo wieder entfernen zu lassen. Wie er die Verstümmelung seiner Seele wieder rückgängig machen kann, bleibt offen.

06.07.2014

Armut aus dem Drucker

Dass die als online-Journalismus getarnte Internetlinkerei Huffpost ihre Inhalte zum großen Teil aus anderen bereits gut verlinkten Nachrichtenportalen zusammenkleistert - geschenkt-, aber so ohne jeden eigenen Gedanken einen Artikel zu den neuesten Errungenschaften der 3D-Druck- und Web-technik unter der Rubrik *"Good"* zu verbreiten, hat doch mit dem klassischen Verständnis von Journalismus recht wenig zu tun. Mag sein, dass es technisch gesehen toll ist, wenn man sich in naher Zukunft über Nacht neue Schuhe oder Klamotten ausdrucken kann, doch den Artikel mit „*Ade H&M* und *Tschüss Primark*" zu überschreiben, und sich dann darüber zu freuen, dass die eigene Kleidung nicht mehr zum Konsumenten transportiert werden muss, zeigt wenig Mitgefühl für die Armen der Welt. Aber gut, auf dem Niveau und bei der Bezahlung können ja dann Millionen von arbeitslosen Näherinnen direkt nach Eintreffen der Zukunft als online-Redakteure bei wem arbeiten? Richtig!

07.07.2014
Blick dicht!
Wahrscheinlich motiviert durch den finanziellen Erfolg anderer Schmuddelge-ständnisse hat Gewohnheitsaustralierin und Hobbytrinkerin *Gwyneth Monte-negro* aus ihren fünfzehn Jahren als Escort-Gör auch mal ein Buch gemacht, in dem sie nicht nur Sex mit über zehntausend Männern gesteht, sondern auch beklagt, dass *"ihr die Arbeit nie Spaß gemacht hätte"*; weswegen sie meist betrunken auf Maloche erschien und *"sich dann einfach vorgestellt habe, dass sie mit jemand anderem schlafe"* (Häh? Kumpel, Presslufthammer, anderer Flöz?).
Und natürlich ist es ihr Anliegen jungen Mädchen, die auch mit leicht verdientem Geld und einer eigenen Drogenkarriere dummäugeln, vor den fünfzig Schattenseiten der Branche zu warnen. Und weil sich Sex noch besser verkauft, wenn man ihn mit Sex verkauft, glänzt die Promotion zu ihrem Schinken *10000 Men and Counting!* mit jeder Menge Fotos der drallen Blondine mit Textilallergie.
Alles in Allem also genau jener verruchte Stoff, mit dem die Chefredaktion des Schweizer *blick* gerne mal Leserbindung und Formulierungsschabernack treibt. So hängt Gwyneth, die sich nicht mehr nageln lassen will, *ihren Job an den Nagel*! Oder die alte Stricherin *zieht einen Schlussstrich*! Klar auch, dass die armen Schlucker aus dem Schweizer Schreibstübli sich über die 1000 Dollar Stundenlohn fürs Schlucken wundern. Aber der Knaller ist ihr einleitender Kommentar zur schieren Anzahl ihrer Kunden: *"Das muss ihr erst*

einmal jemand nachmachen!"

Nee, eben nicht, liebe Journalisten, eben nicht!

08.07.2014

same same but different

Wie hart der Zweikampf um den Weltmeistertitel tatsächlich gekämpft wird und wie eng es dabei am Ende zu geht; dass es da nur um winzige Details geht - das sieht man gut an den Werbeslogans der beiden Topfavoriten. Während *adidas* mit seinem "All in or nothing" einer Mischung aus Pokerfachbegriff und Floskel an den Start geht, zielt der Konkurrent *Nike* mit ihrem plump lächelnden "Riskiere Alles!" in direkter Sprache auf die Fresse der Sportartikelkonsumenten. Wenn man aber die Botschaft dahinter vergleicht, ist es eigentlich genau dasselbe. Und das ist ja letztlich nur konsequent, denn schließlich kommen die Klamotten und Schuhe auch aus denselben Fabriken in Bangladesh und Rumänien. Fehlen nur noch *asics* mit einem klaren "Sekt oder Selters!" oder *Puma* ganz fußballaffin mit einem "Tor 1, 2 oder 3!"

09.07.2014

Späte Rache

In *Oskar Niemayrs* Stadt gewordenen Geländeversuch Brasilia spielte sich im Dezember 1987 anlässlich eines Freundschaftsspiels zwischen Brasilien und Deutschland folgende Szene ab: in der 82sten Minute wird ein fast vergessener deutscher Fußballspieler kurz nach seiner Einwechslung vom Stadionsprecher mit Namen vorgestellt - und das ganze Stadion bricht lachend zusammen. Da weiß der arme *Franco Foda* noch nicht, dass sein Name auf Portugiesisch *"Ficken umsonst"* bedeutet.

Damals saß der Freiburger Zweitligaspieler Joachim Löw mit vor Wut geballter Faust und von soviel fieser Häme der Brasilianer entsetzt vor dem Fernseher und schwört Rache für den Kollegen. Eines Tages werde er es den Zuckerhütchenspielern schon heimzahlen; einfach einen braven Nationalkicker wie den Foda auslachen - das geht mal gar nicht. Und siehe da, nach 27 Jahren akribischer Vorbereitung und nutzloser logopädischer Sitzungen erfüllt sich sein perfider Racheplan. Mit 7:1 schlägt seine Mannschaft den Gastgeber der Weltmeisterschaft im Halbfinale, und sein greiser Stürmer Miro

Klose entreißt dem „Fenomeno" Ronaldo den ersten Platz auf der Ewig-bestenliste der WM-Torjäger. Ja, so sieht Ficken umsonst in Wirklichkeit aus. Und wer lacht jetzt?

10.07.2014

Notbremse

So manch ein fußballverrückter Werbefachmann von eigenen Gnaden hat sich in den letzten Tagen heftig in den Schlaf weinen müssen, und alle wegen derselben blöden Idee: 10% Rabatt auf alles für jedes Tor der deutschen Nationalmannschaft gegen Brasilien. Mit dem erhofften Effekt, dass Tags drauf die Läden voller sparwütiger Kunden waren, und die Regale am Abend leer. Blöderweise entwickelt sich jedes mit 70% Nachlass verkaufte Produkt zu einem kaufmännischen Fiasko. Und da weiß man als Verantwortlicher für eine solch eigentorlastige Verkaufsförderungsaktion schon vor dem Fernseher nicht, wie man sich zwischen der 23sten und 29sten Minute gefühlt hat. Immerhin, der Autoteilehändler *kfzteile24.de* ist seinen Kunden aber grad noch mal so von der Schippe gesprungen, denn da hatten sie nicht nur die Idee zum 5%igen Rabatt für jedes Tor von Klose & Co, sondern in der Nacht auch noch den rettenden Einfall, schnell noch alle Preise auf der Webseite raufzusetzen! Normal gäbe das ja jetzt eine Rote Karte, aber so wie die Schiedsrichter bei dieser WM pfeifen ...

11.07.2014

Die Welt zu Gast bei Freunden

Was sich 2006 als ziemlich rühriger Slogan für das Sommermärchen bewährt hat, hat sich offensichtlich als Gesinnung bis heute in den Stuben und Katakomben der deutschen Geheimdienste gehalten. Und das passt so wenig zusammen wie die Worte offensichtlich und Geheimdienst in einem Satz. Oder Spionage und Freundschaft. Andererseits ist es ziemlich dumm, bei Freunden durchs Dachfenster einzusteigen, wenn die eh schon mit einem Begrüßungscocktail und einem Aktenkoffer voller Geheiminformationen an Tür auf Dich warten.

Vielleicht sollte unser aller Mutti dem Obama mal persönlich einen Sammelband der entlarvenden MAD-Cartoonserie *Spy vs. Spy* überreichen, um den

Amis die unsinnige Überflüssigkeit ihrer geistigen Fassadenkletterei vor Augen zu führen. Und wenn sie schlau ist, trägt sie bei dem Treffen mal ein graues Kostüm (die "Frau in Grau"). Aber wahrscheinlich nützt das dann auch nichts, weil die Amis zur Zeit bei MAD nur an *Militärischer Abschirmdienst* denken können.

12.07.2014

Märtyrervorschuss

Schon Napoleon und Hitler hatten bei ihren Welteroberungsfeldzügen vor allem Probleme mit dem Nachschub und der Truppenbetreuung durch den Troß. Wo der kurze Franzose trotz *Code Civil* bei den nicht immer ganz freiwilligen Fiesematenten (Zeltbesuchen) eroberten Weibsvolks noch zwei Augen zudrückte, ließ der österreichische Immigrant gleich flächendeckend Wehrmachtsbordelle zur Entsaftung der eigenen Landser einrichten - denn nicht nur mit leerem Kopf, auch mit leerem Sack schießt's sich besser!

Bei den ISIS-Kämpfern gestaltet sich das Problem hingegen auch als religiöse Zwickmühle. Um irgendwie halbwegs aus den Verschlingungen aus ach so strengem Glauben und den Untenrumbedürfnissen ihrer Raubmörderschärgen herauszukommen, hat die ISIS-Führung nun alle gläubigen Sunniten in den eroberten Wüstenstrichen unter Androhung der vollen Härte des gebeugten islamischen Rechts freundlich gebeten, ihre unverheirateten und möglichst noch nicht beschädigten Töchter beim nächsten Terrorkämpferpuff abzugeben; und das kommt mir jetzt schon so vor, als würde sich da bei einigen zukünftigen Märtyrern eine gewisse Ungeduld breit machen, wenn nicht sogar ein leiser Zweifel, ob das mit dem Jungfrauen nach dem Tod noch so richtig was wird.

13.07.2014

Gott mit uns!

Wie es scheint, ist die deutsche Rationalmannschaft schon vor dem Endspiel entscheidend ins Hintertreffen geraten. Nicht nur das unser *"Wir sind Papst"*-Papst im Gegensatz zur bisherigen Tradition, im Amt der Demenz anheim zu fallen, letztes Jahr freiwillig in Rente gegangen ist, nein, er wird auch nicht am Stellvertreterkrieg mit seinem argentinischen Nachfolger vor dem vatikanischen Fernseher teilnehmen. Woran es liegt? Stimmen Sie ab:

1) Glaubt Benedikt nicht an den Fußballgott?

2) Muss er um die Uhrzeit schon längst im Bett sein?

Oder 3) Hat er schlicht vergessen, dass sich unser aller und vor allem Philip Lahms Schicksal (*"Mein Lebenswerk wäre vollendet"*) heute entscheidet und dringend göttlicher Stellvertreterbeistand benötigt wird?

Nachtrag in der Nacht: Tanz um das Goldene Pokalb, Götzenverehrung, weltmeisterliche Ausschweifung und wahrscheinlich auch jede Menge vorehelicher Vereinigungen - eigentlich ganz logisch, dass sowohl Benedikt als auch Franziskus eine gewisse professionelle Distanz wahren möchten.

14.07.2014

Emanzipationserfolge

Die Church of England, einstmals von Heinrich dem Achten eigens zu dem Zweck gegründet, seine kalten Scheidungen zu tolerieren und wegen ihrer schlaffen Haltung immer wieder mal auf die Schippe genommener Separatistenklub (Eddie Izzard: *"So many people with no muscles in their arms!"*) rückt wieder ein Stück weiter von ihrem katholischen Ursprung ab: knapp 20 Jahre nach der Erlaubnis, auch Frauen ins Priesteramt zu ordinieren, haben die Gremien der anglikanischen Betkumpelei die Wahl von Glaubensgenossinnen in ein Bischofamt mit großer Mehrheit genehmigt. Und wenn man Emanzipation jenseits der Aufklärungsgrenze als Erfolg für die holde Weiblichkeit werten mag, dann kann man das in diesen Belang guten Gewissens tun.

Dass Frauen aber auch wirklich im seelisch-psychischen Bereich zu außergewöhnlichen Sonderleistungen fähig sind, das beweist die 26jährige Afton Burton, die den vor 45 Jahren zu lebenslanger Haft verurteilten Serienmörder und "Teufel von Kalifornien" Charles Manson hinter Gittern heiraten möchte - auch wenn ihr Vater aus religiösen Gründen strikt dagegen ist.

15.07.2014

Vorsprung durch Technik

Der gut geheimdienstlich gesicherten Informationen zu Folge zum Pentagon gehörende und mit 2,3 Milliarden Dollar alimentierte Rüstungsforschungsringelpitz namens DAPRA hat ein kurzes Video veröffentlicht, auf dem man den Effekt eines Echtzeitleitsystems sehen kann, das eine Gewehrkugel vom bei Scharschützen beliebten Kaliber 50 mittels lasergesteuerter Zielerfassung und winziger Leitflügel auch krumm und schepp umherfliegen lassen kann, bis sie ihr fliehendes Ziel doch noch erreicht. Also eine Kugel, die man aus jedem besseren Gewehr abfeuern kann und die dann wie eine zeigefingergroße Cruise Missile automatisch die Verfolgung ihres Opfers aufnimmt - und immer trifft. Also ungefähr so:

Man schießt aus gegebenen Anlass von Kiew aus Richtung Moskau, die Kugel komm dann irgendwie hinter der weißrussischen Grenze runter, schafft sich per Autostop und auf Güterzügen Richtung Moskau, nimmt für die letzten 20 Kilometer ein Taxi, checkt noch mal kurz sein eingebautes Navi, robbt sich dann über den Roten Platz bis zum Kreml, schleppt sich mit letzter Kraft in Zar Gasputins Arbeitszimmer, wirft sich dort in ein Glas Mineralwasser, löst sich in Reaktion mit der Kohlensäure auf und bildet ein unwiderstehliches farb-, geruch- und geschmackloses Giftgebräu, lässt sich vom Blattersepp der russischen Gegenwartspolitik austrinken und erledigt so wie geplant und gezielt sein Opfer.

Steht quasi so oder so ähnlich in der Online-Zeitung. Und wie es das Schicksal der werbefinanzierten Internetpostillen nun mal will, steht direkt daneben eine Bildanzeige für den ebenfalls technisch sehr ausgereiften Intimduschkopf *"Orchidee"* mit einer Reichweite von 20 Zentimetern. Mit 50% Rabatt! Und auch der trifft ins Schwarze, aber nur wenn es das bewegliche Ziel auch will!

16.07.2014
Nomen est Pech
Das Blödenamenkarussell des Schicksals hat wieder zugeschlagen! *Beate "Die Glückliche" Zschäpe*, ihres Unzeichens rechtsextreme Nazi-Terroristin mit dem nach Jahren immer noch erstaunlich beharrlichen Beinamen "mutmaßlich", beschleicht dem Anschein nach so langsam das Gefühl, ihre seit fast drei Jahren eingearbeitete Verteidigung für den Prozess vor dem Oberlandesgericht München könnte sich zu ihrem persönlichen Nürnberg entwickeln. Kurzentschlossen entlässt sie ihre drei Anwälte mit den irgendwie possierlich in den Kontext passenden Namen *Heer, Stahl* und *Sturm*. Und

wenn sie sich jetzt weiter an ihr großes Vorbild hält, dann müssten ihre nächsten Rechtsverwerter ja *Wunderwaffe*, *Endsieg* und *Zyankali* heißen.

17.07.2014

Schnellmerker

Als Bluter läuft man ja eher nicht mit nackten Füßen über Glasscherben. Man steigt auch nicht mit blutenden Füßen in eine Bucht voller hungriger Haie. Und man baut auch aus seinem Rennwagen vor dem großen Preis von Monaco nicht das Bremssystem aus. Alles Handlungen mit voraussehbaren Folgen, die man als halbwegs vernunftbegabter Einzelgänger irgendwie sein lässt. Um wie viel schlauer müsste eigentlich ein Gruppe von gut ausgebildeten Menschen sein? Und um die dämliche Frage auch gleich zu beantworten: offensichtlich reicht es nicht, um den Luftraum über einem Kriegsgebiet für Passagiermaschinen zu sperren. Da muss man erst mal abwarten, bis irgendeiner einen Flieger abschießt, damit irgendein anderer vom rettenden Einfall übermannt wird: *"Komm, wir leiten die Flugzeuge jetzt einfach mal um, bis die Trottel in der Ukraine wieder bei Verstand sind!"*
Eine tolle Idee! Ja, eine geradezu unfassbar gute Idee! Hätt man nur was früher drauf kommen sollen. Aber wie ich in meiner Warnung zur *Achse des Blöden* schon geschrieben habe: Die meisten sind Opfer der grenzenlosen Dummheit anderer.

18.07.2014

Tote Hose

Ein langer Stadtspaziergang am ersten richtig warmen Sommertag bringt einen ja auf Gedanken, zum Beispiel: Wenn wir wie die in Russland jetzt auch so ein Reizwäscheverbot hätten, dann hätten die Mädchen eigentlich gar nichts mehr an. Aber was soll's, nicht nur dass ein Drittel aller Männern laut einer Umfrage schon mal einen Orgasmus vorgetäuscht haben, es ist außerdem viel zu heiß für Sex. Also lieber ein paar unpassende Nachrichten zum Thema in die Tastatur semmeln.
Ein Anwalt wettert gegen den Zuckerklumpenkochfabrik *Nestlé*, weil das Motiv auf einem Kinderriegel seiner Meinung nach eindeutig einen erigierten Penis zeigt. *Nestlé* hält dagegen, dass ihr bekanntes Kinderpony, das soge-

nannte *Milkybar Kid's Horse*, von oben nun mal wie ein gebogener Schwengel aussehe, aber nichts dafür könne. Konkreter hat es die japanische Künstlerin *Megumi Igarashi* da gemacht. Aus den 3D-Daten ihrer Muschi hat sie sich für ihr "Pussy-Boot" eine Kanuhaube anfertigen lassen und ist damit nun schnurstracks in den Knast gepaddelt, weil sie ihr *"Kunstprojekt"* durch den Verkauf ihrer Dosendaten an willige Sponsoren finanziert hat.

Was man sonst noch so an einem heißen Tag und mit schlechten Engelstaub anfangen kann, hat Northstar-Rapper *Christ Bearer* vorgemacht: erst hat er sich sein bestes Stück abgeschnitten, dann ist er zügig aus dem zweiten Stock gesprungen. Ein paar Tage und Morphiumumdrehungen später nimmt er es mit Humor: *"Ich bin Gott! Ich brauche keinen Penis!"*

Und ehrlich, bei allem was ich bisher so über diesen Gott gehört habe, hat er damit völlig Recht! Aber ein bisschen Heiliger Geist soll ja hilfreich sein!

19.07.2014

Gleiches Pech für Alle!

Wenn einer beim Fußball ein Eigentor (engl. Fachbegriff: own goal) schießt, könnte man es doch eigentlich auch Selfie nennen. Umgekehrt kann ja aus so manchem Selfie auch ein Eigentor werden, wenn nicht gar eine Serie von Eigentoren. So muss sich jetzt ein amerikanischer Teenager wegen Erstellung und Verbreitung von Kinderpornografie verantworten, weil er seiner 15-jährigen Freundin Nacktbilder von seiner erigierten Adonität gesmartphoned hat. Dieser Wink mit der Latte war der Mutter der Angebetelten eindeutig ein Dorn im Auge, weswegen sie den hormonbefeuerten Nachwuchspornografen bei der Staatsanwaltschaft verpetzte; und nun fiebert sie kräftig mit, ob der Digitalromeo die Höchststrafe von 4 Jahren aufgebrummt bekommt.

Woran aber Madame Sogehtdasabernicht leider nicht gedacht hat, war, dass ihre 15jährige Julia ebenfalls Nacktselfies von ihren für den Angeklagten relevanten Körperstellen gemacht und zurückgeschickt hat - wie die Ermittler nun dank ihrer Mutter rausgefunden haben. Wenn also das Prinzip der Gleichberechtigung von Teenager und Teenagerin greift, dann geht es jetzt auch für ihre Kleine um die nächsten 4 Jahre ihres Lebens.

Die im Text aufbewahrten Eigentore könnt Ihr selber zählen!

20.07.2014

Entwicklungshilfe für schlecht entwickelte Helfer!

Wie sinnvoll und hilfreich die verschiedenen Projekte der Entwicklungshilfe in Afrika tatsächlich sind, wird nach gängiger Praxis von den verantwortlichen Entwicklungshelfern selbst bescheinigt. Was so mancher der Betroffenen dieser *"Ich helf Dir, ob Du willst oder nicht, weil ich verdien damit ja auch mein Geld"*-Mentalität von einigen dieser Projekte und den Protoexemplaren der Gattung Weltverbesserwisser hält, zeigt jetzt die kenianische Comedyserie "The Samaritans", die uns in bester Stromberg-Manier in den Büroalltag des freilich total erfundenen und mit keiner lebenden Hilfsorganisation vergleichbaren Selbstbehauptungsklubs "AidforAid" entführt. Und da bin ich doch sehr glücklich berührt, dass der Kenianerer uns auch mal seine Sicht auf die Achse des Blöden mitteilt - und ich von Herzen mitlachen darf. Ich wünsche den Produzenten viele Folgen und jede Menge Lizenzgeschäfte in den ersten zwei Welten.

21.07.2014

Der gute Wille zählt

Da gab es diesen einen seltsamen Moment während der Fußballweltmeisterschaft, als der gemeine deutsche Fußballfan beim Stand von 5:0 plötzlich von aller Gemeinheit abfiel und dem brasilianischem Volk aus tiefsten Herzen wünschte, dass es nicht noch schlimmer käme. Wir hätten gerne unsere Hilfe angeboten, ja, wir hätten der Selecao in der Pause sogar zwei drei unserer Spieler geliehen, damit das Desaster sich irgendwie noch in Grenzen gehalten hätte.

Ungefähr so kommt sich wohl grade auch die OIC vor, die Organisation für islamische Zusammenarbeit, angesichts der mörderischen Ultimaten, die den wenigen verbliebenen Christen im Nordirak von den ISIS-Schlächtern freitags unterbreitet werden: Entweder bis Samstag Nachmittag zum Islam zu konvertieren (scheint ja keine große Vorbereitung zu erfordern) oder sich schnellst möglich aus Allahs eigenem Sandkasten zu verpissen.

Das aber, findet die OIC, sei dann doch ein inakzeptables Verbrechen der Djihadisten, das *"nichts mit dem Islam und dessen Prinzipien der Toleranz und des Zusammenlebens zu tun hat!"* Und die Organisation macht das, was wir vor dem Fernseher nicht konnten; sie bietet den vertriebenen Christen

Hilfe an, bis sie wieder in ihre Häuser zurückkehren können. Ja, da kann dann die OIC doch mehr bewirken als der DFB.

22.07.2014

Take Lenin and Putin Stalin

Immer nur an seinem Regierungsstil rummäkeln lassen, macht ja auch keinen Spaß. Und wenn man schon dem Ausland nicht das Maul stopfen kann, dann doch wenigstens dem eigenen Volk. Davon abgesehen, dass Kundgebungen gegen Gasputins Politik schon seit einiger Zeit sowieso nicht mehr genehmigt werden, hat die Duma auf Geheiß ihres geliebten Führers heute eine Novelle des Versammlungsrechts in Kraft getreten, die für das wiederholte Abhalten nicht genehmer Versammlungen Strafen bis zu fünf Jahren Arbeitslager vorsieht. Was die eigene Meinung über das Neozarenpack und deren Machenschaften im Oppositionsfall von einer Ordnungswidrigkeit zu einem strafrechtlich relevanten Delikt veredelt. Ein gesellschaftspolitischer Fortschritt, der das von Gorbatchov für ein paar kurze Jahre befreite russische Volk direkt wieder in das Jahr 1918 versenkt. Wenn Vladizar so weitermacht, ist Russland bald so rein von Demokratie, dass man auch mit der Lupe keine Reste mehr erkennen kann - noch nicht mal, wenn man Gerhard S. aus H. ist.

23.07.2014

Traumhausalbtraum

Was man für Sachen träumt, wenn man sich vorm Einschlafen noch eine Doku über mittlere- und fernöstliche Fantasiebauten reinzieht. Wie folgt: ein weltweit erfolgreicher Hersteller von Untenrum-Artikeln für die Damenwelt baut sich ein neues Bürohochhaus. Ein oben sanft abgerundeter Turm mit so spiralförmig umlaufenden Riefen drin. Dank ultramoderner Fassadentechnik quillt das Haus bei Regen so leicht auf. Über dem Haupteingang prangt die Inschrift: Dem Warmen Schönen Bluten! Auf Latein, versteht sich.

Und zehn Jahre später bringen dann islamistische Terroristen aus Hass gegen jede Art von Tamponwerbung das Hochhaus zum Einsturz, in dem sie sich vom Nachbarkeller aus unter dem Turm graben - und dann an der blauen Schnur ziehen!

24.07.2014

Vater des Jahres

Weil seine kleine Tochter unbedingt eine echte Prinzessin sein wollte und *Jeremiah Heaton* sie aber nicht zur Adoption bei irgendeinem verlausten von und zu Blaubluter abgeben mochte, setzte er sich stattdessen ans Internet und recherchierte solange, bis er einen passenden Streifen Niemandsland entdeckt hatte. Dass der jetzt genau zwischen Ägypten und dem Sudan liegt und eigentlich nur aus ein paar hundert Quadratkilometer Sand besteht, stört den Prinzessinnenvater nicht. Er startet einen Ausflug ins unbewohnte *Bir Tawil*, macht ein Selfie samt Prinzessin und selbstgenähter Landesflagge und ruft dort mit seiner Tochter das Königreich Nordsudan aus.

Einen geeigneten Büroraum für die Botschaft seines Königreichs habe er in Washington schon gemietet, jetzt geht's aber erst noch juristisch ans Eingemachte: er muss beweisen, dass niemand sonst den Sand beansprucht und den Wüstenstreifen dauerhaft bevölkern. Und auch wenn die Pläne der Königsfamilie, Bir Tawil in eine blühende Oase zu verwandeln, an Geldmangel scheitern und ihm das Königreich wieder aberkannt wird, eins hat der Vater auf jeden Fall: die vielleicht glücklichste, siebenjährige Tochter der Welt!

25.07.2014

Warum ist die Banane dumm?

Dass bei der Aufarbeitung der Geschichte so mancher Stockfehler unterläuft, liegt häufig schon daran, dass Geschichte zwar immer von Siegern geschrieben wird, aber in nicht allen Ländern der Welt der Überlegene auch immer der Gewinner bleibt. Die mit an Sicherheit angrenzender Wahrscheinlichkeit total unschuldige Firma *Chiquita* zum Beispiel sollte nun von den Opfern der kolumbianischen Paramilitärs, die bis in die Nuller Jahre Seite an Seite mit der Armee im Auftrag der Großgrundbesitzer eben auch zahlreiche Bananenplantagen gegen die linke Guerilla verteidigt hatten, in Florida auf Schmerzensgeld verklagt werden. *Chiquita* hatte auch vor zehn Jahren schon zugegeben, *"die Paramilitärs der AUC finanziell unterstützt zu haben"*, allerdings nicht so freiwillig, wie die Kläger nun weiß machen wollen. Man sei doch eher durch Geiselnahme großer Bananenbestände um die finanzielle Zuwendung erpresst worden.

Lustigerweise erklärte nun das Gericht in Florida, der Fall unterliege aber gar nicht der amerikanischen Rechtsprechung. Was *Chiquita* wahrscheinlich in Sachen Schadensersatz und Schmerzensgeld zunächst erfreut haben dürfte. Allerdings stellt sich dann die Frage, warum der Bananenhändler wegen genau dieses Falls schon 2007 eine Strafe von 25 Millionen Dollar an das US-Justizministerium zahlen musste, wenn die usamerikanische Rechtsprechung plötzlich überhaupt nicht zuständig ist. Ja, meine lieben Bananenmanager, darüber noch mal in einer stillen Minute nachdenken, gell!

26.07.2014

Verursacherprinzip

Nicht mal einen Tag nach dem Beschluss des Bremer Senats, den Veranstaltern von Großsportveranstaltungen in Zukunft die durch zusätzliche Polizeieinsätze entstehen-den Kosten in Rechnung zu stellen, verlegt der DFB das anberaumte EM-Qualifikationsspiel der Weltmeister gegen Gibraltar von Bremen nach Nürnberg. Der Verein Werder Bremen und seine Stadionbetriebsgesellschaft verlieren dadurch etwas mehr als eine halbe Million Euro Überschuss und die Bremer Hotellerie hat nun um den 14.11. herum die 12 Zimmer der Affenfelsenbriten frei.

Eigentlich müsste der Bremer Senat sich jetzt freuen, denn es entstehen der Polizei ja keine zusätzlichen Kosten mehr; aber nein, wie man es macht, isses verkehrt: nun schimpfen sie auf den DFB, faseln was von Revanchefoul zu Lasten der Bremer Fußballfans und finden es unerhört, dass sich ein Fußballbund herausnimmt, den Entscheid eines demokratisch gewählten Politikergremiums auf diese Art und Weise zu unterlaufen. Und das ist schon ein bisschen so, wie wenn ich jemandem ein Eis aus der Hand klaue und mich dann bei ihm beschwere, dass ich gegen Stracciatella allergisch bin!

Aber gut, irgendein Bremischer Gemischtwarenpolitiker wird schon *"die volle Verantwortung"* dafür übernehmen!

27.07.2014

Mehr Schein als Sein

Dass so ein Superheldenkostüm auch nichts nützt, wenn man die dazugehörige Gesinnung zu Hause im Schrank hängen lässt, hat jetzt ein 25 New Yorker unter Beweis gestellt. Nachdem er sich am Times Square im Spiderman-Ganzkörperkondom mit einer Touristin hat fotografieren lassen, zeigte er sich über das angebotene Honorar von einem Dollar so enttäuscht, dass die Cops einschreiten mussten. Mit dem Anspruch auf fünf Dollar Fotolizenzgebühr und im Gefühl der Unbesiegbarkeit als Spinnenmann schlug der Heldendarsteller den ersten Polizisten ein blaues Auge und einen klassischen Cut in Gesicht. Dann musste er sich der Überzahl ergeben. Jetzt sitzt der Spinner erst mal in der Zelle und erwartet eine Anklage wegen Angriffs auf einen Polizisten, Widerstand gegen die Staatsgewalt und - so wörtlich - wegen *"kriminellem Unfugs!"*

Die Touristin hingegen dürfte nun eines der denkwürdigsten Erinnerungsfotos mit einem Supertrottel haben. Und das für lau!

28.07.2014
Bewaffnende Logik

Auch montags kann die Welt ein schrecklicher Ort sein. Ein Schweizer erschießt seine thailändische Ehefrau und richtet sich dann kostensparenderweise selbst. Man vermutet psychische Probleme. Eine japanische Schülerin enthauptet ihre 15jährige Mitschülerin. Man vermutet eine problematische Psyche. Israels Militärs nehmen auf der Jagd nach den Abschussrampen und Raketenlagern der Hamas gewisse Streuverluste in Kauf. Die mutigen Krieger der Boko Haram suchen sich neue unbewaffnete Feinde nun im Nachbarland Kamerun. Auch auf den Philippinen schießen die Terroristen der – na, klar – islamistischen Abu Sayyaf mittlerweile bevorzugt auf andere Muslime.

Dass man aber in so einer unsicheren Welt voller Psyche und Problemen nicht unbewaffnet rumlaufen muss, dafür hat Bundesrichter *Frederik J. Scullin* zumindest für Washington D.C. mit seinem Urteil gesorgt: ab sofort dürfen die Bürger in der US-Hauptstadt dank des zweiten Verfassungszusatzes vom 15.12.1791 wieder "Steinschlossgewehre, einschüssige Pistolen, Säbel, Bajonette und analoge Kanonen" zur Selbstverteidigung mit sich herumtragen.

Da wird dann jetzt so manche Kneipenschlägerei wieder zu einem billigen Western werden. Wirklich clever, *Mister Scullin*, wirklich clever!

Ich vermute psychische Probleme ...

29.07.2014

Bitter, von trauriger Gestalt

Kann ein Tag schöner verziert sein als mit dem herzlichen Lachen einer Frau? Der Sach- und Lachfragen verantwortende türkische Vizeregierungschef und Kalauerkapitän *Bülent Arinc* hat zu vielen Themen seine eigene Meinung von Boss *Erdogan*, die er in seiner Eigenschaft als Regierungssprecher nicht für sich behalten möchte. Unter anderem liegt ihm sehr am Herzen, dass Frauen in der Öffentlichkeit in Zukunft *"nicht mehr laut lachen!"* Denn: *„Das verträgt sich nicht mit dem Wert der Tugendhaftigkeit!"*

Da sehe ich aber ein Problem von dilemmatoider Zwickmühlenhaftigkeit auf Freund *Arinc* zukommen, der sich dann auch in entscheiden muss, in Zukunft weder lachhaft, unfreiwillig komisch oder überhaupt öffentlich anwesend zu sein! Fernsehjournalistin *Banu Güven* rief schon mal vorsorglich zu wöchentlichen Lachkundgebungen ihrer Geschlechtsgenossinnen auf.

Übrigens: *"Fernsehsendungen führen zu einer Sexabhängigkeit junger Leute!"* Als wirksames Gegenmittel empfiehlt *Arinc* die Lektüre des Korans. Und da hat er Recht. Der weiß, was abtörnt! Wahlweise können sich junge Türken aber auch ein Poster von Arinc übers Bett hängen. Das dürfte eine vergleichbare Wirkung haben.

30.07.2014

Südwind

So ähnlich wie die alte Bonner Republik versucht auch Südkorea der Bevölkerung seines nördlichen Schurkenbruderstaats die Füllhornhaftigkeit des Kapitalismus schmackhaft zu machen. Wo uns aber noch Bananen und Gebrauchtwagen mit Lieferzeiten deutlich unter acht Jahren ausgereicht haben, muss der Südkoreaner zu süßeren Verführungskünsten greifen.

Nachdem ausgerechnet das professionelle Pfannkuchengesicht Kim Jong-Un den blühenden Schwarzhandel mit Schokokuchen per Erlass unterbunden hat, haben jetzt Aktivisten aus dem Süden 350 Kilo der verbotenen Schokobomben an hunderte von Ballons geknüpft und sie dann von Freund Wind über die Grenze tragen lassen.

Und das musste sogar einem Kim Jong-Unmenschen imponieren, auch wenn er sich nicht mehr an fröhliche Tage seiner Kindheit erinnern kann: denn wenn es je eine geträumte Version eines wirklich überzeugenden Angriffskriegs in den Köpfen von Kindern gegeben hat, dann handelt es sich sicher um ein solch flächendeckendes Bombardement mit edlen Leckerbissen! Ich sag nur: 99 Luftballons!

31.07.2014
No Gaucho No Cry
Wie die amerikanische Justiz bei nahezu jeder Gelegenheit die Pfründe ihrer Landsleute schützt, zeigt mal wieder die neueste Posse um weiterverhökerte Staatsanleihen des Pampastaats Argentinien.
Der Langzeitversuch der Gauchos, ihr Land binnen 87 Jahren von einem der reichsten Länder der Welt zu einem Drittweltland runter zu wirtschaften, endete in einer Staatspleite samt Schuldenschnitt und Gläubigerfrust. Viele von den enttäuschten Anleihebesitzern verramschten daraufhin ihre fast wertlosen Papiere an den nicht ohne Grund als Staatenfledderer bekannten Hedgefondsmufti *Paul Singer*, der jetzt nach 13 Jahren halbwegs akzeptabler Erholung der argentinischen Staatsfinanzen den damaligen Schuldenschnitt für unwirksam erklären lassen möchte und auf volle Rückzahlung drängt; verständlich, wenn man weiß, dass er damit eine Rendite von schlappen 1800% auf sein Investment erzielen würde.
Damit das auch klappt, hat er sich von einem Richter, der offensichtlich ein großer Fan der Staatsfinanzierung durch Spekulation ist, bestätigen lassen, dass seine Ansprüche rechtens und gefälligst vorrangig vor allen anderen, meist nicht usamerikanischen Gläubigern zu bedienen seien. Ob sich Argentinien allerdings nun kampflos ergeben wird, darf bezweifelt werden. Notfalls werden sie ihrem Volk frei nach dem Motto *"Argentinien weint nicht"* mal wieder eine Inflation von 1800% aufbürden, um den Schaden im Rahmen zu halten - mit dem Ergebnis, dass niemand mehr sein Geld zurückkriegt.
Na gut, ich geb's zu, ich hab ja keine Ahnung davon, aber irgendwie drängt sich mir doch so langsam der Verdacht auf, dass so Finanzfaschos wie Herr Singer eine ähnliche Pest sind wie Nazis, Djihadisten oder Kinderpornohändler.

AUGUST

01.08.2014

Beschädigte Ware

Die 21jährige *Pattharamon Janbua* vermietet aus Geldnot und auf Vermittlung einer Agentur in Bangkok ihren Uterus für 12000 Dollar an ein australisches Ehepaar. Und wie das Schicksal bei künstlich befruchteten Eizellen öfter mal so spielt, entwickeln sich in der Leihmutter Zwillinge. So weit so fortschrittlich. Dumm nur, dass die "Eltern" bei einer Routineuntersuchung mitkriegen, das einer der beiden Kinder an Trisomie21 und einem Herzfehler leidet. Sie verlangen eine Abtreibung, die aber *Pattharamon* aus religiösen Gründen nicht vornehmen möchte, mit dem Ergebnis, dass die Eltern der befruchteten Eizelle nach der Geburt nur das gesunde Kind vom Fortpflanzungsagenten abholen lassen. *Gammy*, der kranke Junge, darf bei seiner Leihmutter bleiben.

So richtig leid kann einem ja auch sein gesunder Bruder tun, der jetzt irgendwo im schönen Australien bei zwei verpeilten Eltern mit Herzfehler und Geistesstörung aber ohne jeden moralischen Kompass aufwachsen muss.

02.08.2014

Dichtung und Wahrheit

Im berühmten Polizeirevier am *Quai des Orfèvres 36*, wo dereinst der stets korrekte Filmkommissar *Maigret* sein Wesen trieb, kommt es seit neuesten zu bedenklichen Verfehlungen. Nachdem schon im April gegen zwei Polizisten wegen der Vergewaltigung einer kanadischen Touristin ermittelt werden musste, hat jetzt eine Kamera in der Asservatenkammer einen recht geschäftstüchtigen Vertreter der Drogenfahndung dabei gefilmt, wie er sich mal eben zwei Reisetaschen mit 50 Kilogramm Kokain ausborgt, um seinen kläglichen Beamtenlohn aufzuforsten. Und auch hier wie so oft wird der Verdacht bestätigt, dass Verbrecher in der Realität oft viel dümmer sind, als die von

Schriftstellern ausgedachten: wie kann man denn in sein eigenes Revier ein-
brechen und nicht wissen, wo die Kameras hängen?

Das ist ja, wie wenn man abends nach Hause kommt und durchs Fenster ein-
steigt, weil man vergessen hat, dass die Bude ne Eingangstür hat. Ein kleiner
Trost für Kommissar Maigret: sogar in seinem Revier wird Dummheit manchmal direkt bestraft.

03.08.2014
Frauen an die Front

Im wirklich kropfüberflüssigen Kleinkrieg zwischen den mutigen Kriegern der
Hamas, die vor allem lebende Schutzschilde bevorzugen, und den vom an-
dauernden Beschuss mit selbstgebastelten Raketen notorisch genervten
Israelis kommen auch Frauen zum Kampfeinsatz. Die Palästinenseuse
Kurum Saad zum Beispiel wollte nicht mehr nur im Büro rumsitzen und erklärt
den neugierigen Journalisten der AP: *"Ich liebe das Schießen und den Sport,
seit ich ein kleines Mädchen war!"*

Wahrscheinlich ebenfalls von einer Abart des Sportsgeists beseelt, leistet auf
der anderen Seite *Lee Betser* ihren nächtlichen Dienst in einem Such- und
Rettungstrupp, aber erst, wenn sie ihre beiden Töchter ins Bett gebracht hat.
Auch *Liat Bilinsky*, im siebten Monat schwanger, hat sich freiwillig zur Reser-
ve gemeldet, denn: *"Wenn es echt ist, willst du da einfach dabei sein!"* Soviel
zum traurigen Thema ehemalige Männerdomäne.

Gut, bei den Israelis haben Frauen im Kampfeinsatz eine große Tradition.
Und sie sind sehr beliebt bei ihren Vorgesetzten, weil man sie so leicht motivieren kann. Da sagt Zugführer zu seinen Soldatinnen: *"Habt Ihr gehört, was
die Palästinenser über Euch sagen? Sie sagen, Ihr seht fett aus in Euren Uni-
formen!"*

04.08.2014
Schildbürger Schützenklub

Ja, das Leben schreibt Geschichten, hauptsächlich der Gattung Tragödie und
Farce, aber eben manchmal auch Komödien. So wie in diesem zukünftigen
Heimatfilmklassiker um den topintegrierten *Mithat Gedik*, ein in Deutschland
geborener und aufgewachsener türkischer Muslim, der es nicht nur bis in den

Vorstand der katholischen St.-Georgs-Schützenbruderschaft geschafft hat, sondern seit dem traditionellen Schützenfest Mitte Juli auch noch deren offizieller Schützenkönig ist.

Bis dahin alles prima, bis auf die plötzliche Popularität. Dank der hat sich jetzt nämlich der katholische Schützendachverband des Falls angenommen und verwandelt mit seiner treffsicheren Ablehnung eines muslimischen Oberschützen das Leben in eine provinzielle Integrationskomödie, wie sie sich die Redakteure des Öffentlich-Rechtlichen Dummfunks nicht besser hätten ausdenken können. Der Bund historischer Schützenbruderschaften verweist nämlich zurecht auf seine und damit auch auf die Satzung der Ballerklubberer aus Werl-Sönnern, dass *"der Verband seinen Status als katholischer Verband nach kanonischem Recht verliert"*, wenn die Katholikenkanoniere jetzt auch muslimische Musketiere zum gemeinsamen Rumballern aufnehmen.

Und schon sprühen die Werler Schützen vor Ideen, wie sich den drohenden Ausschluss aus dem Meuchelpufferverband abwenden können. Bester Vorschlag bisher: *Mithat Gedik* möge doch bitte zum Christentum konvertieren! Was der lachend abgelehnt hat! Gong für die nächste Runde. Bin gespannt, wann wir den Schinken im Vorabendprogramm genießen dürfen.

05.08.2014

Verhältnismäßig unverhältnismäßig

Die Schweizer Autobahnpolizei hat einem deutschen Durchreisendem sein heiliges Blech spektakulär unterm Hintern wegbeschlagnahmt, da der die erlaubte Durchreisegeschwindigkeit eigenmächtig auf 215 km/h erhöht hat. Die Beamten haben ihm dann von dem schönen Moment ein Erinnerungsfoto gemacht und ihn danach aus dem Verkehr gezogen. Die zuständige Polizeisprecherin räumte ein, der Betroffene könne nach Ausnüchterung seines Geschwindigkeitsrauschs in einer geräumigen Zelle seinen schnittigen Mercedes bei der nächsten Auktion der Polizei zurückersteigern. So weit, so blöd.

Bernie Ecclestone hingegen steht zur Zeit für einem Münchner Gericht, weil der Oberboss aller Schnellraser einem anderen schmierigen Gierschlund von der BayernLB 44 Millionen Bakschisch zugeschoben hatte, um die Kontrolle über seine geliebte Formel 1 Rennserie zu behalten. Richter *Peter Noll*, der 2012 auch schon den Bayernbanker *Gribbowsky* wegen derselben Vorgänge für achteinhalb Jahre hinter Gitter versenkt hatte, räumte gegenüber dem

83jährigen Milliardär nun ein, er könne mit Hinblick auf seine bedrohte Freiheit eine "Verfahrenseinstellung gegen Auflagen" auf der nächsten Gerichtsauktion ersteigern - für schlappe 100 Millionen Euro.

Kein Wunder, dass man die Justizia gern mal für blind hält, wenn sie gegen Geld beide Augen zudrückt.

06.08.2014

Panic Now!

Es gibt ja schon Mentalitätsunterschiede zwischen den Völkern. Wenn einer in Korea seine Fähre mit hunderten Nichtschwimmern aus Versehen versenkt, beendet er aus Scham schon mal das eigene Leben. Das ist zwar drastisch, zeugt aber von einem gewissen Ehrbegriff.

Ganz anders geht man woanders mit solchem Versagen um. Showkapitän und Stiefellandratte *Schettino*, der beim Angeben vor weiblichen Fahrgästen seine Costa Concordia gegen eine Insel geschrammt und dann auf die Seite gelegt hat, fiel nach eigener Aussage aus Versehen in ein Rettungsboot, dass ihn flugs an Land brachte, von wo aus er die Rettungsmaßnahmen seiner Meinung nach viel effektiver leiten konnte. Das dürfte soweit bekannt sein.

Dass er nun aber während des laufenden Prozesses gegen ihn wegen fahrlässiger Tötung von 32 Passagieren und Verlassens eines Schiffs in Seenot in der Römer Universität La Sapienza als Panikexperte vor die verdutzten Medizinstudenten geladen wurde, dazu muss man schon Italien statt Südkorea sein. Immerhin: Staatsanwaltschaft, Bildungsministerin und sogar der Rektor der Universität zeigen sich von Schettinos plötzlicher Fachmannschaft in Sachen Panik unangenehm überrascht, "ziemlich verwirrt", und berufen Ethikräte ein, die sich ebenfalls überrascht und verwirrt zeigen dürfen.

Aber mal mit italienischem Lebenswitz durchdacht, ist es nur logisch, dass *Schettino* zum Vortrag gebeten und mit einem Ehrendiplom dafür bedankt wird; denn sein Vortragsthema, das passt doch wie die Faust aufs Gretchen: Ja, wer hatte denn die Panik? Wer weiß denn wie es sich anfühlt, sich aus nackter Angst in ein Rettungsboot fallen zu lassen? Wer kennt die quälende Furcht, dass die Hafenbehörde schon wieder anruft und ihn auffordert, sich wieder auf sein sinkendes Schiff zu bewegen? Auf ein sinkendes Schiff, das muss man sich mal vorstellen! Wer also könnte besser über Panik reden als er?

Und wer weiß, vielleicht waren seine Zuhörer ja auch Studenten der pathologischen Psychologie, und *Schettino* wusste gar nicht, dass er nicht als Referent sondern als Fallstudie verpflichtet wurde!

07.08.2014

Geschrei für Alle!

Ach, Kindheitserinnerungen. Unser Spielplatz war so großzügig umzäunt, dass wir den Laufstall gar nicht wahrgenommen haben. Und direkt daneben lag unser Wäldchen zwischen den Hochhäusern, von deren Balkons unsere Mütter uns abends zum Essen riefen. Ansonsten waren wir ohne Zwang, ohne Aufsicht, ohne Spielzeug, aber voller Ideen, was man mit Sand, Stöckchen und einem Gummiband alles anfangen kann. Unser Lachen klingt mir bis heute im Ohr: das fröhliche Lachen freier Kinder!

Die Bundesregierung hat irgendwas beschlossen und schon schießen die Kitas wie Pilze aus dem Boden, leider nicht aus dem Waldboden wie richtige Pilze, sondern mitten in der Stadt, neben unserem Büro, keine zehn Meter Luftlinie, in einer ehemaligen Schlecker-Filiale, die gar nicht *soooo* schrecklich gewesen sein kann, dass man sie sich jetzt nicht zurückwünscht. Denn diese Kinder lachen nicht fröhlich, sie kreischen mit ihren spitzen Stimmen, permanenter Lungentest, meist wegen was Habenwollen, und immer um die Wette und zwar mit ihren offensichtlich im Eilverfahren ausgebildeten und völlig überforderten Erzieherinnen. Und sie grölen *Alle meine Entchen* auf die Melodie von *We will rock you!*, wo bei der im Winkel gemauerte Hinterhof der Ex-Drogerie als analoger Schallverstärker dient.

Was im Großen und Ganzen mal wieder belegt: Es ist eigentlich egal, was so eine Bundesregierung beschließt, am Ende entwickelt es sich doch immer zu irgendeinem Ungemach.

08.08.2014

Qualitätsjournalismus

"Die Menge an Lippgloss, die wir tragen oder die Tatsache, dass wir uns Bier in eurer Gegenwart bestellen, sagt nichts darüber aus, ob wir euch in Bett kriegen wollen." Quasi nur aus diesem einen Satz besteht der spannende Artikel im Digitalquatschblatt Huffington Post zum nach wie vor unglaublich

wichtigsten Thema des Enthüllungsjournalismus': *"Wie Man(n) feststellt, ob eine Frau Sex will?"* Nur um dann nochmal auf den radikalen Punkt zurück zu kommen: *"Die einzige Möglichkeit, wie Ihr feststellen könnt, ob eine Frau Sex mit Euch will: FRAGT SIE!"*

"Ja, klar, das stimmt, unbedingt!" sagt auch die Ohrfeigenbeauftragte des Internationalen Backpfeifen- und Watschenverbands. Kein Wunder also, dass sich in der Huffpost niemand als Autor dieses Blödsinns zu erkennen gibt.

09.08.2014

Mutprobe

Wie der eine Gott seine heiligen Krieger stärkt, wie er sie mit Mut, Furchtlosigkeit, ja größter Tapferkeit beschenkt, dass bebildern mal wieder die Wirrköpfe des IS mit ihren selbstgefilmten Werbeclips für die böse Sache: wehrlosen Jesiden-Männern aus zwei Meter Entfernung in den Kopf schießen, wohl gemerkt von hinten - wahrscheinlich damit sie einem nicht noch schnell einen tödlichen Blick zuwerfen können -, Kinder und Alte lebendig in Massengräbern verschütten und die Frauen als Sklavinnen entführen, dazu braucht der oberflächlich angelernte IS-Lahmhans aber auch wirklich alles, was einem hilft, die eigene Angst zu überwinden.

Und weil sich in Allahs Nachbarschaft mal wieder kein hochgerüsteter Ölmonarch oder Wüstenkönig findet, der das Interesse massenhaft durchgeknallter IS-Psychopathen auf sich ziehen möchte, müssen nun wieder mal die Amis in ihrer Rolle als Weltpolizei ran, um die flüchtigen Jesiden vor der sicheren Ausrottung zu bewahren. Und wieder wird es ihnen keiner danken. Nahost-experte *Ulrich Tilgner* zum Beispiel hat in seiner graumelierten Bedenkenträgermurmel nichts besseres zu tun, als *Obama "den Bruch seines Wahlversprechens"* vorzuwerfen, wollte der doch die eigenen Kriegshandlungen im Irak beenden. *Tilgner* gehört also zu der Spezies Mensch, die lieber Hunderttausende vor die Hunde gehen lassen, bevor sich ein Politiker zu einem Thema eine neue Meinung bilden darf.

Aber, Tilgner, Sie sind ja genau die Art von Experte, die der Nahost so dringend braucht, also ernenne ich Sie hiermit höchst eigenmächtig zum Schlichter vor Ort. Ihr Flug nach Erbil geht heut Nacht. Bin schon gespannt, ob Sie dann auch Ihre Meinung der neuen Sachlage anpassen. Oder fehlen Ihnen dazu Mut, Furchtlosigkeit, Tapferkeit?

10.08.2014

Anschlussgebühren

Sportsfreund Putin hat seiner neuen Landmasse die russischen Sportsverbände als neue Heimat empfohlen, und siehe da, die Fußballklubs der Krim wollen nun in der dritten putinschen Liga antreten. Dumm nur, dass da keine Ausländer eingesetzt werden dürfen, laut eigenen Statuten. Noch blöder, dass die Spielerausweise der vielen ausländischen Kicker aus Simfero- und Sewastopol beim ukrainischen Fußballverband in Kiew liegen, der die Krim laut seinen Statuten immer noch als Teil der Ukraine betrachtet. Wie übrigens auch FIFA und UEFA, in deren Statuten wiederum steht, dass der Sport frei und unabhängig von der Politik zu sein habe - und so ziemlich alles, was man hinter vorgehaltenem Scheckbuch unter möglichen Vergehen gegen die freie Formulierung versteht, trifft gerade auf den russischen Fußballbund zu.

Nach den Regeln der beiden Dachverbände müsste der russische Ballistenbund auf Zeit ausgeschlossen werden. Aber Russland ist ja nicht irgendein afrikanisches Entwicklungsland, Russland ist ein eurasisches Entwicklungsland, dass nicht nur die nächste Fußball-WM ausrichtet, sondern seit kurzen mit seiner Kapitalistenkeule Gazprom auch Großsponsor von - raten Sie mal wem, genau - FIFA und UEFA ist.

Und jetzt sitzen sie wieder da, der Herr Blatter und sein Platini *(ital. für kleiner Blatter)*, in der einen Hand ihre eigenen Statuten, in der anderen das viele schöne Geld aus Russland, ... und man mag kaum vorauszusagen, wie sie sich entscheiden werden. Zum Glück haben beide Herren die Fähigkeit erworben, Widersprüche an sich abgleiten zu lassen - und zwar tief innendrin!

11.08.2014

Denkmäler zu Pflugscharen

Die Göttinger Stadtpolitiker haben ein *Humorlos* geschenkt bekommen, und mal wieder eine Niete gezogen. Die Skulptur eines Kragenbärs, die einer berühmten Zeichnung *Robert Gernhardts* nachempfunden ist, darf nicht zu Ehren des verstorbenen Satirikers in Göttingen aufgestellt werden, weil der kleine Bär zu recht an den dazugehörenden Onanisten-Vers erinnern könnte. *Zu anstößig!* befinden die Damen und Herren der grünen und schwarzen Fraktionen.

Na, da werden jetzt aber in Frankfurt und Weimar die Goethe-Statuen nur so purzeln, denn was der Meister Johann-Wolfgang in den bis heute "übergangenen" Stellen im Faust II (Paralipomena) so dahin geverst hat, ist ja auch nicht ohne! Dazwischen würde jetzt ein wichsender Kragenbär gar nicht so fürchterlich anstößig auffallen. Aber gut, so ungerecht kann das Leben sein: beim Einen werden die Verse, beim Anderen die Skulpturen zensiert.
Zum Glück wachen die Wichser über unsere Moral!

12.08.2014
Gooood Rrooooobbbinnn, waaaruuuuumm?
Heute trägt der Humor Trauer und selbst die Alkoholfahne hängt auf Halbmast, denn einer der größten hat uns heute Nacht verlassen. Er, der König der Fischer unter den Morks von Orks, der wie ganz wenige den traurigen Harlekin beherrschte und oft auch von ihm beherrscht wurde. *Robin Williams*, das hyperaktive Gagfeuerwerk auf allen Vieren, einer der wenigen Schauspieler, für die Produzenten und Drehbuchautoren Leerzeilen in Drehbüchern vorhielten, weil er Sprache oft viel witziger improvisieren konnte als andere Leute für ihn aufzuschreiben vermochten. Der brüllende Komiker, der wie vielleicht seit Chaplin kein anderer mehr den stillen Moment beherrschte, jenen Bruch im Komischen, der das Leid des hoffnungslosen Witzbolds, das Feuer des Zweifels und das Tragische des vergeblichen Menschseins in einer irrwitzigen Welt ans Licht zerrt. Nur um uns im nächsten Moment mit dem göttlichen Lichtstrahl eines Hoffnungsschimmers zu bemuttern.
Man müsste die selbsternannten Herren dieser Welt wie im Kubriks Meisterwerk *Clockwork Orange* zwingen, deine Filme und Stand-ups solange mit aufgesperrten Augen und in Endlosschleife anzuschauen, bis auch sie den letzten Rest Menschlichkeit in sich wiederfänden. Dann würde die Welt vielleicht besser werden. So wie sie mit Dir war!

13.08.2014
Porno mal wieder
Es soll ja schon zu der einen oder anderen sexuellen Entgleisung in katholischen Kirchen gekommen sein, aber das was der *Pfarrer Pauer* aus dem österreichischen Hoersching über die Schändung seiner Kirche erfahren

musste, hat doch eine andere Qualität als die der sonstigen Verdächtigungen. Hat sich da doch tatsächlich eine polnische Berufspornette in der letzten Bank an sich selbst verlustiert, das Ganze wie in der *Reality Porn Szene* üblich mitgefilmt und gegen Geld ins Netz gestellt, ohne allerdings dabei ihr Gesicht zu zeigen.

Nun folgt eine kleine Lehrstunde über die Moral der Kirchgänger. Herr Pfarrer wurde nämlich gleich von mehreren Gemeindemitgliedern auf das Internet-video aufmerksam gemacht. Aha, soso! Und einer hat sie dann tatsächlich an ihren "Glocken" erkannt. Die Dame namens *Babsi* wohnt zwei Dörfer weiter und hat nun eine Anzeige wegen Verletzung religiöser Gefühle am Hals. Glück im Unglück: der Kirchenrat hat beschlossen, dass das Gotteshaus nicht neu geweiht werden muss, denn die Sünden der Dame *Babsi* wären nicht dramatisch genug um Gott bis zur Entweihung zu erzürnen.

Gleichzeitig hat auf der anderen Seite der Welt eine japanische Firma seine neueste Generation von Sexpuppen vorgestellt, die sich wie echte Frauen anfühlen sollen. Oder wie es in der Werbung der Firma heißt: *"Wer sich so eine Puppe zulegt, will nie wieder eine echte Frau zur Freundin."*

Schweizer Journalisten vermuten dazu, dass es daran liegen könnte, dass die Puppen nicht sprechen können: *„Es hat sich bisher zumindest nicht als nach-teilig für den Verkauf erwiesen!"* Da kann ich aber noch einen 50er Jahre Humor hinten draufkalauern: *Mit den neuen Puppen soll in Punkto Ähnlichkeit mit menschlichen Vorbildern ein neues Level erreicht worden sein? Ja, krie-gen die jetzt auch Kopfschmerzen?* Tusch und Narhallamarsch!

14.08.2014

Dumm gelaufen

Selten hat eine Floskel wie die aus dem heutigen Titel mal die Gelegenheit sich gleichzeitig sowohl als metaphorisches als auch als realistisch visuelles Ereignis in seiner berechtigten Existenz bestätigen zu lassen. In diesem Fall ist es allein dem französischen Leichtathlet *Mahiedine Mekhissi-Benabbad* zu verdanken, der im Angesicht des sicheren Sieges über 3000 Meter Hindernis schon Anfangs der Zielgerade in Fußballermanier sein Trikot auszog, um es zwischen den Zähnen über die Ziellinie zu tragen: was auch immer das als Symbol eigentlich bedeuten sollte, *Mekhissi-Benabbad* wird in seiner Eigen-schaft als schnellster Stripper der Welt nun leider für *dumm gelaufen* herhalten müssen, denn sein überlegen errannter Meistertitel wurde ihm wegen Verstoßes gegen die Bekleidungsordnung bei Europameisterschaften stante pede wieder aberkannt. Der gute Beobachter lernt daraus: Auch auf 3000 Metern kann Dummheit ein größeres Hindernis sein als ein paar quergestellte Balken.

15.08.2014

Grenzkontrolle

Der seit Tagen durch die Medien und westrussische Landschaften geisternde Hilfskonvoi für die Bevölkerung in der umkämpften Ostukraine wird heute durch einheimische Zöllner und Grenzschützer unter Aufsicht der Roten Kreuzes abgefertigt, und bei der Gelegenheit auch auf unzulässige Waffen- und Munitionslieferungen für die aufsässigen Neurussen kontrolliert. Zu deren Überraschung sowie auch einiger extra angereister Journalisten sind viele der 280 LKWs halb leer. Stellt sich einem spontan die Frage, ob dann nicht 150 LKWs ausgereicht hätten? Oder ob es eine Regieanweisung der staatlichen Bilderdienststelle gab, Putins humanitäre Hilfe möglichst groß erscheinen zu lassen.

Ich wiederum fühle mich an einen Kalauer aus Jugendtagen erinnert, bei dem ein Schweizer Grenzer einen Badenser nach dreißig Jahren täglicher Kontrolle seines Fahrradkorbes anlässlich seiner Pensionierung fragt: *"Ich weiß genau, dass Du was schmuggelst, aber ich komm nicht dahinter was!"* Worauf der andere sagt: *"Ganz im Vertrauen - Fahrräder!"*

16.08.2014

Versteckssspiele

Wer von uns geübten Trinkern kennt das nicht? Man stürzt in irgendeiner Wodka- oder Whisky-Höhle ab, erleidet partielle Unterkühlungen (wahrscheinlich Eiswürfel) sowie ein leichtes Schädel-Hirn-Trauma (Aspirin- und Magnesiummangel) und braucht dann mal locker zwei Tage und die Unterstützung erfahrener Helfer, bevor man das Tageslicht wieder erkennen kann. Und dazu müssen wir noch nicht mal wie *Marek Gizowski* Aktivist eines polnischen Höhlenforscherklubs mit dem literarisch wertvollen Namen Sagan sein, der sich von allen möglichen dunklen Löchern, in denen man sich fallen lassen kann, ausgerechnet die einzige Alpenhöhle aussucht, die aus welchem kühlen Grund auch immer ausgerechnet auf den Namen *Jack-Daniels* hört.

17.08.2014

Böser Zauber

Rolf Buchholz, seines Zeichens Weltrekordträger des beliebten Bierlexikons in Sachen Körperdurchlöcherung, unterzog bei seiner versuchten Einreise in das leicht verunglückte Utopistenversuchsgelände namens Dubai den Metall-detektor des Flughafens mit seinen 453 Piercings einen besonderen Stress-test. Nachdem es dem Flughafenpersonal gelungen war, dem halbkollabier-ten Gerät das nervtötende Fiepen wieder abzugewöhnen, verweigerten sie dem Blechmann Asyl als Alleinunterhalter und verhinderten so seinen lange geplanten Auftritt in einem Dubaier Hotel. Dessen Management bemühte sich vergeblich, seinen Gaststar für die angekündigte voyeuristische Volksbelusti-gung durch den Zoll zu lotsen. Dabei lag es gar nicht an den Einfuhrbestim-mungen für Altmetall, sondern laut Flughafenbehörde des aufgeklärten Inve-storenkleinstaats am Verdacht *"der schwarzen Magie!"*
Tja, da kann man nur sagen, dass die Sicherheitsbehörden mal wieder gründ-lich Täter und Opfer verwechselt haben. Herr *Buchholz* sieht doch eindeutig eher wie jemand aus, der selbst mit einem bösen Fluch belegt wurde.

18.08.2014

Der feine Unterschied

Die allseits deutlich überschätzte Nachrichtenredaktion des Zuckerbergschen Gesichtsbuchs gerät aufgrund lustiger Meldungen solcher grassierenden Sati-reseiten wie *The Onion, Der Postillion, Basler Bote* oder zu einem milliardstel Teil auch *gaxkabarett.de* in Erklärungsnotstand und plant in Zukunft des-wegen kleine Satire-Störer über denjenigen posts erscheinen zu lassen, die zum Wohle des verwirrten Durchschnittsfacebookers unbedingt von seriösen Inhalten unterschieden werden müssen: *"Wir machen das, weil Menschen an uns herangetreten sind, die sich eine klarere Unterscheidung von satirischen und seriösen Meldungen in diesem Bereich wünschen!"*
Ich beschließe also umgehend in meiner nachweislichen Eigenschaft als Mensch nun ebenfalls an Facebook heranzutreten, mit dem klaren Wunsch

auch andere Inhalte von seriöser Satire besser unterscheiden zu können. So wünsche ich mir zum Beispiel solche kleinen Störhinweise in folgenden Kategorien "*Dummheit*", "*Ausgemachter Blödsinn*", "*Achtung Politikerpost*" "*Religiös motivierter Schwachsinn*"! und „*Achtung! Werbung für ein total sinnloses Produkt!*" Im Voraus vielen Dank für Ihre Mühen, Herr Zuckerberg; Bin schon gespannt, ob ihre Redakteure diese feinen Unterschiede zur Satire herausarbeiten können.

19.08.2014
Upps!
Wenn man nur fest genug daran glaubt, dass man umso toller und wichtiger ist, je mehr Kameras und Mikrophone auf einen gerichtet sind, dann kommt irgendwann unweigerlich der Moment, an dem man sich wünscht, dass das jetzt keiner mitgeschnitten hätte. So übt auch *Alexander Sachartschenko*, Anführer der Prorussischen Rebellen und selbsternannter Premier der Donezker Volksrepublik, gerade an seiner neuen Verplappertechnik: "*Wir bekommen eine große Verstärkung - bis zu 150 Stück Militärtechnik und außerdem 1200 Mann, die in den letzten 4 Monaten auf dem Territorium Russlands ausgebildet wurden.*"
"*Ähem prüstel hust, natürlich haben wir keine Militärtechnik dorthin geliefert!*" lässt daraufhin der Moskowiter Altgenossenzar Vlad, der Ehrliche, postwendend von seinem Regierungsdementisten glaubhaft darlegen, woraufhin auch Prorussenkapitän *Sachartschenko* seine Meinung noch mal gründlich überdenkt: *Es handele sich bei den 150 russischen Panzern und Panzerwagen natürlich um Beutestücke aus ukrainischen Beständen!*
Etwas weiter westlich kann sich nur niemand mehr dran erinnern, irgendwo 150 Stück Militärtechnik rumliegen gelassen zu haben. Mal gespannt, wem die nächste bessere Ausrede einfällt. Man kann sich ja trotz Krieg auch mal beim Sprechen ein bisschen Mühe geben, sogar mit gespaltener Zunge!

20.08.2014
Fünf-Jahres-Plan
Brüder, zur Freiheit, zur Sonne! Nachdem sich schon der verstorbene Selbstliebling *Chavez* so lange gemüht hatte, aus Venezuela einen echt sozialisti-

schen Staat zu machen, ist es jetzt seinem Nachfolger *Nicoás Maduro* gelungen, die Lorbeeren dafür einzufahren:

Seit heute sind im Lande des fünftgrößten Ölexporteurs der Welt Lebensmittel und andere Dinge des täglichen Bedarfs rationiert und endlich, endlich dürfen die Venezuelanos wie waschechte Sozialisten stundenlang für Gemüse und Brot anstehen. Wenn sie es jetzt noch schaffen, dass es in dem fruchtbaren Dschungelstaat in fünf Jahren keine Bananen mehr gibt, dann können sie auch noch mit der DDR aufnehmen.

21.08.2014

Ewige Verdammnis

Man kann ja über die Resthirnbeschattung streng gläubiger Djihadisten sagen was man will, aber eins muss man ihnen lassen: wenn es darum geht, sich das Leben nach dem Leben irgendwie schön zu reden, sind ihre Visionen an Dummfickrigkeit schwer zu überbieten. Zwar gibt es nach dem Märtyrertod angeblich spaltbares Jungfrauenmaterial en masse, aber vor dem Tod sind die kurdischen Amazonen so ziemlich die gefährlichste Bedrohung, die es für den hart arbeitenden IS-Gräueltäter gibt. Denn so sehr das süße Leben nach dem Tod ein zentraler Bestandteil des Weltbilds des Durchschnittsdjihadologen ist, so sicher gilt doch auch, dass denjenigen Kämpfer, der von einer Frau getötet wird, die ewige Verdammnis erwartet. Was wahrscheinlich bedeutet, dass sie auch in Allahs Himmel kommen, aber eben im Körper einer Jungfrau. Kein Wunder also, dass die ISIS-Aberglaubenkasper sofort Reißaus nehmen, wenn die kurdischen Peschmerga ihren weiblichen Spezialkommandos an die vorderste Front schicken.

Ganz ehrlich: Horden von Hollywood-Actionshitschreibern hätten sich das im Drogenrausch auch nicht besser ausdenken können.

22.08.2014

Orientierungslotterie

Das mit großen Aufwand vereinbarte, angekündigte und schließlich auf den Weg gebrachte europäische Navigationsprogramm Galileo, dass das eilige böhmische Dorf deutscher Nationen vom amerikanischen GPS-System unabhängig machen will, startete am Freitag hoffnungsfroh ihre Satelliten 5 und 6.

So weit, so toll. Leider mussten die ESA Raumfahrttiptopologen dann ein paar Stunden später feststellen, dass - was ein Zufall - die russische Trägerrakete die beiden Funkpeilsputniks leider nicht in den richtigen Orbit abgesetzt hat. Vielleicht hätte man bis zur vollständigen Erlangung der Unabhängigkeitsfähigkeit der teuren Hightech-Himmelskörper doch erst mal noch mit GPS-Daten arbeiten sollen. Oder den Transport nicht grade demjenigen überlassen sollen, der seinen militärischen Orientierungsvorsprung verliert, wenn Galileo eines Tages doch noch funktioniert.

Der europäische Steuerzahler glaubt ja übrigens, dass die zweistellige Milliarde dafür ausgegeben wird, dass unsere Kinder - auch ohne die Fähigkeit einen Stadtplan zu lesen - ab und zu nach Hause finden. Was er nicht weiß: wenn es militärisch notwendig erscheint, werden die Orientierungsdaten für die Zivilbevölkerung einfach verfälscht oder gänzlich abgeschaltet. Also, vielleicht sollten wir alle doch noch einen alten ADAC-Atlas im Handschuhfach aufbewahren. Nur so zur Sicherheit!

23.08.2014
Covergirls ohne Grenzen

Dass Leute in der Modebranche sich halt nachtein nachtaus mit nichts als der Oberfläche beschäftigen, hat sich ja schon rumgesprochen. Auch welche Auswirkungen das zuweilen auf die psychischen Strickmuster der Fashion-Afficionadas hat - drauf geschissen; die Gräuel des Krieges bestehen für diese Modeäffchen in so Sachen wie *"Puh, Camouflage mit Pink und Grün geht ja gar nicht!"* oder *"Die verlaufene Wimperntusche in unserer Anzeigenkampagne ist ein Mahnmal für all die Frauen im Nahen Osten, die sich nicht anständig anziehen dürfen!"*

Wie das dann in der Ukraine mitten im Bürgerkrieg aussieht? Aktuelle Titelstory der Kiewer Ausgabe des Mode- und Schminkanzeigenblättchens ELLE ist ein Besuch bei Präsidentengattin *Marina Poroschenko*, die ihren Landsleuten wohl mal zeigen möchte, dass in der Ukraine alles gar nicht *sooo* schlimm ist - wenn man sich beim speed dating nur den richtigen Schokoladenmilliardär abgegriffen hat. Da kann man sich als First Lady schon mal aufs Cover eines Modemagazin operieren lassen: Genug Botox gegen Stirnfalten und Schamgefühl scheint es da ja noch zu geben!

24.08.2014

Italienische Rechenspiele

Wer den Schatten hat, braucht für den Aufschwung nicht zu sorgen. Die Regierung *Renzi* hat Aufschwung versprochen und der lässt sich notfalls herbei berechnen, in dem man ein paar von den illegalen Machenschaften und Volkssportarten per Dekret in das Bruttosinlandsprodukt einbezieht. Der in Italien ja traditionell hohe Anteil der Schattenwirtschaft von geschätzt 21,1% am BIP gibt da je einiges her; allein das Einrechnen von Umsätzen aus Drogen und Prostitution steigern das BIP um mehr als zwei Prozent - und da sind die *Berlusconis* Ausgaben noch gar nicht mit einbezogen.

Selbstverständlich sind da nun alle, die grade nicht regieren, schwer entrüstet, kritisieren den *"vom ethischen Standpunkt unannehmbaren Beschluss"* (" *...eine Schande"*) und wähnen vorsichtshalber *"eine schleichende Legalisierung der organisierten Kriminalität"*. Tatsächlich aber drückt sie die Sorge, dass ein gestiegenes Bruttoinlandsprodukt die Zahlmeister der EU dazu verleiten könne, ihre Unterstützungen und Zuwendungen zurückzufahren. Damit würde dann ja auch die traditionell italienische Schattenwirtschaft entscheidend geschwächt.

25.08.2014

Konterglobalisierung

Über den kleinen Rückschlag beim europäischen Orientierungsprojekt Galileo haben wir schon gelacht; Was aber macht der Rest der Welt? In China hat man die letzten Jahre intensiv an einer neuen Internetstruktur gearbeitet und man steht nun kurz davor, Google und Microsoft aus dem Reich der Mitte zu löschen. In London klebt ein Immobilienhai ein paar vorgeschriebene Sozialwohnungen an seinen neuen Wohnturm für Besserverdiener und weckt alte Klassenkampfparolen, in dem er an dem Appartementhaus zwei Eingänge anbringen lässt; einen hübsch großzügigen, von einem Empfangsteam bewachten für die reichen Mieter, und einen zweiten in einer dunklen Nebengasse für die Armen.

Während Russland sich schon tapfer 40, 50 Jahre in die Geschichte zurückgekämpft hat, arbeitet die ISIS weiter an der Wiedereinführung der Spätantike. Und genau dorthin sind heute die ersten 10 Schweizer Kreuzfahrer gezogen, um dem christlichen Glauben mit Flammenwerfer und Maschinen-

schwert vor Ort zu neuer Geltung zu verhelfen. Und wie wir die kampfer-
probten Eidgenossen kennen, werden sie den einzig wahren Glauben stilecht
in Pluderhosen verteidigen. Schätze, die Menschheit hat noch einen langen
Weg vor sich, bis sie sich den Titel Menschheit verdient.

26.08.2014
Der Feind meines Feindes ist ein Arschloch
So, jetzt wird es aber langsam unübersichtlich, wie auf einem fünfeckigen
Schachbrett mit neuen Figuren und anderen Zugvarianten. Der arabische
Frühling ist zerstritten, kämpft aber wo es geht gemeinsam gegen Assad,
außer da, wo schon der IS gegen Assad kämpft; denn dort will man den IS ja
nicht unterstützen, zumal die ja auch gegen den Frühling kämpfen, weil sie
eine Arabische Eiszeit einführen möchten.
Die Kurden wiederum schicken ihre Peschmerga gegen die IS-Schlächter,
bräuchten aber dringend bessere Waffen, die man ihnen ja auch gerne geben
möchte, aber nur wenn die dann nicht in die Hände der PKK landen, die das
schöne Kurdistan ja gerne aus der Türkei und umliegenden Staaten heraus-
lösen und wiedervereinen möchte. Das aber passt den USA eigentlich nicht,
weil sie die territoriale Integrität des Irak in den nach dem ersten Weltkrieg
von Franzosen und Engländern willkürlich festgelegten Grenzen nicht gefähr-
den wollen. Gleichzeitig bebomben sie aber den IS, weil die alle umbringen,
die sie finden können, aber nur im Irak, denn in Syrien würden sie ja wieder
Assad helfen, wenn sie den IS-Schergen Sprengkörper in den Weg legen.
Es wäre den USA sowieso viel lieber, wenn sich die regionalen Mächte endlich mal selbst um den Dreck kümmern würden, aber die Ägypter und Verei-
nigten Arabischen Emirate sind grad damit beschäftigt in den wieder aufflam-
menden lybischen Bürgerkrieg einzugreifen, um dort islamistische Bewegun-
gen zu bekämpfen, die nicht mit den extremistischen Terror-Organisationen
im Gazastreifen und wieder in Syrien zusammenpassen, die von reichen
Geschäftsleuten aus den Ölstaaten unterstützt werden, um den arabischen
Frühling, der längst ein Spätherbst geworden ist, aus ihren Scheichreichen
fernzuhalten. Denn die Wahabiten und Sunniten wollen sich nicht nur gegen
die Shiiten, sondern auch gegen die Sondersunniten von dem IS schützen.
Und da sind die Christen noch gar nicht dabei, die überlegen erst noch, mit
wem sie da jetzt eigentliche noch eine Allianz eingehen müssten, damit ... ja,

was denn eigentlich?

Zum Glück gibt es ja das kleine Israel als Orientierungshilfe für alle Islamisten; denn was das angeht, wären sie sich ja wieder alle einig. Aber das haben wir Deutschen schon mal versucht und deswegen können wir das auf keinen Fall ein zweites Mal zulassen. Blöd nur, dass wir mit den Arabern so gute Waffengeschäfte machen. Es ist wirklich verzwickt. Aber vielleicht genau der richtige Zeitpunkt, um eine runderneuerte Version vom beliebten Gesellschaftsspiel "Risiko" auf den Markt zu bringen. Ich zeichne schon mal eine neue Landkarte ...

27.08.2014

Messer Schere Feuerwaffe

Heute mal was Kurzes und Lustiges, quasi ein frisch geschlüpfter Klassiker aus der Kategorie: den Fehler macht er nur einmal!

Zum Dank für die äußerst intelligente und menschenfreundliche Idee, einer schmächtigen Neunjährigen in Vorbereitung späterer Amokläufe schon mal das Schießen mit einer Maschinenpistole beizubringen, wurde ein Schießlehrer auf seinem Trainingsgelände in Mohave, Arizona, für die Zukunft von allen Bedenken und Gedanken befreit. Die kleine ABC- oder besser: UZI-Schützin konnte leider in der Dauerfeuereinstellung den Rückstoß nicht halten und verpasste ihrem direkt neben ihr stehenden Ballermeister ein paar Kugeln in seine Philosophenmurmel. Die großartigen Dinge, die der Mann auf seiner Schießanlage in den nächsten Jahren vielleicht noch zusammengekopft hätte, müssen jetzt andere für ihn zu Ende denken! Ich hoffe, es gelingt ...

28.08.2014

Politische Willensbildung nach Indianerart

Colorado hat's zu Neujahr erlaubt, Uruquay hat heute nachgezogen, nur die einsame Pflanze auf dem Dachbalkon von *Cem Özdemirs* Berliner Stadtwohnung ist leider immer noch illegal. Dass sie dort prächtig gedeiht, wäre aber auch der Welt weiterhin verborgen geblieben, hätte sie ihr Besitzer nicht erst als Deko für seine Eiseimer-Herausforderung mit ins Bild genommen und dann, auf ihre ungesetzliche Existenz angesprochen, sie kurzerhand zum politischen Statement für den mündigen Privatgebrauch von Hanf eskaliert.

Zu aller Freude der Freunde des sanften Krauts wird es jetzt entweder eine polizeiliche Demonstration zum Thema "Gleiches Recht für Alle!" geben, oder eine griffige Ausrede für den mündigen Privatgebrauch: *"Los, gib mir mal das Friedenspfeifending! Ich muss mal meinen politischen Willen demonstrieren!"*

29.08.2014

Ausrottungsplan

Im Nachtzug von Heidelberg nach Frankfurt entwickeln zwei abwechselnd betroffen und nachdenklich dreinblickende Studenten eine Verschwörungstheorie, nach der Aids von den Superreichen nur entwickelt wurde, um sich der armen Unterschicht zu entledigen. Und sie tun das, - *is ja logen* - um ihre erstsemestrige Kommilitonin damit zu beeindrucken.

"Schwachsinn!" sage ich: *"Wenn man uns eines Tages wirklich loswerden will, das geht viel einfacher über das Trinkwasser!"* Und vor allem viel schneller als erst mal sechseinhalb Milliarden Menschen zum fidelen Durcheinanderbumsen zu bewegen! Sage ich aber nicht laut dazu.

"Wie soll denn das logistisch gehen?" bezweifeln die beiden Ausrottungsspezialisten die Möglichkeit, arm und reich anhand der Adressen zu unterscheiden. Offensichtlich haben sie nicht den Hauch einer Ahnung davon, wo und wie die wirklich Superreichen tatsächlich wohnen: in großzügig umzäunten und streng bewachten Enklaven mit eigener Strom- und Wasserversorgung.

30.08.2014

Zweigleisiger Geschichtsunterricht

Pippa Bartolotti, deren Namen Sie sogleich wieder vergessen können, weil sie hier nur ein Beispiel dient, ist ihres Zeichens Vorsitzende der Grünen im Kanton Wallis und überhaupt der Meinung, dass die aggressive Erweiterungspolitik der NATO erst der Auslöser für die friedliebenden Defensivbesetzungen der in verständlicher Panik handelnden Russen ist. Schon weil die in ihrem kleinen, ja genaugenommen bis auf ein paar veraltete Atombomben fast wehrlosen Land von aggressiven Imperialmächten umzingelt sind. Und da hat sie sicher Recht, wenn man sich mal vor Augen führt, dass schon früher so kreuzgefährliche Höllenmächte wie Lettland, Estland, Litauen, Polen, Ungarn oder Tschechien - um nur einige von den Übeln mal beim Namen zu nennen -

jahrzehntelang versucht haben, das Sowjetreich samt Ostblock von innen anzugreifen und zu zersetzen. Und nachdem dieser abgefeimte Plan an der väterlichen Liebe Russlands zu Frieden, Glasnost und Perestroika scheitern musste, haben sich diese feigen Länder in der eigens von der NSA herge-stellten Tarnung einer - hoho, da lacht der Russe - Selbstbestimmung unter den stets auf Expansion gierenden Rock der NATO gerettet, um es auch in den nächsten 70 Jahren wieder und wieder zu versuchen.

Ja, wenn man es mal so sieht, ist die die Destabilisierung der Ost-Ukraine (geplante Pufferzone) und die Besetzung der Krim (geplante Puffzone) nichts als die gerechtfertigte Selbstverteidigung eines armen unterdrückten und von perfiden Feinden stets drangsalierten Volkes. Oder wie mein Geschichtsleh-rer gesagt hätte: *"Einfach kein Glück mit den Nachbarn!"*

31.08.2014

Vorsorge

Soll keiner sagen, die japanische Regierung würde sich nicht um ihre Bevöl-kerung sorgen und ihr womöglich die richtigen Tipps für den Katastrophenfall verweigern. Mit einer landesweiten Kampagne mit dem wirklich klug ausge-dachten Slogan *"Lasst uns Toilettenpapiervorräte anlegen!"* legen die Kata-strophenkenner dem wahrscheinlich jetzt noch mehr verwirrten Durchschnitts-nipponesen nahe, sich - jetzt kommt's - für den nächsten Tsunami, Super-sturm oder Erdbeben samt Godzilla-Erweckung einen Monatsvorrat an Zell-stoffrollen zu bunkern; denn Analhygiene sei eine ernste Angelegenheit, wenn demnächst eine Katastrophe gezielt alle Toiletten in tiefer gelegene Erdman-telschichten verräumt!

Ja, das erinnert mich ein bisschen an unsere berühmten Atom-Alarmübungen aus Kalterkriegszeiten: *"Kriechen Sie unter den nächsten Tisch und schauen Sie nicht in das Licht!"*

SEPTEMBER

01.09.2014

Alles Wolke

Schön, dass man im Internet nun endlich mal sonst so toll bekleidete Holly-woodgrößen in ihren Adams- und Evakostümen anklicken kann, weil sich irgendein Schlaukopf mit zu viel Zeit für Unwichtiges in den Wolkendienst der Firma Apple eingehackt hat. Auf der anderen Seite: was soll man denn da zum Beispiel an Rihanna sehen können, was sie nicht schon längst unter vollen Körpereinsatz in ihren sogenannten Musikvideos (von uns Musikern ja eh nur als Muschivideos bezeichnet) präsentiert hat.

Was man aber auch als Hollywoodstar mit eigenen PR-Management dann doch endlich begreifen könnte: wenn man sein Privatzeugs - statt es wie Otto Normalpornist im Schuhkarton unterm Bett aufzubewahren - unbedingt in irgendein Datennirvana verwolken muss, darf man sich auch nicht wundern, wenn einem dann irgendwann die halbe Welt auf den ungeschminkten und diesmal nicht retuschierten Arsch gucken kann.

Da war wohl das eigene Telefon mal wieder smarter als die User!

02.09.2014

Leerstunde in Logik

Dass unter dem Eindruck bestimmter religiöser Wahnvorstellungen wichtige neuronale Verbindungen im Neocortex teilweise überbrückt werden, ist uns ja schon länger klar, und dennoch schafft es immer wieder ein anderer Glaubenskrieger mich mit seinem Schwurbeldenk zu überraschen: nachdem die mit der Alk Aida verschwisterte Nusra-Frontlader eine UNDOF-Stellung auf den Golanhöhen erobert und 44 Blauhelme von den Fidschi-Inseln als Geiseln verschleppt haben, fordern sie heute von der UNO zuallererst mal *Schadenersatz* für die drei eigenen Kameraden, die bei dem terroristischen Angriff gefallen sind, und als zweites - das meinen die genau so, wie es gesagt haben -, dass man ihr kleines Aktionsbündnis bitte umgehend von der internationalen Liste der Terror-Organisationen streichen möge.

Und das ist ungefähr so gut durchdacht, wie erst seine Hausbank zu überfallen und dann das erbeutete Geld noch vor Ort auf sein eigenes Konto einzahlen wollen - und zwar total anonym, versteht sich!

03.09.2014

Mutterliebe

Kurz vor einem Nachwuchsschönheitswettbewerb in Florida bricht einer der Teenager zusammen und wird mit starken Magenkrämpfen in die Notaufnahme gebracht. Bis hierhin eigentlich ein normaler Verlauf, dachten sich auch die Notärzte und schlossen noch vor der Ultraschalluntersuchung Wetten auf so szenetypische Teenagerkrankheiten wie Bulimie oder pubertäre Schwangerschaft ab.

Umso überraschter sind sie, als das schockschreiende Mädchen über der Kloschüssel gebeugt ein Dutzend quicklebendige Bandwürmer auskotzt. Das ungefähr war der Moment, als ihre Mutter einsah, dass sie es wohl mit dem Schönheitsköniginnentraining ein bisschen übertrieben hat, als sie die Bandwurmeier in Mexiko erstand, um sie ihrer Tochter unter die Diät zu mischen: *"Ich habe das nur gemacht, damit Du dünner wirst. Du brauchtest doch ein wenig Hilfe vor dem Wettbewerb!"*

Ja, wer allzu ehrgeizige Mütter hat, braucht oft keine anderen Feinde im Leben. Da will man nicht wissen, was Mami mit dem Hackebeil gemacht hätte, wenn ihrem Aschenputtel der Schuh nicht gepasst hätte.

04.09.2014

Seltsame Gewaltfantasien

Papier ist geduldig und Gesetze entwickeln sich meist nur sehr gemächlich. So kommt es, dass im Schweizer Strafgesetz bis heute definiert ist, dass eine Vergewaltigung nur dann vorliegt, wenn *das Opfer eine Frau und der Täter ein Mann* ist! Wenn hingegen ein Mann vergewaltigt wird, handelt es sich lediglich um eine *Schändung* oder *sexuelle Nötigung*.

Feine Unterschiede in Sprache und Strafmaß, die nur Juristen zu schätzen wissen, die noch nicht hinterrücks geschändet oder untenrum genötigt wurden - in der Schweiz! Nun bringt der Genfer FDP-Nationalrat Hugues Hiltpold das Thema jetzt vor den zuständigen Rechtsausschuss, der immerhin schon mal spontan bestätigt, dass die Schweizer da von der internationalen Rechtspraxis (ohne Scharia, Dumaria) irgendwie leicht abweichen und man eine Ausweitung des Vergewaltigungsbegriffs erwägen könne.

Klar, dass sich die lokalen Medien nur sehr dezent mit so einer komplexen Problematik befassen. Immerhin reicht es aber dazu - nach dem guten alten Journalistenleitsatz "In der Kürze liegt die Würze" - eine Bildmeldung zu bringen und dann unter das Foto von Hiltpold zu schreiben: *"Will Gleichberechtigung bei Vergewaltigung!"*

05.09.2014

Glory Hole statt Holy Glory?

Heute versuch ich mal wieder kurz der verwirrenden Nachrichtenlage um den eigentlichen Krisenherd herum durch Zusammenfassung und Gegenüberstellung gerecht zu werden. 30 britische Djihadisten möchten gerne wieder nach Hause - wenn man ihnen Straffreiheit zusichert. Sie haben ihrer Aussage nach nämlich erst vor Ort festgestellt, dass sie nicht für den Heiligen Krieg gegen Ungläubige angesogen wurden, sondern um andere Fundamentalisten desselben Glaubens zu bekämpfen. Und das ist - wie der Koran wohl auch an irgendeiner Sure sagt - dann doch eher schlecht für das Jungfrauenkarma.

Apropos: wo Zwangsislamisierung, Versklavung und Vergewaltigung zur Aufrechterhaltung der Wehrmoral nicht ausreichen, melden sich nun freiwillige Muslimerinnen zum Sex-Djihad. Sie mögen den tapferen Kämpfern vor allem untenrum zu Diensten sein, um zu verhindern, dass die Knallköppe wegen Samenstau vielleicht ihre Ziele nicht mehr anvisieren können.

Da aber nun Tucholsky schon richtigerweise bemerkt hat, dass bestimmte Dinge durch ein kleines Loch total entwertet werden (Fahrkarte, Luftballon, Jungfrau), würde mich schon interessieren, wie das Scharia-gemäß von statten geht. Blitzheirat vor jeder Kämpferbefriedigung? Lutschen durch den praktischen Schlitz im Schador? Oder bleiben sie einfach im Frontaleinsatz dauerverschleiert, sodass sie einfach jedes Mal behaupten können, sie wären eine neue, frische Jungfrau? Das Leben ist voller Rätsel!

06.09.2014

Adorno für Abbrecher

Metaphysikkritik, Positivismus-Streit, der Hinweis auf das Bessere in der bestimmten Negation - all das spielte für Namensvetter *Kevin Adorno* keine Rolle, als er beschloss, von Annapolis aus 2000 Kilometer auf dem Rad zu seiner Liebsten nach Miami zu strampeln, um ihr dort einen Heiratsantrag zu machen (Bildzeitung schlägt Zeil: *"Es sollte die letzte Rad-Tour in Freiheit sein!"*). Soweit auch dialektisch alles in Ordnung. Dann aber traf er während einer Pause bei McDonalds (T. Adorno: *"dass keiner mehr hungern soll!"*) auf den obdach- und auch sonstwaslosen *Rene Herrera Cruz*, der K. Adornos *Jungfernfahrt* durch ein paar gezielte Schnitte kurz vor seinem Ziel flinkerhand für abgebrochen erklärte (T. Adorno: *"Es soll nicht gefoltert werden!"*).

Soviel zur *"gewaltlosen Integration des Divergierenden"*, in diesem Fall ein dreißig Zentimeter langes Messer im Bauch eines fanatischen Fahrradfahrers. Das kommt dabei raus, wenn man über den einen Adorno im Internet recherchiert, und dann beim Wiki über den anderen Adorno landet.

Statt bei Katzenvideos ...

07.09.2014

Schwein gehabt!

Ja, Erderwärmung, Wetterveränderung und so. Statt Sommer hatten wir jetzt 5 Monate April. Aber es gibt auch immer jemanden, der davon profitiert. Denn wegen der aufgrund der Wetterkapriolen ausgefallenen Sommerabende am heimischen Grill haben alleine in der Schweiz über 5000 Schweine den Sommer überlebt, statt wie geplant in der Wursterei zu enden. Und obwohl der Kilopreis mittlerweile von 4,60 auf 1,60 Schweizertaler gefallen ist, bleiben die Lager und Supermarktregale voll - und die Schweine lebendig.

Die einzigen ernsthaften Interessenten für die guten Schweizer Würste sind zurzeit ein paar russische Fleischgroßhändler, die Dank der tollen Ideen ihres Zwergzaren aber im Moment so gar nicht als Geschäftspartner in Frage kommen. Schließlich weiß der Schweizer Schweinehirt nicht, ob Russland nicht demnächst aus dem Interbankensystem SWIFT rausgeworfen wird; und dann wären zwar die Würste weg, aber man käme nicht mehr am das Geld aus Russland ran!

Hört sich so an, als entstünde da demnächst ein florierender Schwarzmarkt. Und das alles nur wegen dem doofen CO_2, das diese raffinierten Schweine in die Luft scheißen.

08.09.2014

Fluss ohne Wiederkehr

Den ewigen Sackkreisel von Geburt und Wiedergeburt zu durchbrechen, das ist ja das wahre Ziel des überzeugten Buddhisten. Da ist es nur konsequent, dass unser aller Lieblingsbuddhist und exiliertes Staatsoberhaupt aller Tibeter, besser bekannt als *Dalai Lama*, eben genau dieses Ziel nun für sich selbst ausgegeben hat:

Nach seinem Ableben sollen seine Mönche nicht wie sonst in den letzten 450 Jahren ausrücken, um einen geeigneten Knabenkörper für seine Wiederkehr zu finden, sondern das Ganze jetzt endlich mal auf sich beruhen lassen. Schließlich sei das am Ende ja nur schnöde Politik und der Dalai Lama nur Staatsoberhaupt eines nur noch in der Einbildung rührseliger Anhänger existenten Staats namens Tibets. Ja, kann man so sehen.

Anderseits, wenn die Schotten jetzt das Große Britannien um genau sich selbst verkleinern wollen, dann wäre da doch ein charmantes Ersatzland für den Dalai Lama zur Hand. Bergig, zugig und fröhlich ist es in den *Highlands* ja auch, und wenn es da Chinesen gibt, dann machen die entweder Suppe oder Wäsche. Also, alter Lama, überleg's Dir noch mal, bitte! Denn sollte ich wiedergeboren werden, würde ich Dich doch sehr vermissen.

09.09.2014

Mythologische Störungen

Alles Gute kommt von oben? Jahrhundertelang haben die Ureinwohner Arizonas mit ihren typischen Regentänzen bei Manitou um Inspiration für den betontrockenen Wüstenboden geworben. Dann kamen die Bleichgesichter und haben ein paar Jahrzehnte an den Höhenwinden in der Atmosphäre rumgebastelt - und Schwupps, schon klappt das mit der extrem hohen Luftfeuchtigkeit in der klassischen Tropfenform. Blöd nur, dass jetzt alles auf einmal kommt. Das nennt man dann wohl einen echten Niederschlag; Phoenix komplett unter Wasser! Und das ist nun mal nicht das favorisierte Element des alten Feuervogels. Der kommt ja eher von der Asche, und nicht vom Schlamm!

Auf der anderen Seite heißt es ja in der bokonistischen Religion nach *Kurt Vonnegut*: *"Gott macht Schlamm! Und Gott sprach zum Schlamm: „Erhebe Dich! Und ich erhob mich! Danke Gott, dass ich so viele andere nette Klumpen Schlamm kennenlernen durfte!"*

10.09.2014

Operation am offenen Hirn

Seit 20 Jahren litt die Violinistin *Naomi Elishuv* an einem unwillkürlichen Zitterreiz, der ihr das Schreiben, Tee trinken und auch das Geige spielen doch etwas madig gemacht hat. Nun hat ihr ein Arzt im Ichilov-Krankenhaus in Tel Aviv unter lokaler Narkose einen Hirnschrittmacher eingesetzt, der den Tremor unterbinden soll. Um die winzige Eletrokapsel präzise zu platzieren und die Wirkung direkt kontrollieren zu können, spielte Naomi während der Operation auf ihrer Geige. Und siehe da; das Zittern war wie weg gefidelt.

Und da schöpft man doch direkt neue Hoffnung; also nicht nur für sich selbst, sondern für all die Menschen, die unter solchen unwillkürlichen Zwangshandlungen leiden. Man könnte Politiker während Reden im Parlament operieren; oder bei Putin den Respekt vor dem freien Willen anderer wieder einschalten. Oder bei den ganzen pseudoreligiös angetriggerten Terroristen sowas wie Menschlichkeit wieder aktivieren. Ach so, blöd, Fußangel, Eigentor, wieder mal reingefallen. Es ist ja eine Hirnoperation - also Hirn muss schon da sein.

11.09.2014

One Way Ticket to Hell

Weil der heimatsuchende Ostukrainer russischer Herkunft sich noch nicht ganz sicher ist, ob Zar Vlad mit seinem Plan vom schönen Neurussland am Ende erfolgreich sein wird, haben schon mal knapp 820.000 von ihnen von ihrer Ungeduld getrieben "rüber gemacht", also ins demnächst ins unermesslich prosperierende Altrussland. Und weil das neue Vaterland zu Fuß zu erforschen doch recht mühselig sein kann, haben einige Tausend ex-ukrainische Neurussen Gebrauch von einem Freiflugangebot der Moskalauer Politschickeria gemacht. Fröhlich und voller Hoffnung auf Arbeit, Wohnung und etwas Begrüßungsgeld durften sie sich am Flughafen ein beliebiges Gate aussuchen und in ein Flugzeug ihrer Wahl steigen, während weiter nördlich die Krem de la Kreml schon mal die Reiserouten ins Neurussische übersetzt hat. So wurde zum Beispiel aus *Anapa*, einer netten Kleinstadt am Schwarzmeerstrand, mal eben *Madagan*, eine Stadt die von Stalin als Zwangsarbeiterlager auf Permafrostboden gegründet wurde.

Entsprechend erstaunt zeigten sich dann die Gulagflieger, dass man sie in Scharen in genau jene Gegenden Sibiriens und des fernen russischen Ostens verbracht hatte, in dem dringend frische Bevölkerung für die mittlerweile halb verwaisten Ansiedlungsprojekte der alten Sovietherrscher benötigt werden. Hier wiederum warten auf die freiwillig Kriegsgefangenen weder Arbeit, noch Wohnung oder Taschenrubel, sondern nur die Erkenntnis, dass der Hinflug zwar gratis war, die Aeroflotte für einen möglicherweise gewünschten Rückflug den vollen Preis aufruft.

Immerhin, der stellvertretende Ministerpräsident *Dmitrij Kosak* warb bei den unfreiwilligen Siedlern für etwas mehr Verständnis, bitte, *"sie müssten verstehen, dass es bei uns unterschiedliche Situationen an unterschiedlichen Orten gibt, und sich bemühen, wenn sie sich entscheiden in Russland zu bleiben, in diesem Sinne auch ihrem neuen Vaterland zu helfen!"* Schöner, ja putinistischer kann man es nicht ausdrücken!

12.09.2014

Promotion

Mit großen Schwierigkeiten kämpfen die deutschen Hochschulen und ihre Studenten um die Verkürzung der Studiengänge, beklagen Kosten auf der einen Seite und den Verlust des Forschungsspielraums auf der anderen. Wie es auch gehen kann, zeigt uns das lustige Land Zimbabwe. Hier hat Grace Mugabe in nur zwei Monaten nach ihrer Einschreibung an der Universität in Harare die mundgeblasene Doktorwürde im wohl da unten nicht so komplexen Fachgebiet der Soziologie erlangt. Immerhin, die ehemalige Sekretärin hat ihre rekordverdächtige, akademische Karriere aber von langer Hand vorbereitet, in dem sie den 90jährigen Präsidenten auf Lebenszeit und Vorzeigeekel Robert Mugabe heiraten musste, der praktischerweise auch Kanzler ihre Hochschule ist. Ein klarer Sieg für die Bildung!

13.09.2014

Copy and Waste

Das was vielleicht ein gelungener Versuch hätte sein können, thailändischen Jungs die Freude an der Mathematik zu vermitteln, wurde nun doch noch als kleiner Fauxpas enttarnt. Das Cover des neuestens Schulbuch des Verlegers Muang Thai Book ziert ein frei aus dem Internet einkopiertes Bild einer jungen, äußerst adretten Mathematiklehrerin namens *Mana Aoki*. Die aber hat eher mit dem groben Einmaleins des Erwachsenenfilms zu tun, denn sie ist ein ziemlich bekanntes, japanisches Pornosternchen, das nur für ihren neuesten Film in das Kostüm der Lehrerin geschlüpft ist.

Der Verlag ruft die bereits ausgegebenen Exemplare nun zurück, die ersten sind aber schon von schlauen Schülern auf dem Schwarzmarkt für *Nana Aoki* Devotionalien verhökert worden: offenbar können da einige schon rechnen!

14.09.2014

Leere Spendierhosen

Dass Fortuna blind wie eine Schleiche ist, ist ja lang bekannt. Manchmal ist es aber auch schade. Der Eurojackpot von 61,2 Millionen tritt seine Reise nach Finnland an, statt einer viel edleren Aufgabe in Frankfurt am Main zu dienen. Denn hier hatten sich am Samstag Mittag vor der Ziehung einige Hundert Fans des örtlichen Fußballklubs Eintracht mit ihren selbstausgefüllten Lottoscheinen zusammengefunden, um gemeinsam Geld für einen edlen Zweck zu gewinnen: sie wollten mit dem Gewinn den bisherigen Namenssponsor der heimischen Commerzbank Arena ausstechen und den alten Namen Waldstadion in riesigen Lettern auf das Dach "des teuersten Cabrios der Welt" zimmern lassen. Was wäre das für ein tolles Signal gegen die Vollkommerzialisierung des Fußballs geworden.

Und bei 61 Millionen wäre auch noch genug übriggeblieben, um einerseits die Jugendabteilung der Eintracht großzügig mit Finanzmitteln im Kampf gegen die Kinderhändler, äh, Talenteinkäufer von Rasenball Leipzig, Hopp Hoffenheim und der Promotionabteilungen von Volkswagen und Bayer zu wappnen. Und andererseits in der nächsten Transferperiode zeitnah ein paar Spitzenspieler für die Herrenmannschaft dazu zu kaufen.

Und das, hochverehrte Glücksgöttin, wäre deine Chance gewesen, mal wieder etwas echt Lustiges zu leisten.

15.09.2014

Zweckmühle

Obama erklärt IS den Krieg! Obama erklärt Ebola den Krieg! Zwei Schlagzeilen nebeneinander bringen einen ja so gut wie immer auf eine gute Idee: am besten lässt der Obama diesen gemeingefährlichen Ebola in Westafrika verhaften und dann aus einem Quarantäne-Flieger direkt über IS-Gebiet abwerfen. Dann ein paar Wochen einwirken lassen und per Multiple-Choice-Test abfragen, wer von beiden die Kriegserklärung besser verstanden hat.

Einen etwas anderen Ansatz verfolgt das für seine imperialistischen Triebe gut bekannte Showkönigreich Dänemark: hier sollen die von permanenter Jungfrauenlosigkeit frustrierten IS-Kämpfer heimkehren dürfen, wo sie Straffreiheit und ein ausgetüfteltes *Entsalafistisierungsprogramm* erwartet, also so eine Mischung aus Amnestie und Amnesie. Wirkt super!

16.09.2014

Ukraine 2.1

Wird mal wieder Zeit für ein kleines Neustussland update. Die Regierung in Kiew hat einen Sonderstatus für die Ostukraine beschlossen: mehr Autonomie und Amnestie für die Rebellen. Und das entspricht ja so ziemlich dem, was schon Putins Marionettenduma ungefragterweise für die Ostukraine beschlossen hat.

Riecht also nach Annäherung? Eher nicht, denn Zar P. aus M. hat später noch andere Pläne. Aber erst später. Denn was er zur Zeit noch nicht will, ist: die eh grad nicht besetzte Republik Tschernobyl zurück. Denn die braucht dringend ein neues Dach gegen die Dauerstrahlung russischer Bauart.

Blöd, dass auch Poroschenko demnächst nicht mehr weiter bauen lassen kann, weil ihm 625 Millionen Eurodollar für die Fertigstellung fehlen. Und die Kosten lässt sich der Kremlkasper nicht auch noch anhängen, wo doch die Renovierung der Krim schon Milliarden verschlingt. Irgendwo ist Schluss. Außer die heimischen Medien berichten gut darüber.

Und damit dass so bleibt, hat das russische Herzensbrechmittel schon mal seine heimliche Zweitbesetzung *Alina Kabajewa* zur Chefin des ... öhöm ... überraschend regierungsfreundlichen Medienkonzerns NMG befördern lassen. Ein Posten, für den die ehemalige Olympionikin in der Sparte Rhythmik und Gymnastik irgendwie qualifiziert ist, hat sie doch schon 2008 persönlich miterlebt, wie die Zeitung "Moskowski Korrespondent" ihren Betrieb einstellen musste, weil sie fälschlicherweise von Alinas rhythmisch gymnastischer Tätigkeit hart am Präsidenten zu berichten wusste. Wie sowas kommt ...

17.09.2014

Ersatz mit Schaden

Aus den Lastwagen des Transportunternehmers Luigi Compiano sind in den letzten Jahren auf nahezu rätselhaft italienische Art und Weise Fracht im Wert von 42 Euro Millionen verschwunden. Um die ehemaligen Kunden des elsterhaften Logistikmanagers für ihre Verluste zu entschädigen, hat nun ein italienisches Gericht Compianos Privatbesitz gepfändet und versteigern lassen: eine Sammlung von zweieinhalbtausend Pornovideos zum Bieterwert von insgesamt 720 €. Und weil sich jetzt jeder fragt, was der gute Luigi mit der ganze Kohle sonst noch so gemacht haben könnte, soll hier mal das berühmte Zitat des irischen Profisäufers und Hobby-Fußballers erinnert werden: *"Das meiste ging für Alkohol, Weiber und schnelle Autos drauf, den Rest hab ich einfach nur verprasst!"*

18.09.2014

Schotten Dicht!

Schon allein weil der berühmte Union Jack ohne das blauweiße Andreaskreuz der Schotten echt ganz schön langweilig ausgesehen hätte, aber auch sonst: eine knappe Mehrheit der Highländer und Whiskeybrenner möchte dann doch lieber nicht ganz allein für ihr Schicksal zuständig sein und stimmten für eine Fortführung der über 300jährigen Allianz mit den komischen Leuten südlich des Hadrianwalls. Schon allein, weil sie ja doch eher sparsam sind, diese Scotsmen oder Scotchmen.

Und dann noch all die anderen lästigen Sachen, die man so als Staat machen muss; das geht doch auch schnell ins Geld. Und da fängt die Krux schon an. Die Briten hätten den Gebrauch des Pfunds untersagt, und bis man die Kriterien für den Einstieg in das Eurorettungsboot erfüllt hätte, wäre noch viel teurer Single Malt ins Loch Ness geflossen. Oder in die Schotten!

19.09.2014

Drei Teufelchen

Nachdem sie geschätzt 50 - 60 Schönheitschirurgen vergeblich belästigt hat, sie zu einem trockenen Männertraum umzubauen, ist der 21jährigen Amerikanerin mit dem mehrfach veralberbaren Namen *Jasmine Tridevil* nun endlich geglückt, einen geldgeilen Arzt zu finden, der ihr tatsächlich eine dritte Brust zwischen die anderen beiden gebastelt hat. Nun kann sie frisch aufgepolstert einen Fernsehsender suchen, der noch eine Durchgeknallte mehr für seine täglichen Menschenversuche im Sprechdurchfalllabor benötigte. Tit Brother is watching you.

Das könnte natürlich dann wieder eine Welle ähnlicher Ideen nach sich ziehen: ein drittes Bein für Christoph Daum! Ein drittes Ei für Oliver Kahn! Ein drittes Auge für unsere Angela!

Korrektur Nachtrag vom 24.09.

Tja, Mademeusell Münchhausen war wohl noch blöder auf Achse, als ich gedacht hatte: heute wurde Miss Tridevil am Flughafen von Tampa, FL., der dreisten Lüge überführt. Diebe hatten ihren Koffer gestohlen, die Polizei ihn zurückerobert und darin dann die Prothese ihrer kurzfristig legendären Dritttitte (sorry, aber das Wort musste ich unbedingt schreiben) ertastet. Der Plan ist dann also genauso grandios gescheitert wie mein Kommentar dazu. Und auch Angela wird wohl auf ihr Horus-Auge verzichten müssen.

20.09.2014

Schwindelpillen

Die Weltzollorganisation hat in den letzten Wochen allein in mehreren Ländern Westafrika ungefähr 113 Millionen Packungen gefälschter Medikamente aus Indien und - hallo Überraschung:- China beschlagnahmt, hauptsächlich *Scherzmittel* wie Entzündungshämmer, Anti-Idiotika und veterinärmedizinische Produkte, die im Hinterland auch gern mal an sehr arme Menschen verabreicht werden.

Wenn man sich ein paar von den Kranken im heimischen Fernseh anschaut, bekommt man aber irgendwie das Gefühl, dass der Medikamentenschwindel auch schon längst in Mitteleuropa angekommen ist. Zusammengepfuschte Psychopharmaka in politischen Kreisen, unwirksame Neuroleptika bei religiösen Fanatikern und bei einzelnen Damen der B-Promiszene sehr offensichtlich schlecht gespritztes Placebotox!

Wer in welcher Gruppe zu den Opfern dieser inhaltsstoffleeren Gemeinheiten gehört, ist dem geneigten Leser *der Achse des Blöden* heute mal komplett selbst überlassen. Schließlich habe auch ich ja einen Bildungsauftrag. An den ich mich aber grad nicht erinnern kann, weil auf meiner Packung Mackenpillen steht: Copy Made in China!

21.09.2014

Arsch für das Leben

Man muss ja auch mal zugeben, dass auch ein paar unserer mental verletzten Mitbürger echte religiöse Fundamentalisten sind. Schön, wenn man sie mal alle auf einen Haufen sehen kann, wie heute beim *Marsch für das Leben*, wo sich Abtreibungsgegner, Homohasser und andere Fundis des gottgerechteren Werteschleims zusammenrotten, um ihr Recht auf Meinungsfreiheit gegen Analsex, Transgender, Schwulenlobbies und vor allem Abtreibung auszuleben. Ja, wenn man genau weiß, wo und wie der Satan wirkt, dann hat die Straßenwanderung Struktur.

Aber wenn man dann auf die Fotos dieser reaktionären Freiheitsbekämpfer schaut, dann beschleicht einen schon die dunkle Vorahnung, dass es sich hier um Übersprungshandlungsreisende in Sachen Kompensation handelt: Einigen wäre durch rechtzeitige Abtreibung viel erspart geblieben und sind damit unfreiwillig die besten Argumente für die Abtreibungsbefürworter.

Manche machen den Anschein von beleidigten Vergewaltigern, die einfach nicht wollen, dass ihre Opfer ihren mit Gewalt herbeigesamten Nachwuchs möglichst schnell wieder loswerden wollen. Und wieder andere sehen so aus, als wären sie selbst überhaupt erst durch Analsex unter nahen Verwandten entstanden, sogenannte *Darmschwangerschaft*. Schlimme Folge: ein Leben lang Scheiße in der Birne!

Was allerdings die Europa-Abgeordnete der AfD, *Beatrix von Storch* – wie der große weiße Vogel, der die Babys bringt -, seit Jahren auf diesen Versammlungen macht? Da kann man nur rätseln: Ist es angeborene Intolleranz oder einfach nur blöder Wahlkampf?

22.09.2014

Lustverlust

PSAS, oder voll ausgeschrieben Persistant Sexual Arousal Syndrome, nennt sich eine sehr sehr seltene Krankheit. Der Amerikaner *Dale Decker* hat sie als erster Mann der Welt überhaupt. Dank eines äußerst unglücklichen Bandscheibenvorfalls hat er bis zu hundert Orgasmen am Tag, unwillkürlich, ohne Handbetrieb oder weibliche Stellungsnahme - beim Einkaufen, bei Beerdigungen und blöderweise auch beim Sex mit seiner Frau. Denn nun haben sie beide keine Lust mehr drauf: Sie, weil er nicht nur einmal viel zu früh kommt; Er, weil den Unterschied nicht mehr merkt. Was mal wieder eindrucksvoll belegt: Zuviel des Guten bringt einen auch nicht weiter.

Und wie das immer so bei noch nicht so richtig erforschten Krankheiten ist, als Einzelfall ohne Kontrollgruppe für eine medizinische Forschung ist männliches PSAS nicht studienfähig. Und um sich Hilfe bei geneigten Spezialisten zu besorgen, fehlt *Mr. Decker* schlicht das Geld. Aber wer weiß, vielleicht kommt bald ein findiger Marketingunmensch bei Zewa, Kleenex oder Tempo darauf, dass der gute *Dale* eine ideale Testperson für ihr Hauptprodukt wäre. Das ist doch toller *content*, damit kann man doch *viral* gehen!

23.09.2014

Zurück auf die Sprachschulbank

Irgendwie die Disziplinen verwechselt hat der offenbar von großen Zahlen leicht zu beeindruckende Journalist mit der Kennzeichnung "(dr)", als er seinen heutigen Artikel über das IS-Gesindel im Schweizer *Blick* im Wirtschaftsfachjargon heruntergeonkelt hat: "*Es sind Zahlen, von denen viele Firmen nur träumen können ... Spendeneingänge ... weitere Einnahmen ... Investoren ... eigens erhobene Steuern ... feindliche Übernahmen ... Wirtschaftsmotor der IS-Schergen etc.*"

Da er aber als Schweizer immerhin selbst noch drauf gekommen ist, dass die Finanzlage der Mörderbande irgendwie vielleicht was mit so beliebten Bilanzposten wie Schwarzhandel, Geiselnahme, Erpressung, Sklavenverkauf, Plünderungen, Enteignungen, Zwangsabgaben oder schlichtem Raubmord zu tun haben könnte - Zitat: "*Doch: Oftmals sind die Einnahmequellen zwielichtig und dubios!*" -, kann *(dr)s* Faszination für die *steuerfreien Gewinne* der IS nur in seiner tiefen Ehrfurcht vor einer solchen immensen Geldanhäufung liegen.

Da kann der Schweizer nun mal nicht aus seiner Haut! Da ist die Methode des Erwerbs maximal *zwielichtig und dubios*, und das kennt er ja von der einen oder anderen heimischen Bank!

24.09.2014
Der Gott der Physik
Unter dem Hashtag *Notinmyname* machen jetzt nach langer Zeit endlich mal die Jungen unter den gemäßigten Muslimen in breiter Front darauf aufmerksam, dass ISIS, Alk Aida, Taliban, Boko Haram, Khorashan und wie die ganzen Analphabeten unter den Auslegern heiliger Schriften sich noch so nennen mögen, nicht nur nicht den Willen Allahs, sondern auch nicht den der meisten anderen, "wahren" Muslime repräsentieren. Eine Aktion, bei der sich ohne Schwierigkeiten auch Anhänger anderer Religionen draufhängen können, denn schließlich tobt der ganze Wahn ja auch nicht in deren Namen. Soviel zur angewandten Ökomene.
Obwohl die unter jenem Hashtag dahintautologierte Forderung von *Hanif Qadir "Muslims must unite against extremists & their sympathisers. It is commanded by our prophet!"* vielleicht auf das Kernproblem der ganzen Tragödie hinweist. Deswegen interessieren wir Kinder der Aufklärung uns mehr für Physik. Die verstehen wir zwar auch nicht und bleibt für viele von uns Auslegungssache (Schwerkraft, Lichtgeschwindigkeit, Relativität), aber in ihren Namen werden wenigstens nicht sinnfrei Leute hingeschlachtet.

25.09.2014
Juristerei in Theorie und Praxis
Der ehemalige *Bradley Manning*, früher mal Obergefreiter und begeistertes Hobbyleck, hat während seiner Militärzeit hunderttausende Dokumente und Depeschen der US Army an Wikileaks weitergegeben und schmort dafür nun 35 Jahre im Knast. Eben jener verklagt nun also Verteidigungsminister *Chuck Hagel*, das Pentagon sowie mehrere Kommandanten von Militärgefängnissen, weil man ihm - bzw. muss man jetzt sagen: ihr - eine notwendige Hormonbehandlung verweigert, um nicht nur dem neuen Namen *Chelsea* nach, sondern auch körperlich zur Frau zu werden. Denn als Frau fühle sie sich ja schon länger und hat das ja auch eindrucksvoll bewiesen: sie mag kein

Militär, keinen Krieg und sie kann kein Geheimnis für sich behalten.

Jetzt gibt es da zwar einen Verfassungszusatz, der jegliche grausame und unmenschliche Bestrafung (außerhalb von Guantanamo?) verbietet, und ja, als gefühlte Frau gleichzeitig in einem Männerkörper und in einem Männerknast gefangen zu sein, klingt auch übertrieben grausam und inhuman. Aber was sollen die dann da jetzt auch machen: wenn sich bei den Mitgefangen rumspricht, dass man sich mit weiblichen Vornamen, langen Haaren und mit Schwanz in den Frauenknast klagen kann, dann bricht da doch ein Prozesstsunami los, von dem sich die Militärjustiz erst in zwanzig Jahren wieder erholt. Wenn überhaupt!

26.09.2014

Zivilisationswehen

Hinter den glänzenden Fassaden der chinesischen Neureichenviertel tobt ein harter Kampf um Wohnraum, Kitaplätze und Kunden. Da die Stadtverwaltungen nicht für die Heerscharen von Wanderarbeitern aufkommen wollen, sind Sozial- und Gesundheitsleistungen vielerorts an den Besitz einer Wohnung gebunden. Das sorgt dafür, dass sich arme Leute bei Familie, Freunden und Banken auf 40 oder 50 Jahre hinaus verschulden, um sich eine kleine Rohbauwohnung kaufen zu können. In der leben sie dann meist kaum anders als auf der Straße: ohne Fenster, Möbel oder Tapeten, auf Kisten und Matratzen vom Sperrmüll und mit einer offenen Feuerstelle statt Einbauküche! Und das Loch, wo man sonst eine Schüssel draufstellt und ans Wasser anschließt, funzt ja auch als Plumpsklo.

Die Grundschulen sehen sich eine anderen Problem gegenüber. Schon zum zweiten Mal innerhalb weniger Tage ist ein Mann mit einem Messer bewaffnet in eine Schule gestürmt und hat mehrere Kinder abgestochen: einer seiner Amokvorgänger hatte bereits gestanden, dass er äußerst enttäuscht war, dass die Schuldirektorin seine Tochter wegen Überfüllung nicht aufnehmen und er deswegen für ein bisschen Platz sorgen wollte. Chinesische Eltern nehmen für die Bildungschancen ihrer Zwerge wirklich noch was auf sich.

Am anderen Ende des knallharten Verdrängungswettbewerbs probierte sich ein Koch aus der Provinz Shaanxi aus: er wollte seine Kunden mit seinen leckeren Nudelsuppen im Sinne des Wortes süchtig machen, denn ein Restaurant braucht glückliche Stammkunden. Und weil seine Kochkünste dazu anscheinend nicht ausreichten, beschloss er seine Ramen-Nudeln mit Opium zu würzen. Nun ist er für die nächsten 15 Jahre von seinen Kunden völlig unabhängig und kann entspannt darüber nachdenken, warum der Trick mit den Drogen bei Coca-Cola* geklappt hat, bei ihm aber nicht!

(*Ja, deswegen heißt Coke Coke, denn bis 1903 war da ja noch Coke drin!)

27.09.2014

Landarztschwemme

Da sich bei den Damen und Herren im Gesundheitsministerium rumgesprochen hat, dass der junge, gutausgebildete Mediziner einen gut bezahlten Job im nahen Ausland oder wenigstens in einer deutschen Großstadt bevorzugt, hat Mutti Staat eine ganz besondere PR-Kampagne gestartet; und zwar per Propaganda-Anweisung an die Öffentlich-Rechtlichen. So kommt es, dass Samstag Mittags zeitgleich zwei Heimatfilme auf ARD und ZDF liefen, der eine mit dem aussagekräftigen Titel "Der Landarzt", der andere mit einem nicht weniger kühn erdachten "Die Landärztin".

Strickmuster nahezu identisch, eins spielt in Friesland, das andere in den Alpen, beide Open-Air-Mediziner haben lustige Schwierigkeiten ihre Ehe zu schließen, beide haben ein verständnisvoll-verbrüdertes Verhältnis zu Pfarrer und Pfaff, beide müssen ihre leicht vertrottelten Dorfbewohner mit freundlichem Nachdruck wieder auf die grade Bahn schubsen, und natürlich scheint immer die Sonne: den Land ist bei Landregen besonders schwer zu vermitteln.

Beide Machwerke strotzen aber nur so von jenen Plattheiten und Dümmlichkeiten, mit denen man Studierte vom Land verjagt. Und, ach ja, in welchen Teil dieses perfiden Plans sitzen denn junge Mediziner Samstags Mittags vorm Fernseher und schauen sich parallel zwei Filme, die sich in Textbuch und Bildsprache eindeutig an eine Zielgruppe wendet, die bereits pensioniert ist.

Immerhin hat das ganze Fernwirkung: der thailändische Putschführer *Prayuth Chanocha* findet die heimische Produktion von Seifenopern zu konfliktbeladen und hat schon mal angeordnet, dass man positivere Handlungsstränge in die Onkel-Doktor-Drehbücher hinein schreibe.

Mal sehen, wie viele Landärzte sich in Bangkok melden!

28.09.2014

Geile Regierung

Einen winzigkleinen Pseudo-Skandal hat CDU-Politiker *Christoph Bergner* ausgelöst, weil er sich dabei erwischen ließ, wie er während einer Debatte im Bundestag lieber auf seinem Schlauphone nach nackten Tatsachen googelte - und wie durch Zufall bei Playmate Gabriella landete. Was die Bildzeitung natürlich schlimm findet, denn schließlich sollen sich unsere Politiker zwar für junge Menschen interessieren, aber nicht nur für die Nackten unter ihnen.

Ich seh das entspannter: mir ist lieber, die geilen Politiker surfen auf Porno-webseiten, als dass sie wichtige Angelegenheiten entscheiden - während sie an die versäumten Kopulationsmöglichkeiten früherer Tage denken.

29.09.2014

Hübsches Glas

Ups! Ein mittlerweile ehemaliger Angestellter der gleichnamigen Paketver-sandfirma bewirbt sich um den Titel des dümmsten Hehlers aller Zeiten. Ab morgen wird mit Earl Morrison wahrscheinlich kurzer Prozess gemacht, nach-dem er in seiner Eigenschaft als Kurier erst ein Päckchen mit einem 160.000 Dollar teuren Diamanten in die eigene Tasche expediert hat und den Klunker dann bei einem vermeintlichen Kleindealer gegen Marihuana im Gegenwert von etwa 20 Dollar eingetauscht hat.

Das war doppelt dumm, nicht nur weil der Unglücksrabe den Wert seiner Beute verkannte, sondern weil er seinen läppischen Joint auch bei einem verdeckten Ermittler eingetauscht hat. Immerhin, statt jetzt jahrelang die Kohle verkiffen zu müssen, kann er sich im Knast Zeit nehmen, um seinen nächsten Coup besser zu planen.

30.09.2014

Vom Sport lernen

Nachdem der amerikanische Olympiasieger Tommie Smith nach seinem Sieg im 200m Rennen 1968 mit dem Black Panther Gruß für Aufsehen gesorgt hatten, galt im Sport lange das Gebot, Feierlichkeiten und spontane Freuden-ausbrüche nicht mit politischen oder religiösen Gesten zu würzen, bzw. zu versalzen. Jetzt wurde das Footballteam der Kansas City Chiefs nach dem

Touchdown seines Spieler Husein Abdullah mit 15 Yards Strafversetzung getadelt, nachdem besagter Spieler den für seine Position eines Sicherheitsverteidigers bei eigenem Angriff doch seltenen Fall des Torerfolgs noch auf dem Feld mit einem inständigen Gebet gefeiert hat - leider zum falschen Gott. Denn während Bekreuzigungen oder das Küssen christlicher Devotionalien im mittleren Westen sehr gerne gesehen werden, ist die Mekkabeuge im *Bible Belt* irgendwie nicht so beliebt.

Wenn man das jetzt konsequent auf die IS-Schlächter anwenden könnte, würde bei fünfmal Beten jeder von denen pro Tag um 75 yards zurückversetzt: Dann wären sie alle schon in ein paar Jahren an ihrem Ausgangspunkt zusammengepfercht. Zaun drumrum, Käseglocke druff, Schlüssel wegwerfen, fertig!

OKTOBER

01.10.2014

Mikrokosmos

Der ehemalige Psychiater und Hobbyhitler *Radovan Karadzic* hält in seinem Schlussplädoyer sämtliche seit 2009 vor dem Kriegsverbrechertribunal in Den Haag gegen ihn vorgebrachte Anklagepunkte für völlig an den Haaren herbeigezogene Racheakte gegen das gesamte Serbische Volk, und - da er nicht das gesamte serbische Volk repräsentiere - den ganzen Prozess für illegal, weil falsch adressiert. Zwar *"übernehme er eine gewisse moralische Verantwortung"* für die schweren Verbrechen seiner Landsleute, da er ja nun mal - wahrscheinlich durch eine unglückliche Fügung des Schicksals - der Präsident der Serbischen Republik in Bosnien gewesen sei. Aber für die massenhafte Erschießung und Vertreibung der bosnischen Muslime habe er jetzt dann irgendwie doch nicht grade zu stehen, denn wie seine neueste Selbstanalyse eindeutig beweist, war er *"in Wirklichkeit schon immer ein echter Freund der Muslime gewesen!"* Dies würde aber von der Anklage *"bewusst unter den Teppich gekehrt!"*

Und jetzt krieg ich nicht mehr das Bild aus dem Kopf, wie die Lupenbrillen bewährten Ankläger in der festen Absicht *"das Tribunal zu täuschen"* mit einem Büschel aus fünf Dachshaaren die gesamte Philanthropie des Herrn Karadzic mitsamt seinem goldenen Herzen und übergroßen Toleranzorgan unter einen Teppich kehrt, der noch nicht mal die Größe einer halben Briefmarke hat. Ja, da braucht es schon fünf Jahre Präzisionsarbeit.

02.10.2014

Hong King Kong

Ich bin ja noch nicht ganz sicher, ob nicht eigentlich Godzilla für das ehemalige britische Handelspiratennest zuständig wäre, aber einen riesigen Affen haben sie da immerhin schon. Verwaltungschef *Leung Chun Ying*, dessen

Tochter *Leung Chai Yan* (hihi: Ying & Yan!) ihren Abscheu gegenüber dem blöden Gesocks von Stadtbevölkerung über die üblichen asozialen Medien kundtut, verspürt wenig Lust sich in seiner Stadt den Forderungen der protestierenden Studenten nach Rücktritt zu beugen. Die aufsässigen Nachwuchsnerds werfen ihm vor, dass er stets nur das Interesse der Rabenmutterlandes China vertritt, statt auch mal die Anliegen der Hongkonger Bürger zu verfolgen.

Chinas Führung hingegen stellt sich demonstrativ hinter Leung und der angekündigten demokratischen Mimikri: 2017 dürfen die HongKongenesen zur Urne schreiten, um dann dort ein mathematisches Zufallsverfahren in Gang zu setzen, an dessen Ende Peking den Ausgang der Wahl bestimmt und dann die vakanten Stellen mit ihren Äffchen besetzt.

03.10.2014

24 Jahre Deutsche Wiederenteignung

Passend zum Tag der tollsten Einheit gönne ich als alter Wessi jedem Ossi seine Freiheit von ganzem Herzen und auch nach 24 Jahren Soli zahlen tut's mir um keinen Cent leid. Im Gegensatz zu Helmut Kohl habe ich keinen Augenblick daran gezweifelt, dass die Solidarität auch lange nach Ablauf des anfangs geplanten Jahrzehnts weiter zuschlägt. Das hätte Euch schon gleich bei der Nummer mit dem Begrüßungsgeld auffallen müssen, dass das nun mal die Art von Herzlichkeit ist, zu der wir Kapitalisten uns durchringen können.

Ihr habt dafür bekommen, was euch zusteht: uns! Also vor allem die von uns, die euch die von Staats wegen blühenden Landschaften dann rechtzeitig unterm Arsch weggekauft haben. Die euch kaltlächelnd in die Bundesliga eingesogen haben, wohl wissend, dass ihr den wirtschaftlichen Druck nicht bestehen könnt. Extra für Euch haben wir die eingleisige Dritte Bundesliga eingeführt, damit eure Traditionsvereine wenigstens ab und zu mal in den Westen kommen. Zum Ausgleich bekommt ihr so einen kranken Kapitalistenfurz wie RatPull Leipzsch! Und da zupfe ich jetzt die Fußballindustrie nur mal als x-beliebiges Beispiel von der grünen Wiese.

Gut, Ihr glaubt vielleicht noch, Eure saure Rache hieße Angela, aber die arbeitet längst für uns - auch wenn es nicht immer so ausschaut! Oder um im Beispiel zu bleiben: so wie bei Matthias Sammer! Der hat zum heutigen

Feiertag mal rausgehauen, dass Lokomotive und Chemie Leipzig jetzt die verdienten Loser sind, weil *"sie es nach der Wende nicht geschafft haben, ihre Kraft im Interesse des Fußballs vor Ort zu bündeln!"*
Zur Strafe hat ihnen jetzt Brausepanscher Mateschitz seinen 9-Mann-Plaste-und-Elaste-Verein ins von unseren Steuergeldern gebauten WM-Stadion gesetzt. Und da geb ich euch mal einen alten Wessi-Tipp für ganz umsonst: an so einer Kröte muss man vorher lecken, damit man sie mit einem halluzinogenen Lächeln schlucken kann!

04.10.2014

Umfrage

Der neue Papst wird immer lustiger und hat echt abgefahrene Ideen; dafür dass er nur Stellvertreter ist. Jetzt hat er mal eine Umfrage bei seinen Schäfchen machen lassen, die mit folgendem verblüffenden, wenn nicht gar zutiefst irritierenden Ergebnis aufwartet.
Die Zusammenfassung - todschick *Instrumentum Laboris* genannt (also angeberlateinisch für: *Arbeitspapier*) - hatte gezeigt, *"dass für viele Gläubige eine Kluft zwischen ihrer Lebenswirklichkeit und der Lehre der katholischen Kirche besteht!"* Jetzt bin ich schon sehr gespannt, ob die Bischofskonferenz dahinter kommt, was der Durchschnittskathole wohl damit meinen könnte. Ok, ich will nicht so hart sein: 3 von 10 richtigen Antworten wären schon okay!

05.10.2014

Integrationös

Alle Menschen sind gleich, aber einiger sind doch irgendwie anders, vor allem in Österreich. Damit das auch weiterhin klar bleibt, hat die Ösen-Regierung ihr Islamgesetz, dass vom Kaiserreich selig 1912 nach der Annexion Bosnien unbedingt formuliert werden musste, nun mal ein bisschen überarbeitet.
Religiöse Rituale wie das Schächten von Tieren und das Beschneiden von männlichen Gläubigen werden irgendwie erlaubt. Hier kommen die Gläubigeninnen besser weg, denn Genitalverstümmelung bei Frauen bleibt weiterhin strickt verboten. Eine in Resteuropa sehr geachtete Idee ist die neue Vorschrift, dass sich die Moscheen nicht mehr aus finanziellen Zuflüssen aus

dem befeindeten Ausland finanzieren dürfen - so ne Art Financial Fairplay Regel, um den Wettbewerb der Religionen nicht weiter zu verzerren.

Auch nett ist der Einfall, dass nur diejenigen religiösen Inhalte verkündet werden dürfen, die in Deutscher Sprache - oder das was man in Ösenreich dafür hält - abgehalten werden. Gut, auf solche eine Idee kommt man vielleicht, wenn sich die eigene Volksmusik nur marginal vom Muezzingejodel unterscheidet. Zum Glück haben sie in vielen Tälern Echo. Dann haben sie doppelt was davon!

06.10.2014

Kleine Geschäfte, schlafende Hunde ...

Volkswagen hat ja bekanntlich ein teures Hobby, und das ist der VfL. Und damit es bei großen Abschlüssen mit Konzern-Dienstleistern doch noch ein kleines Bisserl was extra fürs Hobby gibt, bietet VW seinen Lieferanten großzügig an, man könne ja im Gegenzug das Provinzfußballteam als Sponsor unterstützen. Und dabei können die Wolfsburger recht deutlich werden; ja sogar so unverblümt, dass es der Firma T-Systems nun doch zu eindeutig wurde und sie mal mit dem Staatsanwalt geredet hat. Aber gegen die Zahlung von zwei Millionen Euro Bußgeld stellt die Braunschweiger Justiz das Verfahren lieber direkt wieder ein.

Wie immer sieht sich VW im Recht, zahlt aber lieber, weil man einem langen und quälenden Prozess aus dem Weg gehen möchte; einem Prozess, bei dem wahrscheinlich mehr oder weniger unfreiwillig ans Tageslicht kommen würde, wie der Verein sich überhaupt finanziert. Und das gilt es um jeden Preis zu vermieden. Am Ende fällt dann den Wettbewebshütern vom DFB noch auf, wie weit sie sich von den Ideen ihrer eigenen Statuten schon entfernt haben.

07.10.2014

Willkommen zurück

Der israelische Finanzminister *Jair Lapid*, nicht verwandt oder verschwägert mit dem Erfinder des schönen Wortes lapidar, kündigt eine Preiskontrolle *"auf Produkte des täglichen Grundbedarfs"* an, und zwar als Gegenreaktion auf eine Internetkampagne, mit den bereits ausgewanderte Neuberliner ihre jüdischen Landsleute und Volksgenossen in unsere Hauptstadt zu locken versuchen - und zwar mit dem ebenso lapidaren wie griffigen Hauptargument, "dass hier die Lebenshaltungskosten wesentlich günstiger sein als im teuren Tel-Aviv."

Dass ausgerechnet die Spreemetropole mit ihrem geschichtlichen Erbe zum Zufluchtsort junger Juden aus dem gelobten Land werden soll, irritiert die ältere Generation der Israelis doch gewaltet: können sie sich doch noch an die enormen Lebens*erhaltungs*kosten während des tausendjährigen Nazireichs erinnern.

Vielleicht liegt die Auswanderungswelle aber eher am berühmten jüdischen Pragmatismus. Die jungen Israelis schauen sich im Heiligen Land um, sehen überall nur missgelaunte Feinde und denken sich dann: „Die Deutschen versuchen dieselbe Scheiße sicher nicht noch einmal, aber bei den anderen Brüdern hier im Nahen Osten kann man sich da nicht so sicher sein!"

08.10.2014

Kein Tiger im Tank

Dass es sich bei Freund Mateschitzens Flügelverleih nicht um einen Mietladen für Konzertpianos handelt, dürfte sich mittlerweile rumgesprochen haben; dass Rat Pull aber tatsächlich keine Flügel verleiht, hat jetzt ein amerikanisches Gericht amtlich beschieden und einem frustrierten Dauerkonsumenten der Gummibärchenbrause 13 Millionen Dollar Schadensersatz zugesprochen, weil er die Plörre zehn Jahre lang in sich reingekippt hat, ohne irgendeine Art von Leistungssteigerung oder Flugfähigkeit zu verspüren. Wie das Gericht durch einen bestellten Experten nachweisen ließ, hat der angebliche *Energy Drink* trotz seiner Werbelüge nicht mal zwei Drittel des Koffeins einer normalen Tasse Kaffee zu bieten.

Und das ist erst die Spitze des Eisbergs: die New Yorker Familie Terry klagt mittlerweile auf 85 Millionen Dollar Dachschadenersatz, weil ihr Sohn Cory kürzlich nach ähnlich langem Dauerverzehr des klebrigen "Stierhodensafts" auf dem Basketballfeld tot zusammengebrach. Auch hier kann von Leistungssteigerung keine Rede sein. Und wie immer im Land der unbegrenzten Klagemöglichkeiten wird sich schon bald ein weiterer geschäftstüchtiger Anwalt finden, der gegen die Werbelügen von zahlungskräftigen Unternehmen Klage führen wird.

Kein Tiger im Tank bei Esso. Auch keiner, der durch Frosties geweckt wird. Trotz Colgate hat der Zahnarzt gebohrt! Und auch bei Media Markt können sie sich nicht mehr sicher sein, denn es findet sich in den USA sicher irgend-einer, der doch blöd ist!

09.10.2014

Völkerball

Wenn man an einem Samstag Nachmittag in einem beliebigen Fußballstadion noch schnell ein paar zusätzliche Linien aufmalen, drei vier Tore dazustellen und noch ein paar neue Mannschaften aufs Feld schicken würde, dann würde das bei Otto Normalfußballgucker doch einiges an Verwirrung stiften.

Da geht es den Anwohnern im Hamburger St. Georgsviertel oder den Insas-sen der niedersächsischen Stadt Celle kaum anders als den Zuschauern irgendwo in Syrien: gemäßigte Muslime, die sich mit Salafisten prügeln, jesi-dische Kurden, die sich gegen fanatische Islamisten wehren müssen, von der Türkei aber nur zögerliche Unterstützung erhalten, weil der Türke mit dem Kurden auch nicht so richtig kann, was man auch von den muslimischen Kur-den in Bezug auf die kurdischen Jesiden behaupten kann, dazwischen ein paar kopfschüttelnde Christen auf der Flucht, die sich mit ihren Trillerpfeifen und Linienrichterfahnen irgendwie ziemlich blöd vorkommen, zumal sich ein-fach niemand daran stört, wenn er eine Rote Karte gezeigt bekommt. Warum auch? In der Liebe und im Dschihad ist ja alles erlaubt.

10.10.2014

Gedächtnisverlustig lustig trallalla

Die Exbundesbirne aus dem Oggersheim, das keinerlei Berechtigung zur Exi-stenz auf diesem Planeten hätte, wenn es nicht der Zufluchtsort der von Schwergesichtsmeister *Kohl* wäre, hat beschlossen, aktiv gegen den Kolle-gen Alzheimer vorzugehen und sämtliche dereinst aus seinem Mund ge-tropften Erinnerungen per Gerichtsbeschluss heim ins eigene Hirnkasterl zu holen. Die Klage gilt seinem früheren Biografen und angeblichen Geistschrei-ber *Heribert Schwan*, der sich erdreistet, zwölf Jahre nach der Aufzeichnung von etwa 600 Stunden Erinnerungslücken des BreiFAZ (breitester Führer aller Zeiten) noch ein zweites Buch daraus zu machen, diesmal als Enthüllungsbiograf. Da ist es nur konsequent, dass dieses Werk bei einem Verlag erscheint, der schon im Namen zugibt, Bücher nur nach Zufall auszuwählen. Jetzt freu ich mich schon mal auf die Outtakes. Und bin gespannt, ob Birne sich wirklich an was erinnert.

11.10.2014

Zusatzschicht

Der Wiener Ex-Innenminister und frühere EU-Abgeordnete *Ernst Strasser* muss wegen Bestechlichkeit für drei Jahre nach Österreich! Nein, Unfug, da ist er ja schon, er muss in den Knast; weil er auf das Lockangebot einiger britischer Journalisten eingegangen war, für 100.000€ steuerfreien Nebenverdienst die EU-Kommission im Sinne seiner gar nicht so geheimnisvollen Auftraggeber zu manipulieren. Also eigentlich das, was fast alle irgendwie mehr oder weniger machen: nur der Österreicher hat sich wieder mal dabei erwischen lassen.

Na gut, sie haben noch einen Slowenen und einen Rumänen hopps genommen, aber das sind ja irgendwie auch nur abtrünnige Österreicher.

12.10.2014

Geschäftsidee

Wenn man mal gar nicht mehr weiter weiß, dann sollte man eine Baufirma im Gazastreifen aufmachen. Eine internationale Geberkonferenz hat jetzt 5,4 Milliarden Dollar in Aussicht gestellt, um den Raketenabschussrampenstreifen wieder in ein halbwegs bewohnbares Gebiet zu verwandeln. Das erinnert mich doch sehr an eine Kindheit im Sandkasten, wie mein Bruder und ich mit Eimerchen und Schaufel ständig neue Burgen und Wehranlagen erschufen, um sie kurz darauf wieder kunstvoll mit selbstgebauten Lego-Katapulten in Schutt und Sand zu zerlegen. Denn in einer Sache waren wir uns damals absolut einig: Aufbau macht viel mehr Spaß als Zerstören, aber wenn man nur 3 x 3 m Sandkasten im Quadrat besitzt, muss man halt ab und zu mal Tabula Rasa machen: das befreit und ergibt neue Gestaltungsmöglichkeiten. Und so ähnlich geht es wohl auch den Palästinensern, sonst würden sie ja nicht ständig einer der best gerüsteten Länder der Welt mit selbstgebastelten Raketen angreifen, oder?

13.10.2014

Brüderliche Wärme in der Gemeinde

Für vatikanische Verhältnisse fast schon eine Kehrtwende ist die heute kolportierte Formulierung in Sachen Katholiker und Homosexuelle. Nach einwöchiger Beratung zum Thema Familie, Ehe und Kinderbefummeln ist die Synode zum Schluss gekommen, dass die römisch-katholische Kirche zwar nach wie vor gleichgeschlechtliche Handlungen wie zum Beispiel die Heirat und den damit irgendwie verbundenen Vollzug der Ehe ablehnt, aber immerhin doch auch *"positive Aspekte"* gleichgeschlechtlicher Beziehungen erwähnt.

Ja, so schnell kann es manchmal gehen; neulich unter Regelkeule Ratzinger noch *"Anomalie"*, jetzt schon Opfer der Barmherzigkeit des neuen Kuschel-Papas. Der nämlich findet anscheinend, dass eine Organisation, die schon seit langem im Verdacht steht, einige gleichgeschlechtliche Handlungen aus den eigenen Reihen durchaus zu tolerieren, ruhig auch mal zugeben kann, dass Homosexuelle *"die christliche Gemeinschaft bereichern"* können. Und *"bereichern"*, das hört sich doch wieder nach der guten alten Katholenkirche an.

14.10.2014

Jungfernflug

Olsi Rama, der zwar nicht der Vorstand einer berühmten Margarine-Dynastie, aber immerhin der Bruder des albanischen Präsidenten ist, hat nicht nur eine ganz schöne Fahne, sondern auch noch einen Quadricopter, mit dem er das edle Tuch über ein voll gefülltes Fußballstadion in der serbischen Hauptstadt schweben lassen kann; und zwar während die Nationalmannschaft seines lustigen Zwergstaats gegen die Fußballer des gastgebenden Zwergstaats zur Europa-Qualifikation (UEFA) antritt.

Nachdem sich die Landesverbände der Kombattanten schon vorher drauf geeinigt hatten, bei den Heimspielen jeweils keine gegenseitigen Fans zuzulassen, versuchten nun serbische Fans die fliegende Fahne der verhassten Albaner mit Leuchtspurgeschossen vom Himmel zu holen, bis ein serbischer Spieler den flatternden Lappen zu fassen bekommt und samt Flugspielzeug herunterreißt. Was auf dem Platz eine direkte Reaktion albanischer Spieler nach sich zieht.

Und schon gerät der Ball zur Nebensache und die Mannschaften begehen eine Reihe von Fouls und Tätlichkeiten, sodass sich Schiedsrichter Atkinson genötigt sieht, die Partie für unvollendet zu erklären und alle nach Hause zu schicken. Ergebnis der zukünftigen Staatsaffäre: beide Länder haben die Europa-Qualifikation (EU) mal wieder deutlich verpasst.

15.10.2014

Fast ohne Worte

Keine Ahnung, welch psychologisch abgefeimte Strategie das Friedensnobel-preiskomitee mit einigen Nominierungen verfolgt oder ob die Damen und Herren einfach nur heimlich irgendwelche psychedelischen Substanzen in ihren Champagner kippen. Zumindest scheinen sie ziemlich resistent gegen die Lehren aus ihren früheren Entscheidungen, bei denen mehr als fragwürdige Personen wie Adolf Hitler (1939!) immerhin nominiert oder Jassir Arafat (1994) gar ausgezeichnet wurden.

Aber Hand auf Scherz, Ihr Nobel-Schweden, jetztma kurz ganz ohne Scheiß und im vollen Ernst: Auf Eurer Nominierungsliste für 2014 stand tatsächlich auch Vladimir Putin? Neben Papst Franz und dem afghanischen Mädchen? Ehrlich? Wegen seiner Friedenssicherung auf der Krim? Oder in der Ostukraine? Oder weil er die gemeingefährlichen und jederzeit kriegsbereiten Homosexuellen von Russlands Straßen putzt?

Oder wolltet Ihr endlich auch mal ausgezeichnet werden? Vom Guinness Buch der Rekorde; für den schlechtesten Scherz des 21.Jahrhunderts?

Na dann: Haha!

16.10.2014

Raucherjagd

So kann man den letzten Resten persönlicher Freiheit auch zu Leibe rücken. Gegen Bea Hellig, Wirtin eines Rockklubs irgendwo im Schweizer Niemandsland (also: St.Gallen), läuft seit kurzem *"ein Verfahren wegen nicht bewilligten gesteigerten Gemeingebrauchs!"* Was nichts anderes heißt, als dass die Besucher der Bar, die seit 2008 wegen des Rauchverbots in Raucherkneipen *ohne Fumoir* vor die Tür ihrer nächtlichen Teilzeitheimat treten, um dort eine zu qualmen.

Die Polizei, so Stapo-Sprecher Roman Kohler, ist aber der Meinung, dass die Raucher den Gehweg so verstopfen, dass nachts um Uhr keine Mutter mit Kinderwagen mehr an ihnen vorbeikommt und unter Lebensgefahr auf die stark unbefahrene Straße ausweichen müsste; auch wenn Helligs Gäste, wie sie anscheinend unglaubhaft beteuern, gerne zur Seite treten, wenn ein anderer Bürger seinen Steig benutzen möchte - selbst wenn der auch grade durch Zufall eine schmaucht. Nützt alles nichts, denn auch die Schweizer Behörden weichen keinen Millimeter zurück, wenn sie erst mal einen Amtsschimmel vor sich her getrieben haben. Außer es geht um eine Bank!

17.10.2014

In den Farben getrennt ...

... in der Sache vereint. „Endlich mal eine sinnvolle Freizeitbeschäftigung!" denkt sich da so mancher Fußballhooligan und rottet sich seit neuesten vereinsübergreifend mit anderen Hobbyschlägern aus dem Umfeld von Dynamo Dresden, Waldhof Mannheim und - man höre und stutze - auch dem FC Basel zusammen, um laut *"Jesus, Jesus"* rufend auf die Jagd nach Salafisten zu gehen, nämlich *"um sie dorthin zurück zu schicken, wo sie hingehören!"*
Wahrscheinlich nach Salafististan. Bin gespannt, wann den Buben auffällt, dass Jesus da nicht ganz ihrer Meinung wäre. Aber ok, in dieselbe Falle ist die katholische Kirche ja auch schon öfter getapert. Und außerdem: wenn die anderen ihre eigene Religion nicht verstehen, dann dürfen unsere Hools das schon lange.

18.10.2014

Der Funktionär, dein Freund und Vorbild

Eine Räuberbande plant und vollzieht einen Raubzug im Diamantenladen zwei Kontinente weiter, gerät unter Verdacht, mit dem Diamantenladen unter einer Decke in Sachen Versicherungsbetrug zu stecken, lässt dann aber nicht die Polizei oder solche Nichtskönner wie die örtliche Staatsanwaltschaft die Beweise untersuchen, sondern gründet aus ihrer Mitte heraus so eine Art Dachschadenrat namens Ethikkommission, dessen vornehmste Aufgabe es ist, aller Welt mal die Sachlage aus Sicht der Räuberbande darzulegen. Es gilt die Unschuldsvermutung nach dem Motto: je größer die Ethikkommission, desto vermuteter die Unschuld!

Nun liegt der Bericht vor, kann aber leider nicht vollständig veröffentlicht werden, denn: *"Den Untersuchungsbericht integral zu veröffentlichen, würde den Räuberbandendachschadenrat sowie die Räuberbande insgesamt in eine äußerst schwierige rechtliche Situation bringen!"* Ja nee, is klar, denn es müssen ja auch die Persönlichkeitsrechte der im Bericht namentlich genannten Bakschischfischer gewahrt bleiben - weil, wenn man am Ende verrät, wer wem wann wie viel zugesteckt hat, damit auch ja sein Laden ausgeraubt wird, der gilt in Verbrecherkreisen auch nur als mieser Verräter. Davon abgesehen, dass es sich da um internationale Straftaten handelt, für die man nicht mehr über Los gehen kann, sondern direkt in den Knast müsste. Wenn das mal nicht die Persönlichkeitsrechte verletzt.

Ach, diese Welt ist schlecht! Zum Glück gibt es den Sport als leuchtendes Beispiel der Ehrlichkeit und Fairness.

19.10.2014

Suni hat das Gebäude verlassen!

Schon schade, dass sich das mir Aufklärung irgendwie nicht so recht rumsprechen will. So werden immer mehr Unschuldige Opfer irgendeines völlig schwachsinnigen Aberglaubens. Zum Beispiel, dass die meist ja aus psychischen Gründen impotenten Gelblinge durch das Pulver eines zerriebenen Nashornnashorns wieder so was wie Manneskraft erlangen - womit ja schon ausreichend angedeutet wäre, dass in China Manneskraft aber auch gar nichts mit dem Verstand zu hat.

Darum also ist nun Suni, der letzte zeugungsfähige Bulle seiner Art des nördlichen Breitmaulnashorns, von uns gegangen, und da die Wilderer für das Reich der Mittel alle anderen Artgenossen Sunis mittlerweile abgeknallt haben, bleibt uns vom nördlichen Breitmaulnashorn nur die Erinnerung und ein paar eingefrorene Spermaproben in einem deutschen Zoo.

Super gemacht, Ihr Aberglaubenskasper, möge euch der Schwanz abfallen! Auch als Warnung an all jene, die aufgrund ihres wahnhaften Aberglaubens, der natürlich immer der einzig wahre Glaube ist, alle anderen aus dem Haus jagen wollen.

20.10.2014

Kleine Meldung - Große Panik!

Für ein italienisches Paar endete das Liebesspiel im Mittelmeer mit einem unangenehmen Nachspiel. Ein Unterleibskrampf der Dame sorgte für einen so starken Unterdruck, dass sie das beste Stück ihres Liebhabers nicht mehr freigeben konnte. Ein Arzt im örtlichen Krankenhaus sorgte nach peinlichem Transport dann für Erlösung. So weit, so lustig.

Nicht aber für die Schweizer „Journalistin" *Fabienne Buchner*, die nach dem kleinen Zwischenfall in schlimmster RTL-Manier eine ganze Reihe von Katastrophen am sexuellen Horizont dräuen sieht: Salzwasser brennt höllisch in Augen und Muschis, Fische können geöffneten Körperlöchern kaum widerstehen und machen den Zweier zur Orgie, Seegang lässt einen die gesunde Kontrolle über die gewohnten Kopulationsbewegungen verlieren (sehr unangenehm!), man wird an Riffe und Sandbänke gedrückt, schürft sich Haut ab (Salzwasser brennt schon wieder!), beim Oralsex hat man unter Wasser oftmals Schwierigkeiten mit dem Luftholen (uiui, Erstickungsgefahr durch Ertrinken statt durch Deep Throat!) und zu allem Überfluss *"ist schrumpelige Wasserhaut nicht zwingend der Inbegriff von Sexiness!"*

Angriffe von blutrünstigen Haien (einmal im Monat), die ständig lauernde Gefahr durch herumlungernde Tsunamis und nicht zu vergessen: diese zufällig verbeitauchenden Paparazzi mit ihren Unterwasser-youtube-Kameras hat die gute Fabienne bei ihrem tiefen Blick in die Hölle der aquanautischen Kopulation leider ausgelassen.

Also, liebe Fabienne, nochmal zurück auf die AS-Schmierfinkenschule und ein zweites mal den Kurs *"Wie ich für eine Schlagzeile aus einer knuddeligen Mücke einen amoklaufenden Elefanten mache!"* belegen. Und viel Spaß noch mit der Angststörung!

21.10.2014

Späte Reue

Jan Koum, einer aus der Riege der digitalen Wunderkinder, der mit so einem Quatschprodukt wie WhatsApp zum Multimilliardär geworden ist, hat sich nach 19 Jahren nun bei seiner Jugendliebe entschuldigt, weil er sich nach ihrer Trennung von ihm noch monatelang als uneinsichtig verknallter Stalker

versuchte. Erfolgreich, wie eine einstweilige Verfügung samt Annäherungs-
verbot beweist.

Unbestätigten Gerüchten aus leider nur in Mathe gut unterrichteten Kreisen
kam diese späte Einsicht aber nicht von allein so plötzlich über Koum, sondern sanfter Druck von seinen Vorstandskollegen bei Facebook soll ihm zu
diesem Charaktersprung verholfen haben. Und das hat ja wieder mehr als
einen Hauch von Ironie, wenn sie einen der ihren deswegen zum Kniefall
motivieren - die Bosse der weltgrößten Stalker-Software überhaupt!

22.10.2014

Eigentorheit

Das Leben bietet doch immer wieder Stilblüten. Langnese verbietet seinen
Werksangehörigen am Arbeitsplatz von ihrem Zuckersahneeis zu essen? ...
Nee, das war anders. Coca-Cola Angestellte sollen aus Gesundheitsgründen
nicht mehr so viel von der eigenen Diabetisbrause trinken? ... Ja, fast, sowas
in der Art war es, aber noch viel besser.

Ah, jetzt weiß ich wieder: Der amerikanische Tabakkonzern Reynolds - ja,
die, die immer *Camel* über ihr einhöckriges Trampeltier namens Dromedar
schreiben - die verbieten jetzt ihren Mitarbeitern das Rauchen in sämtlichen
Fluren, Fahrstühlen und Konferenzräumen ihrer topmodernen Geschäftssitze,
in Produktionshallen und Kantinen sowieso, und vor allem und tatsächlich: in
den firmeneigenen Fitness-Räumen! Denn dort geht es ja tatsächlich um die
Gesundheit; Deswegen sind da in Zukunft keine Camels mehr erlaubt, *"nur
noch E-Zigaretten und Schnupftabak!"* Sagt ein Camelsprecher: *"Wir wollen
so auf die veränderten Rauchgewohnheiten in der Gesellschaft eingehen!"*

Ja, dann hoffe ich mal, dass es genügend umzäunte Rauchergehege auf dem
Firmengelände gibt, in denen die Mitarbeiter kräftig eine Stange nach der anderen wegqualmen, sonst geht am Ende noch was ganz anderes ein.

23.10.2014

Daumen hoch, Daumen runter, Daumen ab!

Die tolle Welt der Interaktion. Des Deutschen beliebtestes Allzweckpapier
zum Lesen, sonst selbst bei der Beurteilung von Sachlagen und anderen
Ereignissen gerne in der Abteilung Schwarzweißdenken mit großen Buch-

staben unterwegs, hat sich entschlossen, dem ewigen Ying oder Yang der Zuckerbergschen like/dislike-buttons eine etwas facettenreichere Beurteilungsskala entgegen zu stellen. Unter dem Motto *"Ihre Reaktion zu diesem Thema"* kann der geneigte Bildleser seit neuestem unter vielen Artikeln wahlweise die Felder *"Lachen, Weinen, Wut, Staunen und Wow!"* anklicken. Die im Teletext so beliebten Kategorien *"Weiß nicht"* und *"Ist mir doch egal"* wurden aber weggelassen, weil sie den Verdacht nahelegen könnten, der Bildleser sei entweder ungebildet oder die betreffende Meldung sowieso völlig irrelevant.

Ein erster Testlauf mit den neuen "Bild uns deine Meinung"-buttons galt den Verfehlungen verschiedener Modehäuser: Blusen mit einem Muster aus Sig-Runen von Mango, einem schnittigen Peschmerga-Tarnoverall aus dem Hause H&M und als herausragende Glanzleistung geschmackssicheren Zara-Designs: ein schwarzweiß geringeltes Kinderhemd mit einem großen gelben Sheriffstern, das einen man weiß nicht warum an die KZ-Kleidung aus der Nazi-Zeit erinnert.

Immerhin, von 297 Personen fanden 227 diesen Artikel zum "Lachen". Darunter findet man dann den Facebook share-button, wo man sich dann wieder entscheiden kann, ob man sein eigenes Lachen lieber *"liken"* oder *"disliken"* möchte.

24.10.2014

Alibilanz

Mit leichtem Entsetzen bis zu blankem Unverständnis kommentieren heute britische Politiker eine kleine Nachberechnung über 2,1 Milliarden Euro, die unsere Inselsachsen dem Haushalt der EU schuldig geblieben sind. Auch unsere holländischen Freunde sollen ihren niederländischen Anteil um 638 Millionen aufstocken, wohingegen Frankreich ein bisschen und Deutschland ziemlich viel aus dem gemeinsamen Topf zurückerstattet bekommen sollen. Wie es zu dieser Schieflage gekommen ist? Na, wie immer, wenn Behörden sich unvermutet dem wahren Leben öffnen, zumindest gedanklich. So zieht die Statistikbehörde *Eurostat* neuerdings zur Berechnung des Bruttosozialprodukts der EU-Länder auch die nur teilweise legalen Wirtschaftsbereiche wie Prostitution, Drogenhandel und Investitionen heran.

Tja, liebe Engländer, und wenn wir dann an all die Nutten, das Koks und die Finanzschwindeleien in Eurem Londoner Bankenviertel denken, dann wärt Ihr doch mit 2,1 Fantastilliarden echt sanft taxiert. Ich würd sagen, macht's wie unser Wurst-Uli: schnell zahlen, bevor die anderen merken, dass es sich noch um viel mehr handelt. Oder Ihr nehmt Euch doch mal ein Beispiel an Deutschland; wir haben es geschafft mit Nutten, Drogen und Investitionen schlappe 780 Millionen Euro Verlust zu machen. Also bilanzmäßig ...

25.10.2014
Gemütliche Arschtritte fürs eigene Volk

Weil die Schweiz nun mal die Schweiz ist und sich gerne mit so Sachen wie direkter Demokratie brüstet, hintenrum aber die Schweiz ist, ist ihr der fortwährende Dank der "Achse des Blöden" gewiss. Um nämlich sehr reiche Ausländer ins Land zu locken - weil sich mit denen sicher sehr gute Geschäfte machen lassen -, sind diese von der normalen Steuererhebung befreit. Stattdessen zahlen diese Gast-Dagoberts, allesamt mit Vermögen im neun- oder zehnstelligen Bereich, lediglich eine Pauschalsteuer, die sich angeblich nach dem "*voraussichtlichen Lebensaufwand*" bemisst. Ergebnis: allein die 165 im Kanton Bern lebenden Konsumkriegsgewinnler haben im letzten Jahr die gigantische, selbst für Schweizer Verhältnisse kaum vorstellbare Summe von schlappen vier Millionen Franken (in Worten: ein Zwölftel Peanuts) an Steuern bezahlt. Das ist ungefähr soviel, wie die Eigner von Aldi täglich an Zinsgewinnen einfahren.

Am Beispiel Bernhard Ekelstein (englischer Name der Redaktion bekannt), dessen Lebensaufwand sich kürzlich wegen eines Deals mit der Münchner Staatsanwaltschaft um 100 Millionen Euro erhöht hat, müsste alleine darauf eigentlich 63 Mio Schweizer Franken Pauschalsteuer blechen. Tut er aber nicht, weil erstens seinen Steuerberatern überlassen ist, was sie als Lebensaufwand angeben, und zweitens, weil sie in typisch juristischer Verblödung darauf verweisen, dass man die Aufwendung einer solchen Bestechungsverfahrenseinstellungsgebühr nie und nimmer hätte *voraussehen* können, und sie deswegen keinem *voraussichtlichen Lebensaufwand* zugeschlagen werden kann.

Kurze Rede, langer Unsinn: jetzt bin ich mal gespannt, ob die Eidgenossen sich auch mal zu dieser Steuerpraxis in einen Bürgerentscheid äußern dürfen. Wahrscheinlich aber nicht, denn das Ergebnis wäre zu gut vorauszusehen!

26.10.2014
Das nackte Wort
Um auch die lesefaule Oberschicht Roms mal wieder für große Literatur zu begeistern, haben drei sonst als Burlesque-Tänzerinnnen bekannte Damen-Darstellerinnen an exquisitem Orte und gegen ordentlich Hartgeld eine beliebige Auswahl von Meister Shakespeares Sonetten verlesen, weil *"diese ja die weibliche Schönheit mit der klassischen, englischen Literatur verbinden"*.
Dass die drei spontan alphabetisierten Grazien dabei lediglich topfrisiert und mit Schmuck behangen, aber ansonsten völig unbekleidet waren, half der behaupteten Verbindung von Venus- und Verswerk deutlich auf die peinlichen Sprünge.
Trotzdem könnte dieser offensichtliche PR-Trick vielleicht auch noch den einen oder anderen Klassiker der Weltliteratur wieder zurück auf die kulturelle Landkarte verhelfen. Stell ich mir so vor: drei seit Wochen nicht mehr richtig gewaschene, aber völlig entkleidete Obdachlose lesen Bukowskis *Gedichte vom südlichen Ende der Couch*! Drei nackte, vor kurzem wegen Rückenleiden und Sitzfleischverfettung frühverrentete Lastwagenfahrer lesen die Texte von Gunter Gabriels drei bekannten Liedern. Drei blankgezogene Ministerinnen lesen aus Kants Kritik reiner Vernunft. Rainer Calmund, Ottfried Fischer und Dieter Pfaff lesen aus Kochbüchern von Lafer, Lichter und Lecker. Drei splitterfasernackte ... soll ich noch weiter machen, oder kann Eure Fantasie ab hier alleine?

27.10.2014
Gierschlund
Manchen Menschen schlägt die eigene Dummheit schwer auf den Magen. So zum Beispiel einer spanischen Bargeldschmugglerin, die ihre stillen Reserven in eingedrehten Scheinen säuberlich auf Kapseln verteilt und dann runtergeschluckt hat. Leider hat sie nach 16 Kapseln der Appetit verlassen, so dass sie die restlichen 54 Mille zwischen ihrer Wäsche in ihren Koffern verstecken

musste. Bei der Zollkontrolle am Flughafen in Punta Cana, DomRep, war sie dann vor lauter Nervosität und Unpässlichkeit so verhaltensauffällig, dass die Zollisten gar nicht anders konnten als dem unappetitlichen Zahlungsverkehr auf die Schliche zu kommen.

Dabei könnte es so einfach sein. Statt die 109 Mille Bargeld im Magen über die Grenze zu schmuggeln, hätte sich Madame Senora vorher einfach nur zwei Aktien der Lindt & Sprüngli AG kaufen und sie vorsichtig um zwei Tafeln Schokolade zwischen Silberpapier und Umschlag einfalten sollen. Dann kommt sie ohne Probleme durch den Zoll und kann nachher wenigstens richtige Schoki essen - statt Abführschokolade!

Gut, ich nehme natürlich immer die guten Berkshire Hathaway A Aktien von Warren Buffet, falte sie zweimal in einen rosafarbenen Liebesbrief mitsamt parfümiertem Briefumschlag und stecke ihn zwischen die anderen Liebesbriefe und Postkarten, die ganz prosaisch mit einem Einmachgummi zusammengehalten werden. Klappt immer, aber für hunderttausend kriegt man natürlich nur eine halbe Berkshire Hathaway A. Könnt Ihr gerne mal nachmachen, aber bitte nicht mit Commerzbankaktien, denn zwei Schrankkoffer voller Liebesbriefe fallen dann doch wieder auf.

28.10.2014
Olympia Total

Nachdem sich zuletzt fast nur noch Länder mit feudal-oligarchen oder gleich ganz totalitären Regimen um die Ausrichtung der mittlerweile durch Lizenzgebühren, finanzielle Entscheidungshilfen und die Kosten für vorgeschriebene Infrastrukturmaßnahmen doch sehr aufwendig gewordene Austragung von Großsportereignissen wie Fußballweltmeisterschaften und Olympischen Spielen bewerben, geht jetzt die neue Bundesrepublik mit Berlin oder Hamburg in den Pitch um die Ausrichtung der Olympischen Spiele 2024, die 2017 vom IOC vergeben werden. Das heißt, wenn es ausnahmsweise mal gelingen sollte, eine halbwegs vernünftige Präsentation zustande zu bringen und darauf hin den Zuschlag zu bekommen. Und wenn das tatsächlich passiert, dann hat Mutti Merkel nur noch sieben Jahre Zeit, um unser Land in ein totalitäres System zu verwandeln - wahrscheinlich so'ne Art Bemutterungsdiktatur mit demokratischer Tarnkappe.

29.10.2014

Kontosturz

Was macht eigentlich die Finanzkrise so beruflich? Also außer, dass sie dafür gesorgt hat, dass die sich die weltweite Zahl der Dollarmilliardäre seit 2008 auf 1645 verdoppelt hat. Und dass sich mittlerweile 70% der umsatzstärksten Unternehmen dieses lustigen kleinen blauen Planeten mit ihrem Firmensitz in irgendein steuergünstiges Piratennest zurückgezogen haben, von wo aus sie die Regierungen der meisten Länder, in denen sie ihre Leistungen produzieren und verkaufen, um weitere Zusagen und Finanzhilfen erpressen.

In Sierra Leone zum Beispiel, wo man grade intensiv gegen den Ebola-Virus kämpft, hat die Regierung den sechs größten Unternehmen des Landes Steuererleichterungen eingeräumt, die in Summe den staatlichen Gesundheitsetat um das Achtfache übersteigen.

Um das Achtfache! Ich wiederhole das mal, damit der absolute Irrsinn dieser Tatsache auch genug Zeit hat, um in unser Hirn einzudringen. Mit der Hälfte des Geldes der Superreichen könnte man übrigens in den 50 ärmsten Ländern der Welt Schulunterricht und Gesundheitsvorsorge für sämtliche Kinder garantieren, wenn man wollte. Und ich frag mich immer, was die Vögel mit ihrer ganzen Kohle sonst machen. Soviel Knete braucht man nicht, um glücklich zu sein. Ich zum Beispiel hab grade genug Geld, dass ich bis zu meinem Lebensende abgesichert bin - vorausgesetzt mein Leben endet nächsten Mittwoch so gegen 13 Uhr.

30.10.2014

Bauherrschaftszeiten

Seit jeher strebt der erste Mann im Staate nach seiner in Stein gemeißelten Hinterlassenschaft; das gilt für Mussolinis Regierungsgebäude ebenso wie für Einheit-Helmuts Kohlosseum im Spreebogen, für Washingtons Freimaurertheatralik ums Weiße Haus herum oder um ihre Vorgänger an den Pyramiden am Nil. Heerscharen von verlogenen Touristenführern danken es ihnen.

Und wohl genau deswegen hat jetzt auch der "Erster Alles!" des osmanischen Restreichs, Prinz Erdogan von Erdoganien, mal eine 300.000m2 große Scheußlichkeit in ein einst von Staatsgründer Atatürk persönlich gestiftetes und seinem letzten Willen gemäß niemals zu bebauendes Naturschutzgebiet geblökt, und zwar wie nicht anders zu erwarten in einem Architekturstil, der

sich irgendwie nicht zwischen kantiger Akropolis und golfarabischer Doppel-
palasthälfte entscheiden kann. Da der Bau aber an Geschmacklosigkeit und
Peinlichkeit kaum zu überbieten ist, muss man seinen Planern und Erbauern
aber in Anerkennung ihrer konzeptionellen Leistung bestätigen, dass sie ihren
vorgeschriebenen Auftrag präzise erfüllt haben: sie haben Gevattatürk ein
Denkmal gesetzt, so geschmacklos und peinlich wie es eben sein musste!

31.10.2014
Achtung: Sprechen noch schwieriger als Zielen!
Okay, liebe Verwirrte aus der Abteilung Taliban, das kann schon mal passieren, wenn man da plötzlich mit einer Technologie umgehen soll, für die man
als bekennender Fan der Spätantike einfach nicht gemacht ist. Sowas passiert uns allen mal: dass wir mit einer Rakete auf das Hauptquartier der Amis
in Afghanistan zielen, der freundliche Feuerwerkskörper aber dann direkt
nebenan ins Gefängnis einschlägt und dreißig von unseren eigenen Leuten
für den Anatomie-Unterricht vorbereitet.
Aber sich dann wie Euer Sprecher Sabihulla Mudschahid vor die Presse hin-
stellen und den Amis die Schuld für Eure Fehlschusseligkeit geben, weil *"sie
das Gefängnis viel zu dicht am Stützpunkt errichtet haben"*, also ehrlich, das
geht ma ganich! Bei so einem Weltklassekalauer dreht sich doch der Prophet
vor lauter Fremdschämen im Grabe um, denn - wie man so hört - er kommt ja
auch nicht so vom Humor her.

01.11.2014

Impersonations

Wie Brandenburgs SPD beweist, sind die Sozialdemokraten in den letzten Jahren so weit nach rechts gerückt, dass links von ihnen jetzt jede Menge Platz für die Linken und die Ganzlinken ist. Zumindest reicht es dafür, dass die SPD-Delegierten ganz im Sinne seriöser Demokratie auf ihrem Sonderparteitag in Wildau ziemlich entspannt für einen Koalitionsvertrag stimmen können. Wie gnadenlos konterkarierend aber das Archivbildschicksal mit der Seriösität manchmal sein kann, zeigt das zu den Nachrichten von der Parteifront verlinkte Bild von Landeschef *Dietmar Woidke*: von Haltung, Gestik und Mimik ein klassischer Louis de Funès. Das ist ja fast noch besser als Matze Knoop als Beckenbauer. So macht doch Politik auch mal wieder unverdrossen! Zumindest außerhalb Brandenburgs.

02.11.2014

Juristen an die Front

Den heute anstehenden Präsidentenwahlen in den selbsternannten Republiken Donezk und Lugansk möchte die amtierende Regierung in Kiew nicht mehr mit Waffengewalt entgegentreten, sondern mit den Mitteln des rechtsstaatlichen Paragrafengeflechts. Denn die *"von Terroristen und Banditen auf besetztem Gebiet durchgeführten Pseudowahlen"* mit bereits ausgemachten Ergebnissen erzwingen geradezu *"Ermittlungen wegen Verstoßes gegen die verfassungsgemäße Ordnung"* und *"illegaler Machtübernahme"*.

Um seine neurussischen Geschäftsamigos in dieser anstehenden Auseinandersetzung sinnvoll zu unterstützen, schickt Zar Vlad heute morgen noch schnell einen Konvoi mit 62 ungekennzeichneten Kamas-Lastwagen voller russischer Rechtstechnik und ausgebildeter Paragrafenschützen mit lasergesteuerten Gesetzbuchwerfern (Putinorgeln) in die umstrittenen Gebiete.

Dass dann ausländische Journalisten wie der englische Prozessberichter-statter Roland Oliphant die freundlichen Rechtsanwälte nicht gleich als solche erkennen, liegt nicht etwa an deren grüngesprenkelter Freizeitkleidung und den lässig umgehängten, vollautomatischen Argumentationsbeschleunigern, sondern schlicht am Fehlen dieser grauen Perücken, ohne die man sich in England in keinem seriösen Gericht sehen lassen darf.

Aber nur weil man was nicht sieht, heißt das ja nicht, dass es nicht da ist. Denkt mal an die vielen Kisten auf dem Konvoi - Jeder weiß doch, dass der beste russische Perückenhersteller die Firma *Munition* ist!

03.11.2014

Zuchtwahl

Wo führende Nazis vor achtzig Jahren anhand von blauen Augen und blon-den Haaren (Typ Hitler) nur so im Dunkeln rumgemendelt haben, schlägt jetzt die amerikanische Single-Börse *SingldOut* mit der ganzen Unwucht der ultra-modernen Genentschlüsselungstechnik zu.

Der online-Puff bietet seinen Mit- und Ohnegliedern an, einen für sie geeigne-ten Lebens- und Liebespartner anhand eines DNA-Vergleichs herauszusu-chen. Denn wie viele Untersuchun-gen, von denen die Kuppelnerds jetzt grad nicht mehr wissen, wer sie wann wo und wem durchgeführt hat, eindeutig ge-zeigt haben, ist der herkömmliche Speicheltest (Küssen beim ersten Date) im Vergleich zu dem ihren (Q-Tip in die Wange stechen) viel zu unzuverlässig, um den richtigen Nachtabschnittsgefährten zu bestimmen. Und auch auf die Pheromone, anhand derer sich unser Unterbewusstsein so gerne verliebt, taugen angesichts der ganzen Duftkrems und Moschuswässerchen heutzuta-ge nicht mehr viel. Erst und einzig die präzise DNA-Analyse ihres - versteht sich von selbst - völlig unab-hängigen Tiptoplabors *Instant Chemistry* zeigt, ob sich zwei Immunsysteme ideal ergänzen; und das - soviel Kulturverleug-nung muss an dieser Stelle erlaubt sein - das wäre ja auch in der Natur immer noch der Hauptgrund für wahre Liebe: *„die Stärkung des Immunsystems"!*

04.11.2014

Alles wie immer

Rurik Jutting, ein unglaublich gut bezahlter Banker von Merrill-Lynch in Hong-

Kong, hat vermutlich aus Enttäuschung über die Untreue seiner Exverlobten in seinem Luxusappartement zwei wildfremde Frauen abgestochen (beide in der greuellüsternen Tagespresse wohl aus Gründen der Alliteration *"phillippinische Prostituierte"* und *"süd-indonesische Sex-Arbeiterin"* genannt.) Und da stellt sich ja wie immer die Frage: War das irgendwie absehbar? Hat man das ahnen können?

Tage zuvor hat Jutting schon die echt wenigen Follower seiner Social Media Accounts wissen lassen, dass er seinen Beruf aufgebe, um sich *"auf eine neue Reise zu begeben"*. Nun, das hört sich erst mal nicht ungewöhnlich an. Da will halt jemand mal was Anderes machen. Was bei der beruflichen Vorgeschichte ja durchaus was Menschliches hat. Und auch seine elektronische Abwesenheitsnotiz im eMailsystem seines Ex-Arbeitgebers ist eigentlich für einen 29jährigen, kokainberauschten Investmentbanker nichts besonderes: *"Ich bin bis auf Weiteres außer Haus. Kontaktieren Sie für dringende Anfragen jemanden, der kein wahnsinniger Psychopath ist!"*

05.11.2014

Unkraut vergeht nicht

Die allseits gefürchtete Dynastie der Ölzulieferindustriebarone und Kriegsgewinnler aus dem sandigen Flächenstaat Texas bringt sich mal wieder für höchste Ämter in Stellung. Nach George W. Bush dem Älteren *(aus dem Braxel: Bushfeuer - nächtliches Leuchten über Bagdad)* und seinem Ableger George W. Bush der Jüngere *(Das ist was im Bush, aber es ist kein Gehirn!)* hat sich jetzt schon mal George P. Bush *(Anm. d. Red: dabbeljuhs war'n aus)* in das Amt des texanischen Landkommissaren wählen lassen, während sein Vater, Jab Bush und der frühere Gouverneur von Florida, schon mit dem Huf scharrt, um als nächster Kandidat der Reps in den Präsidentschaftswahlkampf zu ziehen. Sieht so aus, als bräuchte das Universum ganz dringend einen neuen Gärtner, der da mal durch Texas jätet.

06.11.2014

Gegen den alltäglichen Rassismus

Weil es wem auch immer bei Apple auf den Sack geht, dass man überall nur noch von Chinesen umzingelt ist, oder weil es einem anderen bei Google irgendwie rassistisch vorkommt, dass *smileys* nur wegen der blöden Sonne immer gelb sind, bekommen die gelben Emoticons auf unseren Handies bald vielfarbige Konkurrenz. Wenn es nach Vertretern beider Firmen geht, soll man sich bei den kleinen Grinsegesichtern ab nächstem Juni zwischen fünf verschiedenen Hautfarben von schweinchen-blaßrosa bis wildschweindunkelumbra entscheiden können.

Wer wieder mal keine eigenen Emojis bekommt: Hitler, Behinderte und vollverschleierte Muslimas!

07.11.2014

Zweckmühle

Das Gesetz und Moral zwei Stühle sind, zwischen die man sich schnell mal setzen kann, ist eine altbekannte Tatsache. Selten findet man sie aber so lustig illustriert wie in der Person des *Jean-Claude Juncker*, der in den letzten anderthalb Jahrzehnten als Hauptgeschäftsführer des Piratentums Luxemburg fröhlich *"legale"* Steuersparmodellgesetze für internationale Unternehmen durchgewunken hat, gegen die er nun als neuer Großer Vorsitzender der EU-Kommission im Sinne der europäischen Gleichberechtigung vorzugehen hat.

Eine Aufgabe, die er wahlweise mit Hinweis auf Befangenheit oder auf einen möglicherweise aufkommenden Verdacht des Amtsmissbrauchs (*"Ich werde keinen Einfluss auf die Geschehnisse nehmen"*) irgendwie zu vermeiden versucht, während *Xavier Bettel*, sein Nachfolger als Premierminister des Fürstenwichs, schon mal eine wahrlich entlarvende Note in den Horizont posaunt: *"Ich kann aber die Steuern nicht erhöhen, nur weil es dann meinen verschuldeten Nachbarländern besser geht!"*

Bis Gerchtigkeitsfanatiker *Bettel* den Zusammenhang zwischen den Steuersparlöchern in seiner Heimat und den fehlenden Milliarden in den Kassen seiner verschuldeten Miteuropäer verstehen will, bleibt Juncker wohl nichts weiter übrig, als in gleichbleibenden Tempo um die beiden Stühle herumzurennen und darauf zu warten, dass die Musik aufhört zu spielen. Um sich dann mit aller Wucht des Staatsmanns dazwischen zu werfen!

08.11.2014

Pausenklon

Die um Vorschläge von unfreiwilliger Komik nie verlegene russische Politikerin Yelena Borisovna Mizoulina (*"Keine weiterführende Ausbildung für Frauen im gebärfähigen Alter - die Mädchen sollen lieber den Staat neu bevölkern!"* oder *"Alle russischen Juden sollen das Land verlassen!"* Begründung: *"Wir haben genug andere Probleme!"*) hat jetzt mal wieder einen rausgehauen, der an Fipsasmussenhaftigkeit selbst von Fips Asmussen persönlich nur sehr schwer zu unterbieten wäre: *"Putin-Sperma für alle gebärwilligen Frauen des Landes!"*

Die in Mizoulinas Vorstellung übrigens durchweg männlichen Sprösslinge ichres Landesvaters, der privat bisher aber nur Töchter zusammengeorgelt hat, *"würden dann so erzogen, dass sie stets loyal gegenüber ihrem Präsidenten und ihrem Vaterland sind, dessen militärische und politische Elite sie dann sein werden!"* Immerhin räumt die zukünftige Spermabankdirektorin gegenüber der russischen Zeitung "Trust" freimütig ein, dass *"die Grundidee meines Vorschlags simpel sei!"* Und da hat sie Recht, die studierte Rechtswissenschaftlerin, auch wenn sie den Unterschied von Mendeln und Klonen noch nicht so richtig raus hat!

Mir drängen sich da jetzt turnparadenartige Choreografien mit abertausenden Russinnen auf, die in frischlackierten Fußballstadien mit nach oben gespreizten Beinen Befruchtung erwarten, während sich der potente Potentat Vladizar fröhlich an der offenen Tür seines Kremlhubschraubers einen nach dem anderen abwedelt - mit nacktem Oberkörper, versteht sich!

09.11.2014

Tag der Wehmut

Was einige ewig gestrige Solidaritätszuschlagszahler immer noch als das 9/11 der jüngeren deutschen Geschichte betrachten, ist auch schon wieder ein Vierteljahrhundert her: der Untergang Westberlins, wie wir es kannten und liebten. Diese wunderbare Insel des Absurden, umzingelt von auferstandenen Ruinen. Vorübergehende Heimstatt für tausende von Bundeswehrverweigerern. Zufluchtsort für so außergewöhnliche Künstler wie Brian Eno und David Bowie. Besungen in den Kalterkriegshymnen von Fisher Z und sogar in tränentriefenden Balladen Elton Johns. Der umzäunte Kindergarten des deutschen Punk und der Neuen Deutschen Welle: *Ick steh uff Balin!* Sperrstundenfrei zwischen Zoom, Sektor, Dschungel und Candlelight-Döner.

Nicht dass Ihr mich falsch versteht, ich hab nix gegen die Wiedervereinigung Deutschlands, auch wenn es vielleicht bessere Verfahren als die Kohlsche Holterdiepolter-Blühende-Landschaften-Methode gegeben hätte. Aber hätte man mein kleines lustiges Westberlin nicht doch irgendwie erhalten können? Nur so aus Spaß? Als Museum für bürgerliche Freiheit? Für so Romantiker wie mich?

10.11.2014
Empathieunterricht

Stellen Sie sich mal vor, Sie kommen eines Abends schwer geplagt von der täglichen Schufterei nach Hause, treten durch Ihr Wohnzimmer mit einem dreitägigen Schott-landurlaub auf Eis in der Hand hinaus auf die Veranda, nur um für ein paar Minuten den verpassten Chancen Ihres Lebens hinterher zu grübeln - und plötzlich trifft sie fast der Schlag: hat da doch tatsächlich irgendein hochgradig organisierter Schelm Ihren Aufenthalt im Büro dazu genutzt, Ihnen heimlich und hinterrücks ein Schwimmbad, eine kleine Privatklinik und ein ausgewachsenes Amphitheater mitten zwischen Ihre Blumenrabatten zu betonieren. Krass!

Und dann, kaum haben Sie sich an den plötzlichen Luxus gewöhnt, kommt auch schon Jahre später pünktlich die Polizei bei Ihnen vorbei und fragt Sie, wo das knapp 20 Millionen € teure Garten-Immobiliar denn nun hergekommen sei? Und wer dieses Arrangement gestaltet hat?

Würden Sie da nicht auch ganz spontan vor Schreck und Ehrfurcht angedenk neuzeitlicher Verhörmethoden ganz die Wahrheit sagen und nichts als die Wahrheit: *"Ich habe von den Renovierungsarbeiten an meiner Privatresidenz nichts gewusst!"*

Aber keiner glaubt Ihnen? Stattdessen unterstellt man Ihnen ganz gemeine Korruption und Bereicherung? Und die Staatsanwaltschaft ermittelt gegen Sie. Da ist man doch zu Recht schockiert.

Sehen Sie, ist doch gar nicht so schwer sich in Südafrikas völlig überraschten Präsidenten Zuma hineinzuversetzen.

11.11.2014

Mein Roller, mein Fernseher, meine Frau

So kann man sein eigenes Volk auch motivieren. Als Maßnahme zur Geburtenkontrolle bietet der indische Staat gebärfähigen Frauen eine ebenso freiwillige wie kostenlose Sterilisation an, ja, spendabel wie der Inder nun mal ist, gibt's sogar noch 22 Mücken obendrauf - für die Frau.

Da die Kastration von Männern im Land des heiligen Kuhmists doch irgendwie als unschick gilt, man die Herren der Schöpfung aber trotzdem auch für die Teilnahme an der Aktion gewinnen will, gibt's in manchen Bundesstaaten für die mutigen Vorreiter einen Fernseher oder einen Motorroller - wenn sie ihre Frau zur Sterilisierung vorbeibringen. So viel zum Thema Freiwilligkeit!

Richtig lohnen tut sich das aber für den männlichen Familienvorstand erst, wenn wie jetzt im Bezirk Bilaspur so eine Massensterilisation an 80 Frauen gründlich daneben geht: 8 Tote, 24 Schwerverletzte und weitere 36, die nach den unfachmännisch dahergestümperten Eingriffen ins Spital eingeliefert werden mussten (Muss man zweimal lesen: *mussten nach der Operation ins Spital eingeliefert werden*. Aha! Wo waren die vorher?). Und die können sich noch glücklich schätzen, nachdem im letzten Jahr dutzende bewusstlose Frauen nach einer solchen Eileiterschnippelparty in Bengalen einfach nur in einem Feld abgelegt wurden, weil im Krankhaus kein Platz mehr war.

Übrigens: An die männlichen Hinterbliebenen zahlt das Kurpfuschministerium von Chhattisgarh pauschal schlappe 6200€ als Schadensersatz für jede kaputte Frau, die ihrem Pascha nun aufgrund akuter Totheit nicht mehr den Haushalt führen kann. Die untröstlichen Witwer setzen sich dann auf ihre neuen Roller und kaufen sich mit ihrem frischen Geld eine jüngere Braut, die sie dann direkt wieder schwängern können.

Soviel zum Thema: gut durchdachte Geburtenkontrolle!

12.11.2014

Erinnerungsvermögen

Dass *Gerhard "Pferdestecher" Schröder* über eine sehr wechselreiche Vita verfügt, ja wenn nicht so gar über mehrere, hat sich vor allem in übel unterrichteten Kreisen der Gemarkung Hannover *(Harald Schmidt: "Es ist nicht der Arsch der Welt, aber man kann ihn von dortaus sehen")* schon lang rumgesprochen. Vor allem dort, weil es woanders schon keinen mehr interessiert. Da aber der Serienfinanzberater und Ferres-Knatterer *Carsten M. Arschmeyer* eh grad zu viel Geld hat und dringend nach neuen Anlagemöglichkeiten sucht, läuft ihm der Gazprom-Fressesprecher und Abkanzler direkt und genau pünktlich vor die mentale Schrottflinte.

Das heißt, der gut abgehangene Finanzoptimierer, sonst auch um keine Peinlichkeit verlegen, ergreift Freund Gerhard beim Schopfe und geht unter die Verleger - oder sowas ähnliches. Auf jeden Fall kauft er die Memoiren des seriellen Memogamisten* (*Geht nur mit jemanden ins Bett, an den er sich erinnern kann!) und Gaspromoters für schlappe zwei Millionen Euro auf.

Und da kann man nur hoffen, dass er es wie viele geheime Sammler macht und den literarischen Bluterguss auf Jahrzehnte in irgendeinem Tresor verschwinden lässt.

13.11.2014
Bayern Innovativ

So heißt eine Einrichtung des bayrischen Ministeriums für Innovation und Wissenstransfer, die für Unternehmen, die irgendwie was mit Innovation und Wissenstransfer zu tun haben, sogenannte Innovationsgutscheine vergibt; was nicht nur bedeutet, dass das jeweilige Start-up *(engl. für: Insolvenz in Gründung)* für seine innovativen Geschäftsideen direkt vom fröhlich vor sich hin frömmelnden Steruerzahler abgezweigte Fördermittel "*cash in die Täsch*" bekommt, sondern auch dass ich das vielleicht dümmlichste Wort des Business Bullshit Bingos in nur zwei Sätzen fünfmal und sehr innovativ untergebracht habe.

Heil sei mir, dem wo der Retter ist von dem deutschen Sprache! Von dem innovativen deutschen Sprache, wohlgemerkt. Das lenkt aber jetzt nur davon ab, dass ausgerechnet Mama Bavaria, die ja sonst schon die Nase ihrer BR-Redakteure rümpft, wenn da mal was halbwegs Nackiges durchs Bild huscht, mit ihrer bargeldhaltigen Wirtschaftsförderung ganz offiziell eine innovative Pornowebseite für Geschlechtsverkehrswissenstransfer unterstützt.

Und da muss man schon mal drüber nachdenken und dann zugeben, dass das für einen Freistaat doch sehr innovativ ist - vom Anschein her!

14.11.2014

Ungläubiger Thomas

Der ehemalige Topflopmanager und selbsternannte Egopropagandist *Thomas Middelhoff* kann, wie er selber sagt, *"sich kein Fehlverhalten vorwerfen!"* Gut, muss er ja auch nicht, das übernehmen Staatsanwaltschaft, Gericht und jede Menge Gläubiger, denen "Big T", wie er in Gangstarappakreisen genannt werden will, jede Menge Kohle schuldet. Das Landgericht Essen hat jetzt da auf die ersten 27 Fälle von Untreue, drei Fälle von Steuerhinterziehung und einem besonders schweren Fall von vorsätzlicher Dummheit (Anm. d. Red.: Big Ts ziemlich unrunde Ausflüchte) den Deckel drauf gemacht und den ehemaligen Vorzeigegaukler zu drei Jahren Haft ohne Bewährung verdonnert.

Und weil wegen weiterer Verfahren gegen ihn aus Sicht des Richters auch akute Fluchtgefahr besteht, haben sie ihn gleich dabehalten. Von dort können sie ihn ja dann am 10. Dezember direkt ans Oberlandesgericht in Hamm überstellen, wo der Insolvenzverwalter der von *Middelhoff* ja ach so sensationell gemanagten Karstadtgruppe Millionen von Boni zurück erstreiten und bei der Gelegenheit auch ein paar Schadensersatzforderungen in dreistelliger Millionenhöhe geltend machen will. Was dem aber nichts nützen wird, weil die ehemalige Vermö-gensparkbank Sal Oppenheim schon seit Jahren "*Big T*"s Konten eingefroren hat.

Wie sagt Freund *Gerzlich* immer so schön über Neid und Schadenfreude in Deutschland: *"Dat Arschloch wird aunoma zu Fuß gehn!"* Und zu was? Zu Recht!

15.11.2014

Geh Zwanzig

Dass es bei Treffen der Topsoundsovielen von internationalen Wichtigkeitsranglisten auch mal Misstöne und gegenseitiges Unverständnis gibt, liegt ja auch ein bisschen in der Natur der Sache, aber das beim gemeinsamen Mittagessen der Machtdarsteller ausgerechnet Vlad, der Großwütige, allein an einem Tisch sitzen musste - wie etwas, das die Katze angeschleppt hat und jetzt irgendwie streng riecht -, das hat es beim Staatsvorsteher-Ringelpitz so offensichtlich auch noch nicht gegeben.

Da möchte man doch mal ins Protokoll spiezen: gab's keinen Platz an einem der anderen Tische? Wollte niemand mit dem Halbinselpiraten gesehen werden? Oder hat er sich wie ein trotzköpfiges Kind selbst demonstrativ an den Katzentisch gesetzt, um zu zeigen, dass er notfalls auch alleine mit Messer und Gabel kann? Ist er wie eines seiner großen Vorbilder jetzt Vegetarier und wollte einfach nicht zu-schauen, wie die anderen 19 sich dieses australische Surf'n'Turf Fisch auf Steak-Zeugs reinziehen? Oder wartet er nur auf die richtige Gelegenheit und ab 17h45 wird zurückgekaut?

Bin schon gespannt, was die gut verschmierte russische Propaganda morgen aus dem kleinen Eklat hervorbastelt. Wahrscheinlich sowas wie: Der schlechte Schauspieler, der vom Westen als Doppelgänger von Putin, dem Wunderbaren, in das Gipfeltreffen geschmuggelt wurde, hatte ja keinerlei russische Hoheitsabzeichen an seiner Ausgehuniform. Kann also kein echter Russe auf Auslandsaufenthalt gewesen sein!

16.11.2014

David Eins, Goliath Null

Normalerweise halte ich mich zu den sportlichen Ereignissen aus den Hallen und Stadien der Welt zurück, schon allein deswegen weil die viel größeren Blödelritter meist in den Reihen der Funktionäre zu finden sind, vor allem wenn die *Finanzielle Interessengemeinschaft Fetternwirtschaft und Auslandsaufenthalt* mit von der Party ist. Aber wenn ein zwölfjähriger Hänfling den Schwergesichtsmeister Vitali Klitschko mit einem Schlag aus den Socken haut, dann ist das schon einen Eintrag in dieses heitere Klassenbuch der Weltkasperiaden wert.

Was, das ist gar nicht passiert? Nö, warum auch, ist ja nur eine Allegorie! Und zwar dafür, wie sich die griechischen Nationalkicker wohl grad vorkommen müssen, nachdem sie in der aktuellen EM-Qualifikation tatsächlich - und zuhause - gegen die eifrig wollschafscherenden Freizeitbolzer des sonst unter dänischer Flagge firmierenden, etwa legolandgroßen Inselverbands der Faröer mit Null zu Eins verloren haben.

17.11.2014

Gleiches Recht für fast Alle!

Ja, sorry, tut mir leid, ich möchte mich ja gerne auch so interessanter Themen annehmen wie etwa dem Südtiroler Künstler *Sven Sachsalber*, der in einer dreißigstündigen Performance in Paris eine selbstversteckte Nadel in einem mannshohen Heuhaufen fand (Tolle Analogie: Mühe lohnt sich doch!), aber hier spricht nochmal Radio Freies Moskau: Dem letzten Putin Output in einem ARD Interview zufolge, gibt er nicht nur die Annexion der Krim nun öffentlich zu, er besteht auch darauf, dass *"in Fragen der Selbstbestimmung ein Volk, das auf einem bestimmten Territorium lebe, nicht verpflichtet sei, die Zentralregierung des Staates nach deren Meinung zu fragen!"*

Nun, ich kann mir vorstellen, dass die Katalanen das gerne auch mal so in Madrid oder die Tibeti in Peking vortragen möchten, bin aber doch ein bisserl skeptisch, ob Vladizars völkischer Grundsatz auch jederzeit Grundlage einer allgemeinen Gesetzgebung in seinem Reich sein könnte - zum Beispiel wenn wieder mal Tschetschenen, Tataren oder Wolgadeutsche auf einem bestimmten Territorium leben und die Gemeinschaft Abhängiger Staaten vielleicht gerne verlassen möchten.

18.11.2014

Einäugig, aber glücklich

Während man bei der amerikanischen Post funkelnagelneue Telefonzellen entwirft, die bei steigenden Technikkosten vor allem arme Leute mit kostenlosen WLan versorgen sollen, arbeiten die grob geschätzt etwa eine Million digitalen Grenzwächter des Reichs der Mitte weiterhin fleißig mit Blockaden von Wolkendiensten an der mal mehr mal weniger erfolgreichen Abschottung ihrer eigenen Version des Internets. Beeindruckt von seinem Besuch im Land der roten Geblinge überlegt Freund Putizsar jetzt doch, ob es nicht auch notwendigerweise sinnvoll wäre, dass Mütterchen Russland endlich sein eigenes, total unabhängiges Wikipedia bekommt!

Eins, wo man nicht noch Monate später nachlesen muss, dass die Krim ein Teil des souveränen Staates Ukraine ist, und dass die Kiewer Regierung im Gegenzug zur Übergabe aller Atomwaffen im Jahre 1994 von den Russen eine voll umfänglich und natürlich immer noch geltende Garantie über die Unantastbarkeit ihres Staatsgebiets erhalten haben. Und noch anderes Zeugs, das einfach nicht mehr der Wahrheit entspricht. Da muss man doch dem eigenen Volk mal ein Auge zudrücken, und so wird aus der Enzyklopädie schon bald die Vladsche Zyklop(p)edia. Geschichte muss halt von einäugigen Siegern geschrieben werden, auch von selbsternannten!

19.11.2014

Runterspülen

Etwa eine Milliarde Menschen, davon die Hälfte allein im Land des heiligen Kuhmists, hat keine Toilette fürs tägliche Geschäft! So in etwa das offizielle Statement der WHO-Direktorin *Maira Neira* anlässlich des - ernsthaft – *Welttoilettentags*. Kein Wort davon, dass die größte Scheiße von Leuten produziert wird, die in ihren Villen und Palästen im Schnitt acht bis zwölf Schüsseln zur Verfügung haben. Da wünscht man sich doch wie einst *Robert de Niro* als Taxi Driver größere Toiletten.

20.11.2014

Vollständige geistige Entleerung

Als gut schon mal ins geistige Nirwana vorausgereister Spezialist sorgt auch so manch indischer Guru für den einen oder anderen blödachsenmäßigen Beitrag für die großen Archive der menschlichen Dummheit. Guru und Freizeitmillionär *Ashutosh Maharaj* zum Beispiel meditiert seit vier Monaten in einer Tiefkühltruhe und sendet von dort elementare Einsichten direkt in die Gehirne seiner Anhänger. Sagen seine Anhänger. Seine Frau und sein Sohn sind da ganz anderer Meinung und möchten seine familienoberhauptliche Heiligkeit für endgültig gefriergetrocknet erklären lassen, damit sie endlich an ihr 200-Millionenerbe kommen können. Zwar hatte die örtliche Polizei den Guru bereits für tot erklärt, aber ein Gericht in Punjab hob die Todeserklärung wieder auf: *"Dies sei eine spirituelle Angelegenheit; die Anhänger könnten nicht gezwungen werden, an den Tod Maharajs zu glauben!"*

Guru-Kollege *Asaram Bapu*, wie seit Anfang des Jahres durch seine Äußerungen zur Selbstschuld vergewaltigter Frauen bewiesen immerhin auch schon so eine Art von hirntot, hat jetzt noch mal praktisch nachgelegt und eine sechzehnjährige Schülerin vergewaltigt, die mit ihren Eltern seinen Ashram besucht hatte, um mit seiner sexbesessenen Eiligkeit zu meditieren. Und wenn man seinen früheren Aussagen glauben kann, wird seine Verteidigung ungefähr so lauten: Dies ist eine spirituelle Angelegenheit. Ich kann nicht gezwungen werden daran zu glauben, dass sie nicht von mir persönlich vergewaltigt werden wollte!

Über das Stadium solcher Kleinigkeiten wie Erbstreit und Vergewaltigung ist Guru *Baba Rampal* schon weit hinaus, er arbeitet weiter konzentriert an der

Reinkarnation - aber nicht an der eigenen! Schon vor acht Jahren hatte er seine Devotees angewiesen, auf benachbarte Dorfbewohner zu schießen, beim Vollzug eines diesbezüglichen Haftbefehls hat er nun tausende seiner Jünger zu seiner Verteidigung gegen die Polizei angestachelt. Bilanz des zweiwöchigen Gemetzels: sechs Tote und über zweihundert Verletzte. Man kann nicht gezwungen werden zu glauben, religiöse Führer in Indien wären im Schnitt irgendwie besser drauf als die Theoretiker unter Kreuz und Halbmond.

21.11.2014
Miss World Muslimah
Während die britische Teilnehmerin *Dina Torkia* mit ihrer Teilnahme am zum zweiten Mal ausgetragenen Shadorschönheitswettbewerb dazu beitragen will, Vorurteile abzubauen: *"Wir sind nicht mit Terroristen verheiratet. Das Kopftuch auf meinem Kopf ist nicht furchterregend!"* (Da könnte Shopping-King Kretschmar aber auch anderer Meinung sein.), hört sich das bei der frisch gewählten Muslimakönigin *Fatma Ben Guefrache* aus Tunesien schon anders an: *"Möge Allah der Allmächtige mich bei meiner Mission unterstützen und Palästina und das syrische Volk befreien!"* Nun gut, das kann man jetzt auch sagen, das ist ja ein Allgemeinplatz, solange sie nicht sagt von wem oder was zu befreien ihre Mission ist. Und grad beim syrischen Volk sollte man da unbedingt präzise sein. Nicht dass da jetzt noch zusätzlich Verwirrung in die ganze Situation gebracht wird.

Jetzt aber mal was anderes. Wie läuft denn so eine Misswahl bei Ganzkörperverhüllung statt? Werden in der Bikinirunde die Bikinis einfach nur drunter getragen, oder werden den Jury-Mitgliedern blickdichte Burkinis um den Kopf gewickelt? Oder werden für die zweite Runde einfach nur die Augen bis auf den Lidstrich abgeschminkt, damit man die Kandidatinnen einmal fast ganz nackt sieht? Sitzen da auch Ayatollahs in der Jury?

Und überhaupt, wenn Ihr Euch doch immer so von der westlichen Lebensart und seinen oberflächlichen Daseinsstrukturen bedrängt fühlt: warum macht ihr denn immer ausgerechnet den größten Scheiß nach, den es bei uns gibt? Miss World Muslimah? Ist nicht Euer Ernst, oder?

22.11.2014

SchleMAZ

Ausgerechnet in Nürnberg fand die Auktion eins handwerklich ziemlich durch-schnittlichen Aquarells statt, auf dem noch nicht mal ein nacktes Liebespaar, sondern nur ihre vorläufige Endstation abgebildet ist, nämlich das Münchner Standesamt. Dass das an sich nichtssagende Werk, das bei einem ambitio-nierten Flohmarktverkäufer vielleicht 30 Euro gebracht hätte - wegen des Rahmens -, für schlappe 130 Mille versteigert wurde, liegt einzig und allein an der Prominenz des nur mäßig talentierten Zeichners: *Adolf Hitler*!

Und da denkt man doch so still vor sich hin: hätte nicht irgendein Schwach-mat das blöde Bild schon 1916 zu so einem maßlos idiotischen Preis kaufen können? Dann hätte sich der schlechteste Maler aller Zeiten mit Mutter Hitler vielleicht in sein frisch tapeziertes Kinderzimmer in Linz zurückgezogen und der Welt wäre wahrscheinlich ziemlich viel erspart geblieben.

23.11.2014

Im Osten auch nix Neues!

Nicht nur der Russische Bär, nein, auch der Brandenburger BER sorgt uner-müdlich für einen Strom immer gleicher Nachrichten für galaktische Archiv der Blödeleien: Planung und Fertigstellung verzögern sich zum soundsovielten Male.

Es liegt immer noch an der Entrauchungsanlage; und das, obwohl in dieser Vorzeigeblamage von einem Großbau grade weder irgendwelche Köpfe rauchen noch das Rauchen sowieso jemals erlaubt sein wird. Immerhin hat man sich dazu durchgerungen, die ehemaligen Planer und Verantwortlichen mal auf 227 Millionen Euro Schadensersatz inkl. Reinigungskosten zu verkla-gen, was aber mehr symbolischen Charakter haben dürfte. Eher so wie bei *Fifatzke Blatter*, der ja wegen seiner umstrittenen Großprojekte WM in Russ-land und Qatar jetzt auch mal Anzeige gegen unbekannt erstattet hat, damit er ausnahmsweise nicht mehr zu den ersten Verdächtigen gehört.

Und während man sich in Berlin streitet, wer denn Schuld hat, anstatt zügig weiterzubauen, stoßen draußen beim Airport die ersten Unkräuter durch die voreilig verlegten Betonböden. Diese Idylle einer zukünftigen Industriebrache kann eigentlich nur noch durch die spitzen Schreie von *Wowereit*-Groupies

gestört werden, die ihn bei seinem Abgang nochmal kräftig anfeuern; und zwar mit einem hysterisch in den Wald gerufenen:
Wowi, ich will nen Flughafen von Dir!

24.11.2014

Wild West

Der Staatsanwalt solle keine Klage gegen Revolverheld *Darren Wilson* erheben - so eine Grand Jury in Ferguson, einer Kleinstadt in der USA, die zuletzt durch Schießunfälle traurige Berühmtheit erlangt hat. Die Jury befand aber, dass die Beweise nicht ausreichen, um gegen den schießwütigen Hilfssheriff vorzugehen, schließlich habe man nicht zweifelsfrei klären können, ob *Wilson* denn tatsächlich die sechs Löcher in den jungen *Micheal Brown* gemacht hat. Oder ob der schon mit ein, zwei Löchern auf der Straße herumstand, bevor *Wilson* schoss. Auch kann man nicht beweisen, dass der Junge, der aus einem Schnapsladen kam, diesen nicht doch noch überfallen hätte. Darüber hinaus bleibt auch im Dunkeln, ob *Brown* nicht doch auch bewaffnet war, denn bisher hat man seine Waffen ja noch nicht finden können, um zu beweisen, dass er sie doch dabei hatte. Also eine ähnliche Beweislage wie damals mit den Massenvernichtungswaffen im Irak: die waren ja auch da, aber irgendwie doch nicht. Der Effekt ist fast derselbe: nur statt dem Irak brennt jetzt Ferguson.

25.11.2014

Quotildenjagd

Jetzt kommt sie also doch und endgültig, die Frauenquote in Aufsichtsräten in allen deutschen Unternehmen, die börsennotiert oder mitbestimmungspflichtig sind; also ungefähr 3000 bis 4000 Unternehmen müssen ab 2016 mindestens drei von zehn Stellen im Aufsichtsgremium mit den Damen der Schöpfung besetzen, oder für den absolut wahnsinnig unwahrscheinlichen Fall, dass sie trotz intensiver Suche keine qualifizierte Kandidatin finden können, den jeweiligen Posten unbesetzt lassen.
Und wie Gesetze nun mal so sind, werden sie die Welt verändern. Mögliche Szenarien: weil es zu wenige qualifizierte Schwanzlose gibt, werden sich die Firmen mit Horden von Headhuntern die Mädels gegenseitig abjagen. Oder

es kommt zu irrsinnigen Ämterhäufungen, weil die eine qualifizierte Frau zehn Jobs angeboten bekommt. Oder die verbliebenen Schwanzträger überlegen mal, wie sie ihr geliebtes Unternehmen aufteilen und mit einer Holding irgendwie aus dem Zugriff der Mutti-Regierung ins befreundete Ausland verlegen können. Oder die talentierten Nachwuchsmanager werden wahlweise wegen Beförderungsstau in andere Unternehmen wechseln. Oder die Anzahl der Geschlechtsumwandlungen schnellt 2015 drastisch nach oben!

Darauf einen Zehner beim örtlichen Wettbüro?

26.11.2014

Untergrundwahn

"Ausweis-Entzug soll Islamisten an Ausreise in Dschihad hindern!" titelt der Schweizer Blick, um dann im Artikel zu erklären, dass laut eines Gesetzentwurfs des deutschen Innenministers gewaltbereite Schwert- und Flammenspucker einen Ersatzausweis bekommen sollen, der sie als das ausweist, was sie sind: nämlich potentiell gefährliche Vollislamerer, die nicht mehr *"in Djihad"* ausreisen dürfen sollen.

Blöd nur, dass dieses Djihad kein Land ist, sondern eine locker dahin halluzinierte Glaubenshaltung, in die man auch ohne Ausweis jederzeit ausreisen kann. Auch innerhalb von Deutschland. Wenn man da noch ein klein wenig weiter denkt, kommt sicher bald jemand auf die Idee, dass man den Betroffenen zur besseren Kennung im deutschen Untergrund auch einen blutigen Halbmond auf die Jacke nähen könnte. Angst macht ja nicht nur neue Gesetze, sondern manchmal auch neue Bekleidungsvorschriften.

27.11.2014

Pritz-Krieg

Die vier Mädels der südkoreanischen Girlgroup *Pretty Rangers in Terrible Zone*, kurz *Pritz*, tragen auf ihren schwarzen Hemden mal locker flockig rote Armbinden mit einem dicken weißen Punkt, in dem ein Kreuz aus zwei Doppelpfeilen prangt. Das hätte aber rein gar nichts mit irgendwelchen Nazi-Symbolen zu tun, sondern sie hätten sich *"von Verkehrszeichen inspirieren lassen, in denen ja auch schwarze Zahlen in einem weißen Punkt mit roter Umrandung ständen."* Und das X aus den sich kreuzenden Pfeilen sehe nun mal so aus, wenn vier Pfeile in vier Richtungen weisen und "*das solle ja nur symbolisieren, dass die Zukunft der vier Popschnuppen kein Limit kennt!*"

Aber das, meine Damen, das war bei Hitler, Röhm, Göring und Goebbels genauso, nur dass sie bei ihren Himmelsrichtungen noch jeweils einmal um die Ecke gedacht haben. Und nein, lieber Leserbriefschreiber, es handelt sich beim Nazi-Hakenkreuz nicht wirklich um das in Asien und Indien verbreitete Symbol des Sonnenrads, sondern immer noch um zwei gekreuzte Sig-Runen, von denen die aufrechte für das Recht des Siegers und die um 90 Grad gekippte für Schwarze Magie steht. Und ja, das sollte ja damals auch nur symbolisieren, dass die Zukunft der vier Nazi-Obermuftis kein Limit kennt!

Tja, Ihr *Pritzen*, dass in Eurem Nazi-Video ein mit Totenschädel maskierter *Meister aus Deutschland* am Schlagzeug sitzt, verbessert den Gesamteindruck jetzt nicht wirklich, auch wenn beim Song "*Sora Sora*" Eure Mischung aus Spice Girls, Marylin Manson und Discopop auf Speed ganz schön abgeht.

28.11.2014

Parfürz

Wer sagt denn, dass der geruchssensible Franzose nicht auch mal etwas wirklich Sinnvolles erfindet. *Christian Poincheval* zum Beispiel hat sich aufgrund eigener Beschwerden direkt aus dem Rentenstand ins Labor begeben und dort eine wahre Wundertablette entwickelt, die dem männlichen Teil der Menschheit und auch sonst noch große Dienste erweisen wird: die Wohlgeruchsfurzpille!

Das Antiflatulenzmittelchen hilft nicht nur die männliche Abgase (weibliche Fürze rochen ja schon immer gut) nach schwerem Essen oder kohlesäurehaltigen Getränken zu verringern, es parfümiert die allfälligen Ausgasungen auch noch in den Geruchsrichtungen Schokolade, Rose oder Veilchen.

Und das macht doch aus den sonst vor allem in der intimen Anbahnung problematischen Gasen vielleicht sogar noch einen echten Wettbewerbsvorteil, zumindest bei den Damen, die auf Schoki- oder Blumendüfte abfahren. Da heißt es dann frei nach einem alten Schlager:

Veronika, die Flatulenz ist da!

29.11.2014

Familienbande

Ganz im Stile des Berufspolitikerzuchtvereins der texanischen *Bushmänner* baut auch der französische Freizeitfaschistenklub Front National an einer Art Dynastie. Nicht nur das Le Pen-Tochter Marine im Amt der Vorsitzenden mit einem Ergebnis bestätigt wurde, das man bei der nächsten Wahl nur noch mit erfundenen Zahlen jenseits der hundert Prozent übertreffen kann, nein; auch die 24jährige Enkelin Marion wurde mit den befohlenen 80% der Stimmen in das Zentralkomitee der Rechtsaußen geklüngelt.

Praktischerweise hat das Nachwuchsblondie anscheinend vorher noch einen gewissen Herrn Maréchal geehelicht, sodass sie ohne irgendeine Kaderkarriere im heimischen Militär den Doppelnamen Maréchal-Le Pen führen darf. Und wer die Ewiggestrigen unter den Franzosen kennt, weiß, dass sie allein mit dem Titelnamen vor einer großen Karriere steht.

Das bringt mich auf eine Idee: ich sollte in irgendeiner dieser dämlichen Datingdatenbanken mal nach einer Dame Ausschau zu halten, die mit Nachnamen Professor-Doktor heißt.

30.11.2014

Für den Fall des Falles

Zu den echt strunzdoofen Riten der us-präsidentalen Politkasperei gehören auch so folkloristische Peinlichkeiten wie die Begnadigung zweier Truthähne, die eigentlich zum Thanksgiving in den Ofen wandern sollten. Dass sich sogar die Töchter des Oberbefehlshabers der amerikanischen Truthahnkräfte dabei langweilen, ist da nur verständlich, findet aber sofort irgendein professionelles Großmaul, dass sich über die beiden Teenager unziemlich echauffiert, in diesem Fall die Fressesprecherin des republikanischen Kongressisten Fincher namens *Elizabeth Lauten*. Nachdem sich Frau *Lauten* mit ihren wirklich blöden Bemerkungen einen veritablen Shitstorm der Netzgemeinde eingefangen hat, musste sie sich selbst überzeugen, dass es besser wäre, ihre Beiträge wieder zu löschen und sich irgendwie so halb herzig, halb peinlich zu entschuldigen - wozu sie einen Rüffel ihrer eigenen Eltern und ein stundenlanges Gebet zum Gott des Heuchelns benötigte.

Das wiederum ruft mich als professionelles Großmaul auf den Plan, denn wenn es einen Gott gibt, der für das Löschen dämlicher Facebookbeiträge zuständig ist, dann muss ich den unbedingt kennenlernen. Falls ich auch mal 13jährige Präsidententöchter in einer Nachtbar verorte. Oder wegen all dem hier.

DEZEMBER

01.12.2014

Krankhafter Modernisierungswahn

Voller Vorfreude mal wieder mein Auto zu einer ebenso sinnvollen wie unterhaltsamen Spazierfahrt zu benutzen, trete ich - nicht ohne Elan - vor meine Garage und betätige den Knopf, der das Garagentorbewegungsprogramm fröhlich startet; um dann erschreckt festzustellen, dass mein Wagen nicht mehr in der gewohnten Farbe erstrahlt, sondern sich da irgendeine selbsternannte Farbenblindschleiche dran zu schaffen gemacht hat.

Ich will mal wissen, was da los und schwinge mich auf den Fahrersitz, der aber irgendwie nicht mehr so richtig passt; ich drehe den Zündschlüssel und es passiert nichts! Obwohl "nichts" ist vielleicht etwas übertrieben - sofern man ein Nichts übertreiben kann -, denn auf meinem völlig umgestalteten Armaturenbrett begrüßt mich eine Anzeige, die mich auf ein neues Manual aufmerksam macht. Daraus erfahre ich, dass mein Auto in der Betaphase kurzzeitig mit drei Rädern fahren wird, allerdings ohne dass ich einen Unterschied merken werde - wenn ich nicht zu scharf in Rechtskurven ziehe.

Ich drehe den Zündschlüssel wieder, diesmal geht das was, aber nicht das, was da sonst so geht. Mein Blick fällt auf den Schalthebel, der von der gewohnten Stelle weg gewandert und nun an der Decke angebracht ist. Um das Ganze etwas unterhaltsamer für mich zu gestalten, ist aus der einfachen H-Schaltung mit Rückwärtsgang nun so eine Art Labyrinthschaltung geworden, allerdings ohne ersten Gang. Der wurde abgeschafft, weil man ihn zum Fahren nicht wirklich braucht, belehrt mich das Manual, das beschlossen hat, sich vom Radio vorlesen zu lassen, und zwar in randomisierter Reihenfolge der Informationen. Jetzt fällt mir auch auf, dass sich auch das Design der Fenster zu Ungunsten meiner Sehgewohnheiten verändert hat.

Alles nur ein böser, regelmäßig wiederkehrender Traum? Ja, aber so würde es einem ergehen, wenn Automobilhersteller sich wie Softwarehersteller geben würden und automatische *online updates* in meiner Garage durchführen dürften. (Und nein, ihr blöden Programmierer, ich finde euren neuen Features keineswegs besser, sondern einfach nur viel komplizierter zu bedienen, und vor allem finde ich die gewohnten Features nicht mehr an ihrer gewohnten Stelle - und alleine dafür möget Ihr eines Tages aufwachen und Euer Schwanz möge über Nacht zwischen dem fünften und sechsten Brustwirbel so auf dem Rücken angebracht sein: sodass es für Euch Trottel vielleicht viel *stylischer* aussieht, Ihr aber nach dem Pinkeln merkt, wie schwierig der da abzuklopfen ist)

02.12.2014

Teuflischer Plan

Johnny Diablo serviert in seinem Nacktlokal in Portland, Oregon, nicht nur ausschließlich vegane Snacks, sondern hat seinen rekelnden Animateusen mit einem großen Schild im Backstagebereich im Namen aller Tiere auch nahegelegt, *"bitte keinen Pelz, keine Federn, keine Seide, keine Wolle und kein Leder auf der Bühne zu tragen!"*

Und dass hört sich doch ganz danach an, als habe der gute Johann Teufel das Konzept eines Stripschuppens am Ende doch noch kapiert.

03.12.2014

Dann lieber Kochen

Fast wie in einer Kritik über ein langweiliges Multi-Player-Shooter-Game äußert sich der Inder *Areeb Majeed* über seine enttäuschenden Erfahrungen bei seinem Fronturlaub im Quatschkalifat der IS: *"Es gab weder einen heiligen Krieg, noch wurden die Gebete des Koran befolgt!"* führt der enttäuschte Möchtegernmassenmörder aus, *"stattdessen habe er nur Frauenarbeiten im Hause verrichten müssen"*, halt so Sachen wie Wasser holen, Kochen und vollgeschissene Kriegerunterhosen waschen.

Tja, mein lieber verwirrter Herr Majeed, es tut mir unaufrichtig leid, dass Ihre hochgestochenen Erwartungen an das versprochene Paradies auf Erden so jäh enttäuscht wurden, aber in diesem Punkt unterscheidet sich der IS tatsächlich nicht von anderen Staaten: Was Politiker vorher versprechen und was sie hinterher davon halten!

In einem Punkt aber irrt der gefoppte Inder ja gewaltig, und zwar dass es sich bei diesen Tätigkeiten um für den IS typische Frauenarbeiten handelt. Hätte man ihn auch nur einmal seinen Hintern für die Truppenbetreuung hinhalten lassen, dann wüsste er, was die IS-typische Stellung der Frau in deren Gesellschaft ist.

04.12.2014

Paranoia und Plagiat

Unter dem sich so allmählich bis in den russischen Alltag verbreitenden Druck durch die Wirtschaftssanktionen des Westens scheint sich auch die ja eh oft schon unfreiwillig alberne Rhetorik des GröZAZ (Größter Zar aller Zeiten) nochmals auf ein neues Niveau der Tautologie zu bewegen, wobei sich helle Momente des Verstehens *"Der Westen wolle seinem Land mit den Sanktionen gezielt schaden!"* (soweit richtig erkannt) mit eher labyrinthischen Gedankengängen abwechseln: *"Der Ukraine-Konflikt und der Streit über die Krim-Annexion seien lediglich ein Vorwand gewesen; ohne das hätten sie sich einen anderen Vorwand ausgedacht, um die wachsenden Möglichkeiten Russlands einzudämmen!"*

Soso, jaja, ist die Birne erst mal weich, sind solche Schlussfolgerungen ja auch unausweichlich: der Westen habe ihn geradezu gezwungen, sich die Krim einzuverleiben, denn sie wussten ja *"um die große zivilisatorische und sakrale Bedeutung der Krim für Russland"*. Das habe der Westen in hinterhältiger Weise ausgenutzt, weil es ja sonst keinen Grund für die von langer Hand vorbereiteten Sanktionen gegeben hätte. Und dass zu Beginn des Winters auch noch der Ölpreis fällt, da steckt doch auch sicher wieder dieser Neger aus Washington dahinter. Dass Mütterchen Russland von seiner Industrialisierung abgehalten wurde, weil man es ihren Öligarchen so leicht gemacht hat, deutsche Autos, holländische Yachten und amerikanisches Fastfood zu kaufen - alles ein perfider Plan des Westens. Und dann noch dieses jüdische Menschenrechtsgedöns, das ja bekanntermaßen russischen Traditionen so völlig widerspricht etc. pp. usw.

Wenn ich der Spaßzar wär, würde ich mit solchen Texten in den nächsten Comedy-Slam gehen; dürfte ich aber nicht, denn da darf man ja nur Selbstgeschriebenes vortragen - und das alles klingt doch irgendwie nach den Ghostwritern, die schon unserem Adolf die Reden geschrieben haben, gell?

05.12.2014

Wiederauferstehung

Im festen Glauben daran, dass ihr im Bett an Diabetis verstorbener Mann nur mal schon von Gott auf eine Stippvisite im Himmel eingeladen war, aber sicher schon bald demnächst sicher wiederkehren werde, behielt *Kaling Wald* ihren Gatten *Peter* sicherheitshalber noch ein halbes Jahr im Haus, um auf keinen Fall den biblischen Moment seiner Wiederauferstehung zu verpassen. Gut, kann man mal so versuchen; das Gaffa-Tape an Türen und Fenster hat ja immerhin den bestialischen Verwesungsgestank halbwegs abgehalten.

Aber spätestens als vor Monaten die Ratten angefangen haben, den Leichnam fachgerecht zu verlegen, hätten selbst dem wundergläubigsten Christenmädchen sachte Zweifel über Gottes Pläne kommen dürfen. Oder über das, was sie davon versteht!

06.12.2014

Fickolaus

Der in die Verjährung gekommene Vorzeige-TV-Daddy und selbsternannter Onkel-Tom-Imitator *Bill Cosby* gerät dann doch noch ins Visier der Strafverfolgungsbehörden im schönen Hollywood, LA, denn seit eins der ehemaligen Opfer seiner grenzenlosen Selbstgefälligkeit vor Wochen entschieden hat, den Vorhang der Omerta um die sexuellen Vorlieben des Sitcom-Stars zu lüften, melden sich jede Menge Frauen und wissen schmutzige Geschichten von Busengrabschen und Vergewaltigungen zu erzählen.

Ja, sogar sein persönlicher Entschädigungsgeldbote namens *Frank Scotti* kann sich nun plötzlich daran erinnern, dass sein Boss schon vor dreißig Jahren all die unangenehmen und fragwürdigen Tricks und Kniffs beherrscht hat, für die sich so ein Julien Blanc heutzutage in selbstentblößender Weise "Pick-up-Artist" nennt.

Immerhin, dessen Firma mit dem irgendwie auch leicht selbstverräterischen Namen *Real Social Dynamics* kann ja dann den ollen Bill als Gastredner für ihr nächstes Seminar für Anmachkunst buchen, wenn Leichtenöter *Blanc* selbst mal wieder mit einem echt sozialdynamischen Einreiseverbotsfluch belegt wird.

07.12.2014

Inshallah

Was für ein Qualitätsrechtsgebilde so ein islamischer Allahsstaat ist, kann man mal wieder am Beispiel des Journalisten *Jason Rezaian* betrachten: der wurde in Teheran wegen *"nicht bekannter Vorwürfe"* angeklagt, weder ein Anwalt noch ein Konsulatsmitarbeiter dürfen Kontakt zum Inhaftierten haben. Soso, wegen nicht bekannter Vorwürfe. Das verspricht ein Shariaprozess zu werden, der mich auch sprachlich sehr interessieren könnte.

Der Staatsanwalt so: *"Ja, der Angeklagte ist halt angeklagt, aber weswegen können wir zum jetzigen Zeitpunkt noch nicht sagen! Wir haben da eine Verschwiegenheitspflicht, so während eines laufenden Verfahrens!"* Der nicht vorhandene Verteidiger dann so: *"Ja, mein Mandant bestätigt aber gerne unter Eid, dass er nichts von dem gemacht hat, was ihm hier noch nicht mal vorgeworfen wird!"* Dann wieder die Gegenpartei so: *"Haha, wie will denn der Angeklagte überhaupt wissen, dass er was nicht gemacht hat, bevor die Vorwürfe bekannt werden?"* Dazu dann noch der Richter: *"Die richtige religiöse Überzeugung würde dem Angeklagten schon ein Bewusstsein dafür vermitteln, dass er ohne Allahs Wille nicht vor einem Gericht stände, auch wenn noch nicht bekannt ist, wofür!"*

Hört sich ganz nach einem klassischen Sackkreisel ohne Wendehämmer an! Gut, aber das ist halt auch Berufsrisiko für einen Journalisten: was der eine Recherche nennt, fühlt sich bei dem Anderen halt wie Spionage an - auch wenn keiner weiß, worum es geht!

08.12.2014

Narrenhände beschmieren Haus und Wände

Die Welt der Presse ist ja nun nicht grade arm an Eigentoren, vor allem in ihren manchmal fast verzweifelten Versuchen irgendwie interaktiv mit ihrer Community ins Gespräch zu kommen, sprich: sie in ein Forum zu locken.

Aber was das Portal mit den vier großen Buchstaben im roten Feld da heute an unfreiwillig feinsinniger Selbstironie abgesondert hat, ist von stiller Schönheit. Unter einem Bericht über einen mit einem Penis besprühten Bugatti Veyron, gerne auch als das teuerste Auto der Welt bezeichnet, wird der Leser aufgefordert, den Bericht zu kommentieren, und zwar mit dem einzigen möglichen Satz, mit dem man sich als Bildzeitung zielsicher selbst ins Knie schie-

ßen kann: *"Welche Schmierereien müssten Sie schon ertragen?"*
Tja, liebe Bildredaktion, sag Du uns das doch mal. Du kennst doch wohl dein Archiv viel besser als wir!

09.12.2014
Prinzip der leeren Gießkanne

Es ist doch immer wieder ein Segen, dass man als Otto Normalsparer und Haushaltsgeldjongleur nicht orientierungslos in die Welt entlassen wird, sondern einem stets Vorbild und Anleitung durch die Kaste der gewählten Volksvertreter widerfährt. So ist heute ein Haushaltsstreit zwischen EU-Räten mit einem schon als "Quadratur des Kreises" bezeichneten Kompromiss beigelegt worden.

Was war passiert? Naja, was immer passiert, wenn man Provinzpolitiker mit ihrer Vorbildfunktion alleine im internationalen Geldgarten spielen lässt. Eigentlich ist es ihr ja durch die eigene Verfassung untersagt, dass unsere geliebte EU überhaupt Schulden macht, dennoch klafft da wie magisch eine Lücke zwischen den 141 Mrd€ Einnahmen und den 145 Mrd€ Ausgaben, und das seit Jahren.

Bisherige Strategie der EU-Kommisionäre: die überschüssigen Rechnungen einfach nicht im aktuellen Haushaltsjahr bezahlen, sondern mal abwarten wie sich das Ganze so demnächst entwickelt. Mit dem selbst für in Finanzfragen nicht allzu versierte Schulkinder voraussehbaren Effekt, dass die EU nun mittlerweile knapp 30 Mrd€ an offenen Rechnungen vor sich her schiebt.

Und worin besteht jetzt der Kompromiss? In einem Nachtragshaushalt von 3,5 Mrd€ für das Jahr 2014, um wenigstens mal die aktuellen Rechnungen doch schon mal zu begleichen und nicht auch noch auf den bereits bestehenden Berg von Schulden drauf zu satteln? Dass man darauf verzichtet, sich gegenseitig wegen Verfassungsbruch anzuzeigen? Oder dass es gelungen ist, die übrigen 600 Millionen neue Schulden wegen Geringfügigkeit wegzulächeln?

Am Ende ging es bei dem Kompromiss wahrscheinlich nur darum, dass jetzt auch mal andere Lieferanten, Caterer und Handwerksbetriebe von der EU nicht bezahlt werden.

10.12.2014

Osmaniac

Wäre ja auch irgendwie so ein Jahr ohne richtigen Abschluss geworden, wenn Freund Erdogan nicht noch einen rausgehauen hätte, diesmal: Alle türkischen Schüler sollen gefälligst wieder Osmanisch sprechen, schreiben und denken lernen, denn - so Erdogan: *"Dass die Jugend kein Osmanisch kann, ist eine sehr große Gefahr!"* Da erkennt man den geschulten Berufspolithansel: Wer nicht mehr mit Sex verkaufen kann, muss es halt mit Angst probieren.

Blöd nur, dass Osmanisch als Amtssprache und Schulpflichtfach nicht nur von Atatürk so gründlich ermordet wurde, dass es seither als tote Sprache nur noch von ein paar Sprachwissenschaftlern beherrscht wird, das dämliche Sprachengemisch aus Arabisch, Persisch und ein paar Turkdialekten ist noch viel uninteressanter als Altgriechisch und ähnlich schwer zu lernen wie eine Mischung aus Niederbayrisch und der Klicklautsprache der Buschmänner.

Aber egal, wenn des Türkengrüsels Traum von einem wiedervereinten Osmanischen Reich unter seiner gnädigen Herrschaft wahr werden soll, muss mit der Sprache angefangen werden. Lernt man ja auch so von den Vordenkern des Neurolinguistischen Programmierens. Das schönste aber an der Forderung des Präsidenten aller Türken und zukünftigen Zwangsosmanen ist: er selbst spricht maximal ein paar einfache, schlecht auswendig gelernte Sätze. Und das erinnert doch schon wieder mal an unseren alten Großmachtsfantasten Adi H., der ja auch nicht besonders groß, blond und blauäugig war. Und wahrscheinlich auch sowas wie Germanisch sprechen lassen wollte. Bzw. brüllen!

11.12.2014

Insolvenz in Gründung

Die Frau mit dem zur Zeit wohl blödesten Job der Welt ist *Elwira Nabiullina,* Denn sie ist die Chefin der russischen Zentralbank und hat nix zu lachen. Momentemal, Russland? Da war doch was? Stimmt, das prächtige Reich des Neuzaren Vladi, dem Herrenoberbekleidungsbefreiten, ist ja letztlich auch nur ein Staat mit einem gewissen Geldbedarf. Und das ist das Problem. Seitdem der Oberkremlin an seiner eigenen Version der Welt baut, ist im Verlauf des Jahres grob zusammengefasst folgendes passiert:

Der Rubel hat gegenüber Dollar und Euro knapp 40% an Wert verloren, das meiste davon seit dem Einmarsch in der Krim. An Geld aus den Ölverkäufen verliert Russland zusätzlich 25%, weil der Preis entgegen der russischen Kalkulation von 85 auf 60 Dollar gefallen ist. Inzwischen sind 120 Mrd. Dollar aus Russland kapitalflüchtig, weitere 200 Mrd. Dollar warten quasi schon abmarschbereit an der Grenze. Und auch die binnen Jahresfrist von 1% auf 10,5 gesteigerten und nun in einer Art Kamikaze-Aktion auf 17,5% gehievten Leitzinsen können das Geld nicht mehr im Land halten. Auch nicht das der russischen Neureichen, bzw. *erst recht* nicht das der russischen Neureichen! Unterdessen bewegt sich die Inflation im knapp zweistelligen Bereich, sodass russische Erzeugnisse im Außenhandel immer mehr an Wert verlieren und im Inland gleichzeitig unbezahlbar werden.

Na gut, im Prinzip ist Freund Putin ja angetreten, um aus Russland wieder das zu machen, was es einmal war. Wenn er jetzt noch zwei drei Jahre durchhält, dass ist es wieder soweit: Lebensmittelkarten, lange Schlangen vor den wenigen Supermärkten, die genießbare Sachen im Angebot haben. Und egal, was Frau Nabiullina jetzt macht, sie muss es so radikal machen, dass dann auch noch der Rest investierten Geldes panisch abgezogen werden wird. Denn das Kapital ist ja bekanntlich eine untreue Tomate und das sucht jetzt grad mal einen anderen Wald. Die Gegensteuerungsmaßnahmen, die aus dem Staatsvermögen und der Goldreserve finanziert werden, kosten Russland zur Zeit etwa 4 Milliarden $ pro Woche, d.h. in 104 Wochen ist der gesamte Staatsschatz von 416 Mrd. aufgebraucht. Und dann ist Russland pleite. Und dann könnt Ihr mal sehen, wie schnell der Blatter Sepp den Russen die Fußball WM 2018 wieder wegnimmt. Es bleibt also spannend.

12.12.2014

Etikettenschwindel

Olle *Bushido*, der Frank Sinatra unter den deutschen Gangstarappern und lange Zeit Vorzeigeproll der Springer Presse - wer soviel Geld verdient, kann ja nach Bildlogik erst einmal kein schlechter sein, gell - hat seinen Nachbarn einen kostenlosen Einblick in seine Vorstellung von einer guten Ehe spendiert, inklusive Polizeieinsatz. Weil wir ja an die Unschuld jedes Verdächtigen glauben, warten wir erst mal ab, was die Anzeige seiner Frau wegen häuslicher Gewalt so ans Tageslicht bringen wird, aber eins möchte ich doch anlässlich der kleinen Prügelei mit seiner Gattin loswerden: wie wenig Herr *Bushido* tatsächlich vom Ehrenkodex der Samurai verstanden hat, nachdem er sich benannt hat.

Klar, *unbedingte Treue gegenüber seinen Lehnsherrn*, dem polizeibekannten Arab-Mafioso Arafat Abou-Chaker, und auch in den Punkten Härte und Kaltblütigkeit kann man ihm kaum einen Vorwurf machen; mit dem Rest der *fünf Hauptforderungen* wie Bescheidenheit, Liebe und Reinheit wird es schon enger. Vor allem aber was die *sieben Tugenden* des Ritters wie Gi, Yu, Jin, Fei, Makoto/Shin, Meiyo und Chugi angeht, hätte sich die Dampfnase schon seit längerem ein *Bambi für Desintegration* verdient. Wie weit *Bushido* mittlerweile von der Bedeutung seines Namens entfernt ist, kann man nur in einem abschreckenden Vergleich illustrieren: stellen Sie sich einfach mal Dieter Bohlen mit dem Künstlernamen *Kategorischer Imperativ* vor.

Hamses? So ungefähr!

13.12.2014
Halbe Miete

Das war natürlich alles nicht genau so gemeint, wie es da jetzt in diesem Untersuchungsbericht steht, der ja sowieso nur ein verzweifelter Versuch der jetzigen Regierung ist, ihre Vorgänger und wahrscheinlich auch Nachfolger zu verunglimpfen. So in etwa erklärt *Dr. James Mitchell*, der mit seinem Kollegen *Dr. John Messen* für die CIA jene Foltermethoden entwickelt hat, die seit dem Fall des World Trade Centers an verschiedenen Verdächtigen oder vermuteten Informanten ausprobiert worden sind, warum seiner einer jetzt plötzlich als Buhmann angeprangert wird.

Immerhin, daran kann er sich genau erinnern, zumindest besser als an den hippokratischen Eid, den er bei seiner Zulassung als Arzt ja auch mal aufsagen musste, so von wegen *"frei von jedem bewussten Unrecht und Missetat"*! Aber da er nun schon den Bruch der ärztlichen Berufsehre vollzogen hat, ist es ja besonders ärgerlich, dass die Geheimdienste nur an der Hälfte der zwanzig von den beiden Vollsadisten entwickelten Folterungen Nutzungsrechte erworben hat - weil die anderen zehn angeblich doch 'ne Ecke zu brutal waren - und das für nur schlappe 81 Millionen Silberlinge. Was hätte man mit doppelt soviel Geld alles anstellen können.

Da könnte man doch irgendwie auf eine Art revanchistische Vorsehung im Universum hoffen wollen: mögen Menschenfreund *Mitchell* und sein Knutsch-kumpel *Messen* an einer dreifachen Portion Beluga-Kaviar ersticken oder auf dem Golfplatz von mehreren Bällen hart am Kopf getroffen werden. Oder besser: beide bekommen plötzlich so eine Art Gewissen - mitsamt der dazu-gehörigen Bisse.

14.12.2014
Bodenschatzakquise
Es ist etwas faul im Staate Dänemark, und das könnte irgendwas mit den Gehirnwindungen im Schädel des Außenministers von Königreich Legoland zu tun haben. Jenem *Martin Lidegaard* hat die lächerliche Bedeutungslosig-keit seines Amtes wohl den Glückskeks auf seinem Hals eingeweicht, denn er ist nun plötzlich der Meinung, dass der Nordpol *"über den äußeren Grenzen des Kontinentalsockels der teilautonomen Polarinsel Grönland"* liegt, und somit gefälligst möglichst bald de facto und de Jure ein Teil des Hoheitsge-biets von Hamlets Erben zu sein hat. Ein Beute, die sich lohnen soll, auch wegen der dort vermuteten und sicher eines Tages irgendwann mal abbau-baren Bodenschätze.
Da stellt sich doch die Frage, wem eigentlich der Kontinentalsockel gehört, auf dem Dänemark liegt - und ob das nicht auch nur irgendeine x-beliebige Schutzbehauptung ist. Eins ist aber schon mal klar: wem der geistige Nordpol von Herrn *Lidegaard* gehört. Der ist nämlich des Wahnsinns fette Beute!

15.12.2014
Down Over
Polizeibekannt und auf Kaution entlassen! Soviel lässt sich schon mal mit Sicherheit über den iranischen Immigranten sagen, der mit dem für islamisti-sche Kämpfer typischen Heldenmut als einziger Bewaffneter in ein Café in Sydney spaziert ist und lauter Frauen und Rentner als Geiseln genommen hat. Einen Teil seiner Mission hat der Gewohnheitskriminelle und Möchte-gernmärtyrer schon mal erreicht: er ist tot! Aber ob das jetzt so wirklich als Heiliger Krieg, Außenstelle Australien, durchgeht, kann man jetzt nicht mir Sicherheit sagen. Vielleicht war es auch einfach nur ein ganz normaler Über-

fall, bei dem leider auch zwei andere Menschen ums Leben gekommen sind. Experten der australischen Polizei bezeichnen *Man Haron Monis* schon mal als *"verwirrten Einzeltäter, der extremistische Ansichten vertrat und äußerst labil war."*

Aber liebe Australier, was glaubt ihr denn, mit wem man es bei den Djahadisten so zu tun bekommt? Das sind doch alles nur extrem labile Einzeltäter mit verwirrten Ansichten, nur halt manchmal ganz viele auf einem Haufen!

Auf der anderen Seite: Respekt, liebe Downunderianer; Dass sich in Euren sozialen Netzwerken sofort Freiwillige gemeldet haben, die muslimische Mitbürger schützend begleiten wollen, falls diese nun nach dem Tod zweier Geiseln von irgendwelchen anderen Trotteln in Sippenhaft genommen werden sollen - da zeigt sich doch, dass nicht alle Hoffnung auf eine offene tolerante Gesellschaft verloren ist.

Trotzdem, nur so zur Sicherheit: gebt doch bitte die Meldung raus, dass der Aberglaubenskasper von einer Polizistin erschossen wurde. Danke.

16.12.2014

Verdammte Komplexität

Die Wissenschaft hat festgestellt festgestellt festgestellt, dass Autostrom auch Dreck enthält, Dreck enthält! Nochmal genau nachgerechnet haben ein paar Forscher der Universität Minnesota, wie Elektrofahrzeuge die Luft verändern, wenn der Strom für ihren Betrieb auch in Zukunft weiterhin durch Kohlekraftwerke erzeugt wird. Bei reinem Kohlestrom steigt die Feinstaub- und Ozonbelastung nämlich um etwa 350% pro Meile, wenn man eben mal alles in solche Lebenszyklusmodelle mit einberechnet, also auch den Dreck, der beim Bau und Betrieb der Kraftwerke oder bei der Batterieproduktion mit anfällt.

Wirklich positiv wird die Bilanz erst, wenn der gesamte Stromverbrauch für die schöne neue E-Mobilität tatsächlich nur aus Wind-, Wasser- und Solarkraft bestritten würde, also dann, wenn alle Kraftwerke mit fossilen Brennstoffen vom Stromnetz verschwunden sind.

Ja, aber so sind wir Leute halt - der Blick fürs große Ganze fällt hält nicht immer so leicht, wie man es gerne hätte. Zu blöd, dass man in so multikomplexen Systemen aber auch immer alles ändern muss, bevor es besser wird!

17.12.2014

Und immer weiter zurück ...

Bei den internationalen Zeitsprungmeisterschaften unter islamistisch motivierten Trottelbrigaden herrscht wie immer ein Bart-an-Bart-Rennen, heute mal wieder zwischen den pakistanischen Talibanderos und den IS-Fanatikern. Während die einen sich todesmutig schwergewaffneten Kindern in einer Grundschule entgegenstellen, um ganz im Stile frühester Unkulturen den Nachwuchs des Gegners zu entsorgen, erinnern sich die anderen einer sehr alten Kriegstechnik und werfen mit hunderten von Skorpionen gefüllte Kanister auf ihre Feinde. Wahrscheinlich im Versuch, die damit zu Tode zu ekeln, denn Wüstenskorpione sind nicht gerade die natürlichen Fressfeinde eines stabilen Soldatenstiefels.

Oder um es mal so zu sagen: der Trick hat vor über zweitausend Jahren schon gegen die Römer nicht wirklich viel ausgerichtet, außer man hat einen Legionär mit so einer frühen biologischen Waffenamphore genau am Kopf getroffen hat; aber es belegt eindeutig, dass die IS-Schergen sich auf ihre Reise durch die Zeiten so allmählich schon am Jahre 622 unserer Zeitrechnung vorbei gearbeitet haben.

Bin schon gespannt, was passiert, wenn sie das Gründungsdatum ihrer Rechtfertigungsaberglaubenskasperei hinter sich gelassen haben.

18.12.2014

Abgeblitzt

Wer träumt nicht davon, dass sich die Arbeit mal im Schlaf erledigt. Wie die zwei italienischen Polizisten, die an einer Ausfallstraße im Osten Roms mit ihrer nagelneuen Radarfalle Stellung bezogen und sich dann in aller Ruhe in zurückgeklappten Sitzen auf die Lauer nach Verkehrssündern legten.

Bis dahin war der Plan für eine ruhige Nachtschicht gar nicht mal so schlecht. Blöd nur, dass die beiden Schnarchkumpanen nach dem Aufwachen feststellen mussten, dass sich irgendein dreister Krimineller inzwischen ihre gesamte Geschwindigkeitsmessanlage unter den Nagel gerissen hatte. Tja, gründlicher konnte der Plan nicht schiefgehen, denn das dürfte den beiden nun ein paar schlaflose Nächte bereiten.

19.12.2014

Das Franzische im Menschen

Wenn der Nachrichtentag keinen Favoriten hervorbringt, muss sich auch die Achse des Blöden mal mit etwas Durchmischtem behelfen, so auch heute: Die drei Knoten in der weißen Bauchkordel der Franziskaner stehen ja bekanntlich für Armut, Ehelosigkeit und Gehorsam. Nun hat der Orden, wie *Generalminister Perry* an seine 14000 verbliebenen Brüder schrieb, *"schwere, ich unterstreiche, schwere finanzielle Probleme mit einem beträchtlichen Betrag an Schulden!"*, die laut hausinternen Ermittlungen auf *"zweifelhafte Finanzoperationen"* zurückgehen. Was ja erst mal nichts anderes bedeutet, als dass der Orden nun auch insgesamt seinem Armutsgelübde ziemlich nahe kommt. Ist aber nicht schlimm, weil Armut eine gute Voraussetzung für Ehelosigkeit ist. Andererseits, wenn man nicht verheiratet ist, wem gehorcht man dann?

Papa Franziskus wiederum, der sich ja wie die Franziskaner auch nach dem Heiligen von Assisi benannt hat, ließ seit Oktober nicht nur rund um den Petersplatz drei Duschen für die Obdachlosen bauen, sondern hat jetzt anlässlich seines Geburtstages durch die Schweizer Garde 300 Schlafsäcke an Roms Berber verteilen lassen - und das stilvollendet mit dem aufgedruckten päpstlichen Logo. Bin schon gespannt, wie viel die Dinger auf ebay bringen werden!

Apropos Franz: 1219, inmitten der Kreuzzüge, hat er sich zu Fuß zu *Al-Kamil*, dem Sultan der Sarazenen, aufgemacht, sich trotz gegenseitiger Missionierungsversuche mit ihm angefreundet und ist dann grandios gescheitert, eine friedliche Lösung für den Konflikt der verfeindeten Religionen zu finden. Schade!

20.12.2014

zensurkomisch

Kim Jong Un will nicht umgebracht werden, noch nicht mal rein fiktiv. Und schon gar nicht auf irgendwie komische Art und Weise im Unsinnsfilm "The Interview". Dessen Kinostart wurde jetzt abgesagt, nach Drohungen von offensichtlich humorlosen Hackern. Aus Nordkorea, sagt das FBI, also zu 99%. Oder wie Menschen sagen würden, denen 1% nicht wirklich wichtig vorkommt: mit an Sicherheit grenzender Wahrscheinlichkeit!

Aber weder das Weiße Haus noch Hollywood will sich von König Fettklops vorschreiben lassen, worüber wir Satire-gewohnten und Zynismus-gestählten Westmenschen in unserer Freizeit lachen dürfen - zumindest nicht solange die dritte Gebotstafel verschollen bleibt, auf der ja unbekanntlich steht: Du sollst nicht lachen! Schon gar nicht über Geistigbehinderte und Seelischversehrte! Bis dahin, so sind sich die Verteidiger des American Way of Laughter einig, ist der Rückzug der Veröffentlichung durch den Produzenten Sony Pictures *"ein unamerikanischer Akt der Feigheit"*

Aber *Chaplins* "Großer Diktator" wurde auch schon nur in Gegenden gezeigt, in denen nicht zu viel deutsche Einwanderer lebten. Auch *Billy Wilders* köstliche Kommunistenhetze "1,2,3!" verschwand anlässlich des Mauerbaus für 20 Jahre in den Archiven und wurde erst Anfang der Achtziger wieder hervorgeholt. Und nicht nur der kritische Film "War Party", der den Umgang der USA mit ihren Ureinwohnern bespiegelt, hat zwei Enden: ein tragisches für die europäischen Zuschauer - damit wir denken, die Amerikaner arbeiten ihren Genozid auch auf - und ein zweites, Popcorn-verträgliches Happyend für die letzten überlebenden Indianer. Öh, ja, Zensur, hmh, sehr unamerikanisch!

21.12.2014

Merci, Cherie

Obwohl ich ja gänzlich außerhalb jeden Verdachts stehe, deutsche Schlagermusik irgendwie gut zu finden - mal abgesehen von ein paar Perlen der 50er Jahre Musikdichtkunst, die schon hart an der Grenze zum Stimmungskabarett sind - verdrücke ich heute eine kleine Träne und erhebe mein Glas für den einzigen Menschen, der diese Art von Musik ab und zu, aber mit schöner Regelmäßigkeit über die letzten 50 Jahre mit seiner Musikalität und seinem Gespür für gesellschaftliche Themen einigermaßen erträglich gemacht hat: der Mann im weißen Bademantel hat soeben das Gebäude verlassen!

Mögen seine selbsternannten Nachfolger und die anderen deutschtümelnden Möchtegerns ein bisschen von seinem Geist ergriffen werden. Also Merci, *Udo*! Auch im Namen der vielen Mädchen, die Du ganz persönlich glücklich gemacht hast.

Und grüß mir olle *Joe Cocker*, wenn Ihr Euch heute am Seelenbahnhof zum Jam trefft!

22.12.2014
Clash of Subcultures

Jede Generation braucht ihre Helden, heute: *Dner* und *Simon*, die nicht nur endlose youtube-videos herstellen und der NSA übermitteln, auf denen man anderen Leuten beim Leben zugucken kann, sondern die auch mit ihren Longboards eine yolo-Tour durch ganz Deutschland unternommen haben. Wobei nicht nur sie sich fortlaufend mit Bewegtbildselfies unterbelichtet haben, sondern auch vom stets innovativen Stern-TV begleitet wurden; und die besitzen auch Kameras - aber viel größere! Machen trotzdem dieselben langweiligen Bilder. Ist aber verrückt, dass erst die Topjournalisten vom Stern die Tubestars filmen, wie die sich selber filmen, und jetzt, in der Sendung, wo sie ihren Bericht über die Selbstfilmer vorstellen, wiederum von denen dabei gefilmt werden, wie sie mit ihren Studiokameras schon wieder filmen. *"Das ist ja total verrückt!"* wie uns der namenlose Jauchnachfolgerdarsteller zur Sicherheit nochmal zu erklären versucht, was *Dner* oder auch *Simon* mit den Bemerkung quittiert: *"Ja, das ist schon ein Paradoxon!"*

Nee, isses eben nicht. Sondern stattdessen eine astreine Tautologie des Blöden; ein Einweg ohne Ausweg, wie man es anders auch nicht erwarten kann, wenn Fernsehvoyeurismus auf Internetexhibitionismus trifft. Ein Teufelskreis, ja quasi ein astreiner Sackkreisel. Großartig in seiner Blödheit. Dafür auch mal Danke!

23.12.2014
Zielgruppe verfehlt

"Sex mit Jungen und Mädchen, Wollen Sie mehr wissen? Rufen Sie an!" Mit dieser eigentlich als Aufklärungskampagne an 400.000 Nepalesen versandten SMS wollte Terre des Hommes auf das Thema Kinderhurerei aufmerksam machen, stattdessen stürmte die Kripo das Hauptquartier der Hilfsorganisation, weil man sie kurz des Gegenteils verdächtigte. Soweit eine gelungene PR-Aktion, die auf einer Pressekonferenz nochmals ausführlich vorgestellt wurde, da allerdings - laut Schweizer Journalisten – als *"eine Kampagne, durch die das Bewusstsein für Kinderprostitution geschärft und die Bevölkerung dazu gebracht werden soll, sich mehr gegen minderjährige Sexarbeiterinnen einzusetzen!"*

Upps! Und ich hab bisher gedacht, man solle sich mehr gegen die Kinderficker und pädophilen Freier einsetzen! Also mit geschärften Bewusstsein.

24.12.2014

Kleiner Schritt für einen Orang-Utan, großer Schritt für die Affenheit!

Heute wollen wir mal als von Weihnachtsrummelliedern weichgekochte Erdbewohner etwas gutmütiger sein und statt der üblichen Ausschweifungen der menschlichen Psyche und ihrer fatalen Auswirkungen auf das Leben der an sich ja auch mal friedliebenden Vertreter der Spezies Homo Paderborniensis unseren Blick mal auf etwas ausnahmslos Positives richten:

der in Rostock geborene und bislang in einem südamerikanischen Affenguantanamo vor sich hin grübelnden Orang-Utan-Dame *Sandra* wurde rechtzeitig zur Weihnacht als erstes nichtmenschliches Wesen per argentinischem Gerichtsbeschluss das Recht zuerkannt - trotz gewisser Defizite in Differentialrechnen und Feng Shui, aber aufgrund ihrer deutlich spürbaren Emotionalität - nicht mehr wie bei Tieren üblich als *Sache*, sondern als *Person* anerkannt zu werden. Und in ihren neuen Status als *empfindsames Wesen* gebührt ihr natürlich auch die Freiheit, statt im Zoo nun bald in einem artgerecht hergerichteten Dschungelstück die Vorzüge ihrer neuen Freiheit genießen zu dürfen.

Das ist so großartig, so beispielhaft und hoffnungsweckend; man möchte fast glauben, dass im besten Kalifat der Welt schon bald auch Frauen und Ungläubige als Personen anerkannt werden könnten. Jesus hätte das sicher so gewollt! Oder Mohammed!

25.12.2014

Frohe Arschnachten, Ihr Weinlöcher

Wie die Bildzeitung meldet, war App-Designer *Joseph Riquelme* mit seinen kleinen Smartphone-Programmen so erfolgreich, dass er seinen zu tiefst gerührten Eltern, die bis heute nicht verstanden haben, was Ihr Sprößling da eigentlich arbeitet, zu Weihnachten ein besonderes Überraschungsgeschenk machen konnte: er hat heimlich alle Kredite und Hypotheken für des elterliche Haus bezahlt. Was ja eigentlich eine rundum schöne Sache ist.

Warum aber in der Abstimmungstabelle zum Artikel 47 Bildleser das Feld "Wut" als *Ihre Reaktion zu diesem Thema* angeklickt haben, kann eigentlich nur daran liegen, dass der Neid sie schon innerlich zerfressen hat - oder dass sie noch dümmer sind als ihr smartphone!

26.12.2014

Ereigniskette

Blöd, dass sich das Wort Söldner von Sold ableitet. Noch blöder, dass der gemeine Söldner das auch weiß und darum auf pünktliche Zahlung seiner Mördergage pocht. Oder wahlweise damit droht, seine dumme Arbeit bis zum Ausgleich offener Forderungen nieder zu legen. Für den Söldner noch viel blöder ist es aber, wenn der Arbeitgeber sein noch vorhandenes Geld in eine spezielle Art der Rückendeckung investiert; eine zweite Reihe von Schützen hinter der Front, die dafür sorgt, dass die erste Reihe fleißig weiterkämpft, notfalls auch unbezahlt.

Tja, und da stehen sie nun, die aus der halben Welt mit großen Versprechungen angeworbenen Unfreischärler - vor ihnen die echt angepissten Peschmerga, die mit der Luftunterstützung der Ungläubigen so nach und nach ihr Gelände zurückgewinnen, hinter ihnen die noch schlechter geläunte Dijahadistensturmstaffel, die noch nicht mal Märtyrer aus ihnen macht - und da gerät man ja nochmal ins Grübeln: wie war das jetzt gleich mit Bargeld, Jungfrauen und Allahs Gnade?

27.12.2014

Ein Mann, ein Wort!

Immer schön, wenn die Führer beliebter Sonderstaaten ihren Schwallmachtsfantasien vollmundig Ausdruck verleihen. Für Prunz Erdogan von Osmania zum Beispiel ist seine persönliche Türkei ein leuchtendes Beispiel an Pressefreiheit, in der jeder Journalist schreiben darf, was er sich trauen will - wenn er sich traut. Zar Putin setzt da gerne noch einen drauf und traut sich seinen Finanzminister Siluanow so mirnix dirnix die Währungskrise in seinem Rubel-Trubel-Heiterkeitsreich für beendet erklären zu lassen. Einfach so.

Nachbardiktator Lukaschenko traut dem russischen Inflationsbraten aber nicht so einfach, und verbietet darum lieber jede Art von Preissteigerung in

Scheißstussland; traut aber seinen eigenen Worten auch nicht so und erlässt deshalb schnell noch eine 30%ige Steuer auf den Tausch von weißrussischen Rubeln in stabile Fremdwährungen. Aber wie heißt es schön im Zitatenschatz der jüngeren deutschen Geschichte: "*Niemand hat die Absicht eine Mauer zu bauen!*"

28.12.2014

Der rotierende Freddy

Eigentlich wollte ich ja heute mit meinen Neffen das als Musical angekündigte Machwerk "*We will rock you!*" nach musikalischen Motiven von *Queen* anschauen, dann hat uns aber das Wetterschicksal einen eisigen Strich durch die Rechnung gemacht. Da haben die beiden aber Glück gehabt, denn so blieb ihnen erspart, was sich ihr Onkel bis kurz vor Ende der ersten Hälfte angetan hat: das musikalische Attentat auf einer der größten Bands der Welt. Nicht nur das diese ganze Quatschstory von dem eigentlich zu besserem fähigen Autor *Ben Elton* (z.B. Black Adder) - wie ich mal zu seinen Gunsten hoffen will - durch die Übersetzung ins Deutsche an einer Art Humor-Ebola dahingegangen ist, nein, es ist den Produzenten sogar gelungen, einen durchweg talentbefreiten Cast auf die Bühne zu schicken, die leider nicht sauber zwischen Singen, Rufen und Schreien differenzieren können.

Kann ja sein, dass *Brian May* nach den Erfolgen von Abba und Elton John auch mal in einem Musicaltheater aufgeführt werden wollte oder zügig ein paar Steuerschulden aus der Welt schaffen musste, aber wenn er dasselbe gehört und gesehen hätte, was ich bis zum meinem fluchtartigem Abgang zum Ende des ersten Akts ertragen durfte, dann würde er seine Genehmigung zu diesem heillosen Unfug vielleicht nochmal überdenken. Oder der gute *Freddy Mercury* ist Zeit seines Wirkens bei Queen seinem Partner *May* so ähnlich aufm Sack gegangen wie *Roger Waters* dereinst seinen Pink Floyd Kollegen; und das hier war jetzt als späte Rache gemeint!

Vielleicht sollte sich *Brian May* ein Beispiel an der Nato nehmen, die heute ihren Tiptop-Einsatz in Afghanistan für beendet erklärt hat, und sich auch aus diesem Machwerk zurückziehen. Damit sich olle *Freddy* nicht weiter im Grabe herumdrehen muss!

29.12.2014

Nicht dabei, nicht dabei ...

Zum Jahresende schließen sich ja hie und da noch mal ein paar Verständnis-lücken. So haben sich jetzt die Schnellmerker in Moskaus Eliteinstitut für die Analyse einfachster Zusammenhänge nochmal zusammengesetzt und mit vereinten Kräften nach monatelangem Grübeln festgestellt, dass die IS-Kalifatalisten ihre terroristischen Bemühungen echt ernst meinen. Sodass diese Blödsinnsmiliz es sich nach nur zehn Monaten redlich verdient hat, nun auch offiziell von den Kremlins als Terrororganisation geächtet zu werden.

Äh, ja, und warum jetzt so plötzlich? Also woran haben sie es gemerkt? Weil die IS-Miliz sich mit brutaler Gewalt in den Gebieten anderer Staaten breit macht? Oder weil dieser al-Bagdadhi schon im Sommer mal eine Landkarte veröffentlicht hat, auf der auch Teile Südrusslands inklusive der Krim als Provinzen seines zukünftigen Kalifats ausgewiesen werden? Oder einfach nur weil es den Russen auf den Sack geht, dass sie einfach nirgendwo mehr dabei sein dürfen?

30.12.2014

Präsidentiale Volksfürsorge

Was machen denn eigentlich unsere Volksführer so am vorletzten Tag des Jahres? Der schon halb abregierte Herr *Obama* hat mit seinem Wunsch nach einem Golfspiel auf seiner Ferieninsel Hawaii die Hochzeitspläne eines Marinesoldaten durchkreuzt, der eigentlich just an diesem Morgen mit seiner Angebeteten am neunten Grün Ja-Worte tauschen wollte, statt seinem obersten Dienstherren den Vortritt beim Einlochen zu lassen.

Zar Gasputin, der Trockene, dessen Regierungszeit wohl auf unbestimmt verlängert werden wird, nutzt den letzten vollen Arbeitstag des Jahres, um nochmals die Kraft allerdurchlauchtester Erlässe zu testen und legt hiermit den Preis für *das* russische Grundnahrungsmittel fest: maximal 185 Rubel darf die halbe Buddel Getreideplörre ab dem ersten Februar kosten - zum Trost, weil alles andere in Stussland bis in vier Wochen unerschwinglich teuer sein dürfte.

Leichter hat es da der soeben vereidigte Präsident Tunesiens, *Beji Caid Essebsi*, der sich mit seinen 88 Jahren wahrscheinlich über Februar nicht mehr allzu große Gedanken machen muss. Immerhin aber hat sein kleines Land den Arabischen Frühling als einziges Land südlich der EU tatsächlich sowas wie Demokratie hinbekommen - und dann ist es vielleicht auch verständlich, dass man lieber einen zum Präsidenten wählt, von dem man ganz sicher nicht die nächsten dreißig Jahre ausgenommen wird.

Ein Schicksal, das in der Türkei bereits hinter allen Palasteingangstüren lauert, und das sich in Person *Erdogans* nach dem ganzen Driss der letzten zwölf Monate auch mal versöhnlich gibt: man könne ja mal auf den im Sommer einseitig von der PKK ausgerufenen Waffenstillstand eingehen und sich mit den Kurden versöhnen, solange die im Nachbarland kämpfen müssen.

Unsere heimliche, ja wenn nicht gar unheimliche Vorsitzende Ange La Merkel ist da etwas unentschiedener, kann aber zumindest am Ende ihres Regierungsjahres eine positive Bilanz ziehen: Brasilien mit 7:1 in deren Wohnzimmer geschlagen, Weltmeisterin geworden und ein lustiges Selfie mit Prinz Poldi gemacht - so geht gute Laune Fürsorge!

31.12.2014

Der gute Wille zählt

Während die Neujahrsböllerei sich im Stundentakt um die Erde wälzt, hat sich die Regierung des Inselstaates Malaysia (für Lateiner: das schlechte Asien!) nach drei verwirrend spektakulären Flugzeugverlusten und einer Reihe von sintflutartigen Sintfluten kurzerhand entschlossen, alle für die Silvesternacht traditionell geplanten Vergnügungsfeiern abzusagen, mit der schlichten Begründung, es sei ihnen einfach nicht zum Feiern zumute.

Und das zeugt ja von einem für eine Regierung überraschend großem Einfühlungsvermögen, wenn nicht gar Mitgefühl. So sollen zum Beispiel die Kosten des vorgesehenen Sylvesterempfangs in Höhe von 750.000€ gespart und das Geld den 250.000 Menschen zu Gute kommen, die im jüngsten Hochwasser Haus und Hof verloren haben. Das wären dann drei Euro pro Nase. Macht die Party auch nicht besser! Ist aber immerhin gut gemeint!

Dass Politiker ja auch anders können, zeigt der selbsternannte Minister für Kinderpornografie *Sebastian Edathy*, der pünktlich zum Jahresabschluss auf seinem FB-Account eine erste Einsicht postet: *"Nach langem Nachdenken endlich nen guten Vorsatz für 2015 gefunden: Allen was aufs Maul, die das verdienen! ;-)"*.

Hurra, das kann ja in seinem Fall fast nur bedeuten, dass er sich künftig öfter mal selbst eine kräftig in die Fresse semmelt. Und das ist ja mal ein guter Vorsatz, ja geradezu ein Vorbild an Vorsatz für so manch Anderen. Prost!

Vielen Dank für Ihre Anteilnahme

Ja, das war dann mal das erste Jahr der "Achse des Blöden". Ein Jahr täglich die Nachrichten durchforsten (*mach ich ja eh*), den Blödsinn aufspüren (*nicht sehr schwierig, wenn auch oft schmerzhaft*), aus dem großen Angebot des Blödsinns eine Auswahl treffen (*schon schwieriger*), angesichts der menschenverachtenden, unmoralischen, kriegstreibenden, mörderischen oder einfach nur blöden Effizienz der meisten Protagonisten Hoffnung und Humor behalten (*schwierig, schwierig*). Zu wissen, dass das alles im gigantischen Meer der Nachrichten und Kommentare fast spurlos versandet (*ja, nicht so toll*), aber man soll sich ja auch nicht so wichtig nehmen (*guter Trick*).

Aber: Aufgabe kann nicht unsere Aufgabe sein!

Wenn es bei Ihnen hie und da zwischen Kopfschütteln und ungläubigem Staunen mal zu einen oder anderen Schmunzeln oder Lacher reicht, dann lohnt es sich allemal.

Wir sehen uns also hoffentlich auch dieses Jahr wieder, entweder tagesaktuell auf meiner webseite unter gaxkabarett.de/aktuelles, vielleicht sogar anlässlich eines Poetry Slams oder Sackkreisel-Auftritts in Ihrer Nähe oder eben wenn im Januar 2016 das Jahrbuch 2015 erschienen ist.

Denn eins ist doch sehr unwahrscheinlich: dass Blödheit, Blödsinn und Blödelei dank toller Neujahrsvorsätze aller frei- und unfreiwilligen Hauptdarsteller ab dem ersten Januar 2015 von der Erdoberfläche verschwinden!

Leute, Leser und lustige Menschen, die sich für die Achse des Blöden entschieden haben, interessieren sich auch stark für DAS BRAXEL, Deutschlands komischstes Fachwörterbuch für Versprecher, Verdenker und Kafkalauer. Mit ohne Ende versehentliche Wortneuschöpfungen und Wortspiele mit tollen Erklärungen und Anwendungsbeispielen, im Anhang sogar in ganzen Sätzen.

GAX Axel Gundlach

DAS BRAXEL

Das Original erscheint in stark verbesserter, zweiter Auflage, also noch einmal in völlig unzensierter und vorerst limitierter Privatedition. BoD ISBN 9783734750809
Siehe Ankündigung unter **www.gaxkabarett.de**

DER AXEL DES BLÖDEN

Nach all den vielen Sachen, die ich schon gemacht habe, bin ich zum Glück mal wieder aus ganzem Herzen Anfänger: diesmal Kabarett, Satire, Poetry-Slam! Na gut, ganz so ein blutiger Anfänger bin ich nicht. 1990 hab ich schon mal ins politische Kabarett reingeschnuppert. Mein Kurzprogramm damals: *„Erst fallen die Mauern, dann fallen die Hemmungen!"* Wiedervereinigung mit Grund und Abgrund! Jetzt also nochmal von vorn.

2014 war das Jahr der ersten Testauftritte. Leseproben des aktuellen Sackkreisels. Die ersten Poetry Slams mit der doch ziemlich überraschenden Nominierung zur Hessenmeisterschaft und dem noch überraschenderen Vize-meistertitel mit dem Text „Sechs Minuten Ewigkeit!". Bisher ermutigende Resonanzen. Danke dafür!

Schreiben, klar, macht mir Spaß. Treibt mich an und seine Späße mit mir. Fragen find ich super, Antworten brauch ich nicht mehr. Männer, muss ich nicht verstehen; Frauen, kann ich nicht verstehen. Warum auch? Liebe braucht zum Glück keine Antworten. Dieser Teil der Welt ist wunderbar, also lieber weiter lieben – und weiter wundern!

Na gut, die Welt ist natürlich oft auch ein ganz schönes Drecksloch. Ein Labyrinth voller ausweglosen Situationen, durchstoßen von einer Achse des Blöden. Mit einer ungesunden Eigendynamik. Eine Versuchsanordnung mit unfairen Rahmenbedingungen. Kreisverkehr mit Sackgassen. Ich versuch nur möglichst nicht dran Schuld zu sein. Klappt aber nicht immer, darum heißt mein aktuelles Programm auch: *Sackkreisel auf Autopilot!*

Bühne, kenn ich, aber hauptsächlich aus anderen Erfahrungen als Dutzend-sassa. Früher Pantomime, Tanz, Gesang, ein bisserl Schauspiel und viel Musik, später hauptsächlich als Autor, Dramaturg und Regisseur. Theater-stücke, Musicals, Multimedia-Shows. Alles Entertainment, alles Eventbizz. Wie das geht? Hab ich in ein Fachbuch geschrieben:

Wirkungsvolle Live-Kommunikation: Liebe Deine Helden! Dramaturgie und Inszenierung erfolgreicher Events (erschienen bei Springer Gabler)

Hie und da mal Film und Video, Nebenfach Malerei und Fotokunst. Mit ein paar Highlights: „Fan Tom Vox" dadapop-performance in New York. Kunsthappenings in Paris, Miami, Chicago, Lisboa, Barcelona. Fotoausstellung mit „the speking streets" in Hongkong, Filmpreis in St. Tropez für das beste No-Budget Musicvideo, Plattenverträge und lustige Promo-Auftritte in vollbesetzten Fußballstadien. Und Fernsehauftritte als erster Rapper Deutschlands. Sexauers legendärer Musikladen 1984. Ganz schön lange her. Immer zu früh, oder zu spät. Und manchmal auch als der richtige Mann am richtigen Ort zur richtigen Zeit. Meist nur kurz, aber immerhin! Dann wieder Sackkreisel!

Vor allem aber schreiben, immer weiter schreiben: Einzeiler, Zweizeiler, Unglaublichvielzeiler - Gedichte, Haiku, Landschaftsdichterei, Satirische Verse, lustige Miniaturen. Mal mit Rhythmus und Reim, mal eben ohne. Das meiste auf Deutsch, manches in Englisch und ein paar multilinguale Dada-Texte.
Und klar, Stories für Drehbücher und Roman: SciFi, Psychozeugs, Montagen - alles noch in Fragmenten. Hausaufgaben für die nächsten Jahre: endlich fertig schreiben! Und die zweite, starb verbesserte Ausgabe mein eigenes kleines Lexikons: *Das Braxel* – Sprech- und Denkfehler, gesammelt in unzähligen Gesprächen mit meinen Künstlerfreunden.

GAX Axel Gundlach,
lebt und arbeitet als freier Autor, Künstler und
Live-Kommunikationsberater in Rhein-Main

www.gaxaxelgundlach.de
www.gaxkabarett.de
www.kraxworx.de
www.bizztheater.de

Büro: Löwengasse 27 K
D-60385 Frankfurt am Main
+49 69 46996111